イギリスは大きく後れをとっている　ヴィンドランダのローマ帝国の遺跡
Courtesy of the Vindolanda Trust and Adam Stanford

イノヴェーション、包括的な経済成長の本質　ジェームズ・ワットの蒸気機関
The Granger Collection, NY

組織改革、包括的制度の帰結　クロムフォードのリチャード・アークライトの工場　The Granger Collection, NY

持続不能な収奪的成長の成果　コロンブスのサンタマリア号（右）と並んだ鄭和の船（左）　Gregory A. Harlin/National Geographic Stock

南アフリカにおける二重経済の鳥瞰図　トランスカイの貧困（左）、ナタールの繁栄（右）
Roger de la Harpe/Africa Imagery

産業革命の帰結　バスティーユ襲撃

Bridgeman-Giraudon/Art Resource, NY

包括的制度への挑戦　スタンダードオイル社

Library of Congress Prints and Photographs Division Washington, D.C.

非創造的破壊　シエラレオネのボーへ向かう途中の、見捨てられたヘイスティングス駅

現代の収奪的制度　ウズベキスタンの綿畑で働く子供たち
Environmental Justice Foundation, www.ejfoundation.org

旧弊を打破する　ロンドンへ向かう途中のツワナ族の３人の首長
Photograph by Willoughby, courtesy of Botswana National Archives & Records Services

もう一つの旧弊を打破する　ローザ・パークスが、合衆国南部の収奪的制度に異議を申し立てる
The Granger Collection, NY

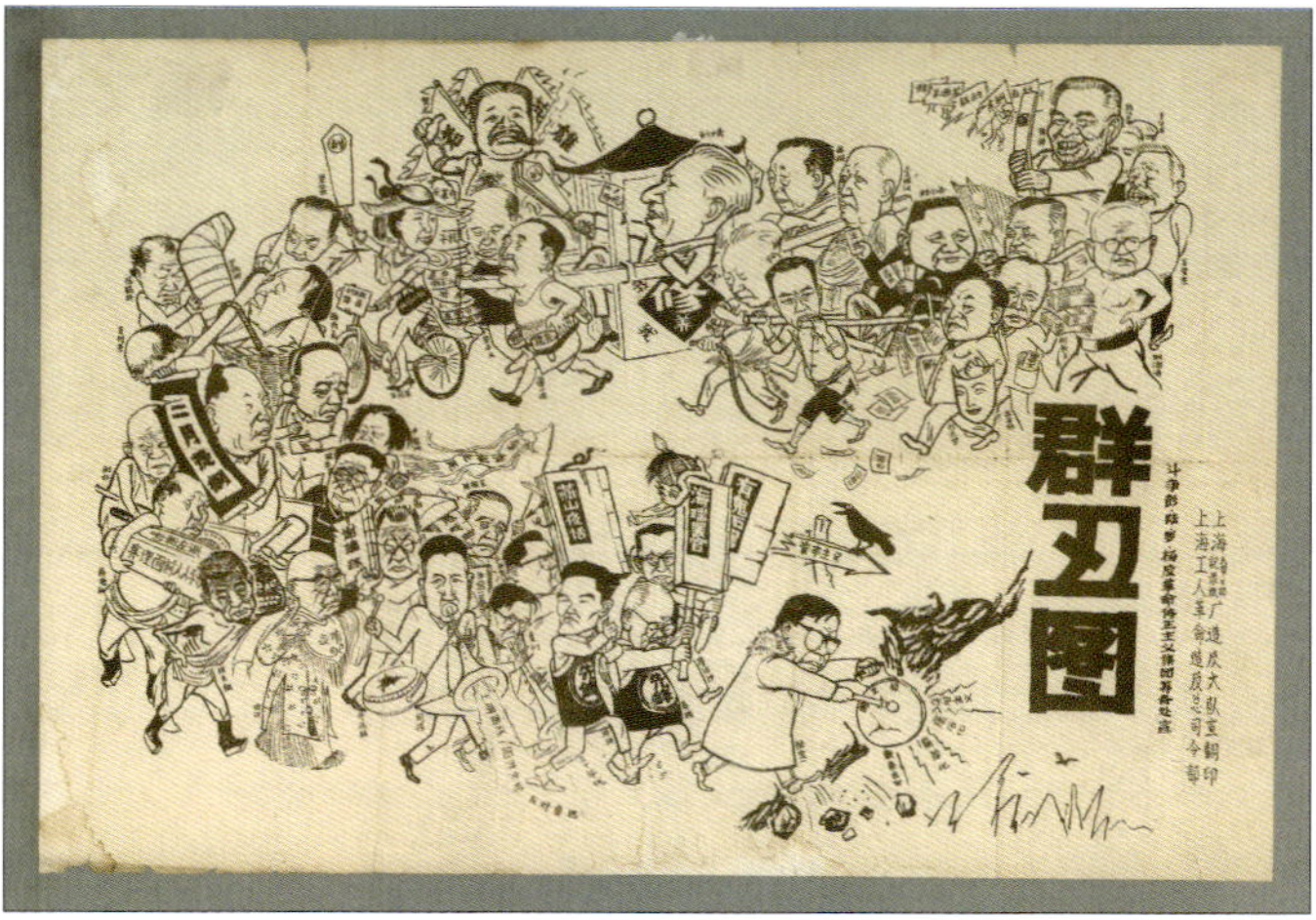

収奪的制度は子供たちを食い尽くす　中国の文化大革命 vs.「堕落した知識人」

Weng Rulan, 1967, IISH Collection, International Institute of Social History (Amsterdam)

ハヤカワ文庫 NF
〈NF465〉

国家はなぜ衰退するのか

〔下〕

権力・繁栄・貧困の起源

ダロン・アセモグル&ジェイムズ・A・ロビンソン
鬼澤 忍訳

早川書房
7786

WHY NATIONS FAIL

The Origins of Power, Prosperity, and Poverty

by

Daron Acemoglu and James A. Robinson

Translated by
Shinobu Onizawa
Published 2016 in Japan by
HAYAKAWA PUBLISHING, INC.
This book is published in Japan by
direct arrangement with
BROCKMAN, INC.

目次

第九章　後退する発展　17
ヨーロッパの植民地主義は、いかにして世界の多くの地域を貧困に陥れたか。

第一〇章　繁栄の広がり　61
世界の一部の地域は、いかにしてイギリスとは異なる道筋で繁栄に至ったのか。

第一一章　好循環　103
繁栄を促す制度は、いかにしてエリート層の妨害を避ける正のフィードバック・ループを生み出すのか。

第一二章　悪循環　151
貧困を生む制度は、いかにして負のフィードバック・ループをつくって持続するのか。

第一三章　こんにち国家はなぜ衰退するのか　197
制度、制度、制度。

第一四章　旧弊を打破する　247
いくつかの国家は、いかにして制度を変えることによってみずからの経済的軌道を変更したか。

第一五章　繁栄と貧困を理解する　281
世界はいかにして異なるものになったのか、それを理解すれば、貧困と闘おうとするほとんどの試みが失敗してきた理由を説明できる。

謝　辞　329

解　説　なぜ「制度」は成長にとって重要なのか　稲葉振一郎　333

付　録　著者と解説者の質疑応答　348

文献の解説と出典　362

参考文献　395

索　引　410

上巻目次

序　文

エジプト人がホスニ・ムバラクを打倒すべくタハリール広場を埋め尽くしたのはなぜか、またそれは、繁栄と貧困の原因をめぐるわれわれの理解にとって何を意味するのか。

第一章　こんなに近いのに、こんなに違う

アリゾナ州ノガレスとソノラ州ノガレスは、人も、文化も、地勢も同じだ。それなのに、一方が裕福でもう一方が貧しいのはなぜだろうか。

第二章　役に立たない理論

貧しい国々が貧しいのは、地理や文化のためではないし、国民を豊かにする政策を指導者が知らないためでもない。

第三章　繁栄と貧困の形成過程

いかにして、制度から生じるインセンティヴによって繁栄と貧困が決まるのか。また、いかにして、国家がどんな制度を持つかが政治を通じて決まるのか。

第四章　小さな相違と決定的な岐路――歴史の重み

政治的対立を通じて制度はいかに変化するか、過去はいかにして現在を形成するか。

第五章　「私は未来を見た。うまくいっている未来を」——収奪的制度のもとでの成長
スターリン、シャーム王、新石器革命、マヤ族の都市国家のすべてに共通するものは何か。そしてそれは、中国の目下の経済成長が長続きしない理由をどう説明するか。

第六章　乖　離
制度は時とともにいかに発展し、往々にしてゆっくりと乖離していくのか。

第七章　転換点
一六八八年の政治革命はイングランドの政治制度をいかに変え、産業革命に結びついたのか。

第八章　縄張りを守れ——発展の障壁
多くの国で政治力を持つ人々が産業革命に反対したのはなぜか。

文献の解説と出典

索　引

国家はなぜ衰退するのか

権力・繁栄・貧困の起源

〔下〕

第九章

後退する発展

スパイスと大殺戮

現代のインドネシアに属するモルッカ諸島は三つの群島で構成されている。一七世紀初め、北部モルッカ諸島にはティドレ、テルナテ、バチャンの三つの独立王国があった。中部モルッカ諸島には島王国アンボンがあった。南部には、島々の小さな連なり、バンダ群島があり、まだ政治的に統一されていなかった。こんにちのわれわれにとってははるか彼方の地に思えるが、モルッカ諸島は、当時は世界貿易の中心だった。クローヴ、メース、ナツメグなどの貴重なスパイスのただ一つの産出地だったからだ。そうしたスパイスのなかでも、ナツメグとメースはバンダ群島でしか育たなかった。バンダ群島の人々はこうした希少なスパイスを生産し、ジャワ島、マレー半島の中継地マラッカ、さらにインド、中国、アラビアからもたらされる食料や工業製品と交換に輸出した。

現地の人々のヨーロッパ人との初めての接触は一六世紀のことで、スパイスを買いに来たポルトガルの航海者たちとのものだった。それ以前には、スパイスは、中東を経由し、オスマン帝国の支配する交易ルートを通って運ばなければならなかった。ヨーロッパ人は、スパイス諸島とスパイス交易に直接関与するために、アフリカを回る、あるいは大西洋を横断するルートを探索した。一四八八年にポルトガルの航海者バルトロメウ・ディアスが喜望峰を通過し、一四九八年には同じルートを通ってヴァスコ・ダ・ガマがインドに到達した。こうして、ヨーロッパ人はスパイス諸島への独自のルートを初めて獲得したのだ。

ポルトガル人は、スパイス交易の支配という課題にただちに取りかかった。一五一一年にはマラッカを手に入れた。マラッカはマレー半島西岸という戦略的立地にあった。南西アジアのあらゆる場所から商人がやって来て、インド人、中国人、アラビア人の商人にスパイスを売り、買った商人はそれをヨーロッパへ船で運んだ。一五一五年、ポルトガルの旅行者トメ・ピレスがこう記している。「周囲一〇〇〇リーグ（約四八〇〇キロメートル）内にある異なる国の人々との交易や取引は、マラッカ経由でなければ行なえない……マラッカの統治者が誰であろうと、その手はヴェネツィアの喉元を扼《やく》している」

マラッカを手に入れて、ポルトガル人は、多大な利益を生むスパイス交易を独占しようと組織的に活動した。そして、失敗した。

ポルトガル人が対峙した敵対者は取るに足りない相手ではなかった。一四世紀から一六世紀にかけて、スパイス交易を基盤とする東南アジアの経済は大きく発展した。アチェ、バンテン、マラッカ、マカッサル、ペグー、ブルネイといった都市国家が、スパイスのほか硬材広葉樹などの生産と輸出によって急速に拡大したのだ。

これらの国々の政府がとっていた絶対主義的なスタイルは、同じ時期のヨーロッパのそれに似ていた。政治制度の発展も、戦争の方法の技術的変化や国際交易を含めて、ヨーロッパと同じような経過で促進された。国家の制度はいっそう中央集権化し、その中心にいる国王は絶対権力を求めていた。ヨーロッパの絶対主義的な支配者と同じように、東南アジアの国王たちも、みずから貿易に携わるとともに、自国、あるいは外国のエリートに交易独占権を与え、そこからの収入に大きく依存していた。絶対主義ヨーロッパと同じように、こうした体制もいくらかの経済成長を生み出したが、経済的繁栄のための理想の経済制度には程遠かった。参入障壁が高かったことや、ほとんどの人にとって財産権が不安定だったためだ。だが、ポルトガル人がインド洋の支配権を確立しようとしているあいだも、商業化のプロセスが進行していた。

オランダ人がやってくると、ヨーロッパ人の存在感は高まり、その影響力ははるかに大きくなった。オランダ人がすぐさま気づいたのは、モルッカ諸島の貴重なスパイスの供給を独占すれば、現地やほかのヨーロッパ商人と競い合うよりずっと儲かるということだった。一六〇〇年、オランダ人はアンボン王を説き伏せ、アンボンのクローヴ貿易に関する独占権を自分たちに与えるという排他的協定を結ばせた。一六〇二年のオランダ東インド会社の設立とともに、どんな手段を講じてでもスパイス貿易全体を手中に収め、競争相手を排除しようとするオランダ人のさまざまな試みは、オランダ人にとっては福を、南西アジアにとっては禍をもたらした。オランダ東インド会社は、イギリス東インド会社に次ぐヨーロッパで二番

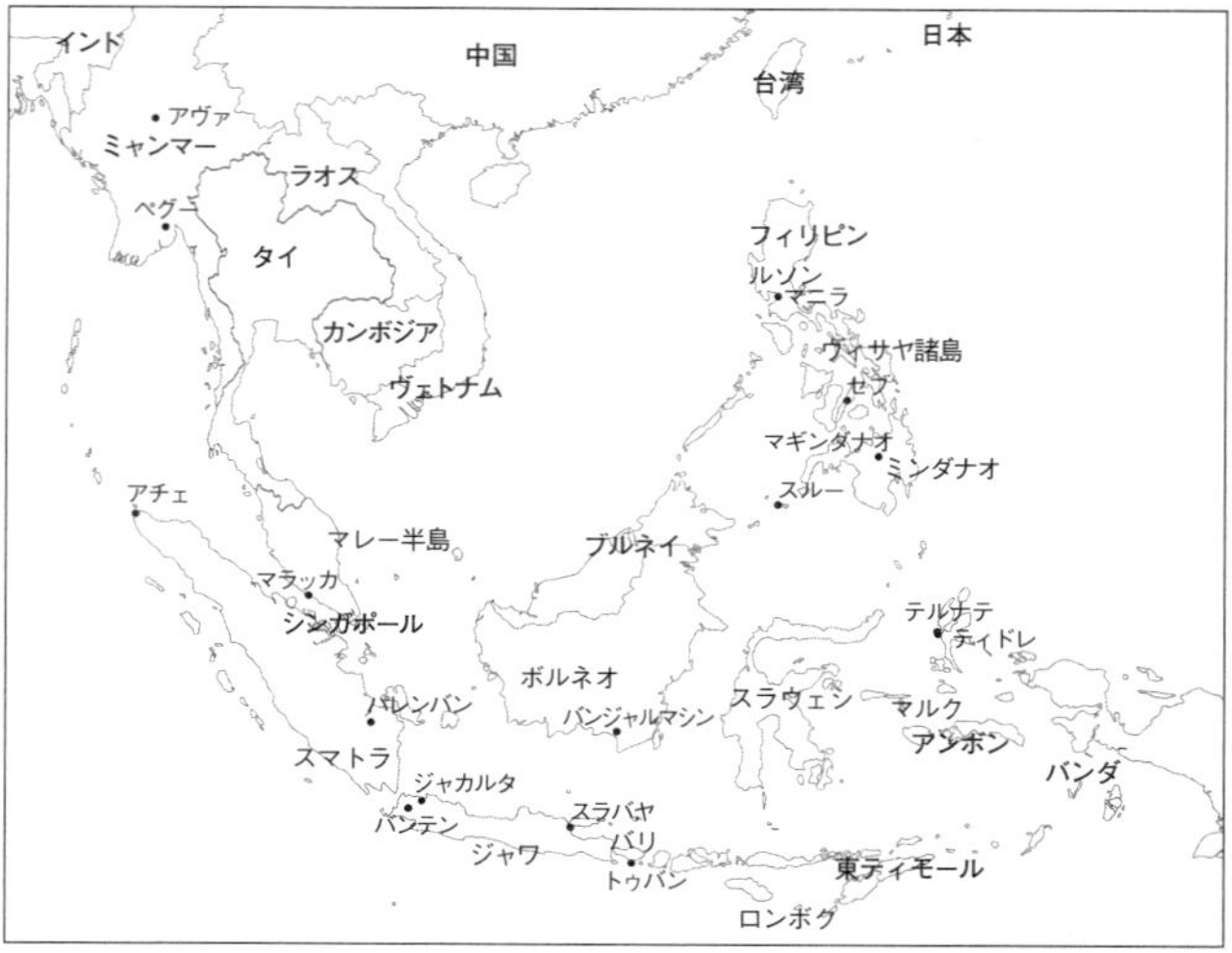

地図 14　1600 年の東南アジア、スパイス諸島、アンボン、バンダ

目の株式会社だった。この二社は現代的企業の発展における画期的存在であり、その後のヨーロッパの産業成長において大きな役割を果たすことになる。オランダ東インド会社はまた、みずからの軍隊を擁し、戦争をしかけて外国の土地を植民地化する能力を持つ二番目の会社でもあった。いまやオランダ東インド会社の軍事力を圧力として、オランダ人はアンボン王と結んだ条約を実行すべく、あらゆる潜在的な侵入者の排除に取りかかった。一六〇五年、ポルトガル人が保持していた重要な砦を攻略し、オランダ人以外のすべての貿易商を力ずくで追い出した。その後、北部モルッカに勢力を広げ、ティドレ、テルナテ、バチャンの支配者たちに、彼らの領地でクローヴを栽培したり取

引したりしないことにむりやり同意させた。テルナテに押しつけた条約では、オランダ人はその地で見つけたクローヴの木を切り倒しに行っていいことにさえなっていた。

アンボンは、当時のヨーロッパの大部分や南北アメリカとよく似た形で統治されていた。アンボンの住民は、王に貢税《ぐぜい》を差し出す義務を負い、割り当てられた労働に従事することになっていた。オランダ人はこの制度を引き継ぎ、強化し、アンボンからより多くの労働力とクローヴを搾り取った。オランダ人がやってくる前は、拡大家族がアンボン人の支配階級にクローヴで貢税を払っていた。いまやオランダ人によって、世帯ごとに土地につながれ、一定数のクローヴの木を栽培しなければならないと定められた。さらに、各世帯がオランダ人のために強制労働に従事するよう義務づけられた。

オランダ人はさらにバンダ群島の支配権を握り、今度はメースとナツメグを独占しようとした。しかし、バンダ群島の政治体制はアンボンとはかなり異なっていた。そこは自治権を持つ多くの小規模な都市国家で構成されており、階層的な社会構造も政治構造も存在しなかった。これらの小さな都市国家は、現実には小さな町と変わらない大きさで、住民集会によって運営されていた。オランダ人が独占協定にむりやりサインさせることのできる中央権力も、供給されるナツメグやメースをすべて手中にするために引き継げる貢納制度もなかった。したがって初めのころは、イギリス人、ポルトガル人、インド人、中国人の商人と競わざるをえず、高値をつけなければライバルにスパイスを持っていかれてしまった。メースとナツメグの独占体制を築き上げる当初の計画が破綻したため、オランダのバタビア総督ヤン・ピーテルスゾーン・クーンはそれに代わるある計画を考え出した。一六一八年、クーンはオランダ東インド会社の新たな本拠地としてジャワ島にバタビア（現在のジャカルタ）を築いた。一六二一年には、艦隊を引き連れてバンダ群島へ遠征し、ほぼ全住民、おそらく約一万五〇〇〇人の大半を殺戮した。バンダ群島の指導者たちはほかの住民とともにすべて殺害され、メースやナツメグ栽培のノウハウを維持するために必要なわずかな人数が見逃されただけだった。この大殺戮《ジェノサイド》を終えると、クーンは自分の計画に必要な政治的・経済的な仕組み、つまりプランテーション社会の創設に着手した。バンダ群島は六八の区域に分割され、ほとんどがオランダ東インド会社の元社員、あるいは現役社員である六八人のオランダ人に与えられた。こうした新たなプランテーション所有者たちは、生き残ったわずかなバンダ人からスパイスの生産方法を教わり、東インド会社から奴隷を購入し、いまや人気《ひとけ》の絶えた島々に住まわせてスパイスを生産した。そして、生産されたスパイスは、固定価格で東インド会社に売り戻さなければならなかった。

オランダ人によってスパイス諸島につくられたこの収奪的制度は、思惑どおりの効果を生んだ。とはいえそれと引き換えに、バンダ群島では一万五〇〇〇人の無辜《むこ》の住民の命が奪われ、島々に未開状態を強いる一連の政治・経済制度が成立することになった。一七世紀末までに、オランダ人のせいでこれらのスパイスの世界的供給量を約六〇パーセント減少し、ナツメグの価格は二倍になってしまった。

オランダ人はモルッカ諸島で完成させたこの戦略を地域全体に拡大し、東南アジアのほかの土地の政治・経済制度に重大な影響を及ぼした。一四世紀以来、この地域ではいくつかの国が長きにわたり商業を拡大してきたのだが、その流れは後退してしまった。オランダ東インド会社によって直接植民地にされたわけでも破壊されたわけでもない国家でさえ、内向きになり、交易を断念した。東南アジアに生まれようとしていた政治的・経済的変化がそこで止まってしまったのだ。

オランダ東インド会社の脅威を避けようと、いくつかの国は輸出作物の生産を断念し、商業活動を停止した。オランダと敵対することに比べれば、経済的に自給自足するほうが安全だったのだ。一六二〇年、ジャワ島にあったバンテンという国は、オランダの干渉からの解放を願って国内のコショウの木を切り倒した。一六八六年にフィリピン南部のマギンダナオを訪れたあるオランダ商人は、こんな話を聞いた。「ナツメグやクローヴは当地でもマルク諸島でも同じように育ちます。しかし、現在あちらにはナツメグもクローヴもありません。老いた首長《ラージャ》が、亡くなる前に根こそぎにさせたからです。ラージャは、オランダ会社がスパイスをめぐって戦いを仕掛けてくることを恐れたのです」。一六九九年、ある商人がマギンダナオの王について似たような話を聞いた。「王はコショウ栽培を続けることを禁じました。それによって、相手が［オランダ］会社であれ別の強大な国家であれ、戦争に巻き込まれまいとしたのです」。都市化は後退し、人口は減りさえした。一六三五年、ビルマ人は首都を海沿いのペグーから、イラワジ川をさかのぼったはるか内陸のアヴァへ移した。

オランダの侵略がなかったとしたら、東南アジア諸国の政治経済がどう発展していたかはわからない。独自の絶対主義を発展させていたかもしれないし、一六世紀末と同じ状態にとどまっていたかもしれない。あるいは、より包括的な諸制度をどんどん取り入れることで、商業化を続けていたかもしれない。だが、モルッカ諸島のケースのように、オランダの植民地政策によって東南アジアの政治経済の発展経路は根本的に変わってしまった。東南アジアの人々は交易をやめ、内向きになり、いっそう絶対主義的になった。その後二世紀のあいだ、産業革命で生まれたイノヴェーションを利用できる立場にはなかった。そして結局は、交易から手を引いたところで、彼らがヨーロッパ人の手から救われることはなかった。一八世紀末までに、東南アジアのほぼ全域が、ヨーロッパの植民地帝国に組み込まれていたのである。

第七章では、ヨーロッパの大西洋への拡大が、イギリスにおける包括的制度の発展をいかに後押ししたかを見た。だがこの拡大は、オランダの支配するモルッカ諸島の出来事からわかるように、収奪的制度の押しつけ、あるいは既存の収奪的制度の強化によって、世界各地に開発不全の種をまいた。これらの制度は直接・間接に、芽生えかけた商業的・工業的活動を世界中のいたるところで破壊したり、工業化を抑止する制度を存続させたりした。結果として、世界の一部の地域で工業化が拡大していたときに、ヨーロッパの植民地帝国に組み込まれていた地域は、産業革命の新たなテクノロジーから利益を引き出すチャンスを奪われていたのである。

あまりにもありふれた制度

東南アジアでは、近代初期にヨーロッパの海軍および通商の力が拡大したせいで、経済発展と制度変革の進む有望な期間が短縮されてしまった。オランダ東インド会社が勢力を広げていたのと同じころ、アフリカではまったく別種の貿易が盛んになりつつあった。すなわち、奴隷貿易である。

合衆国では、南部の奴隷制度を「特有の制度」と呼ぶことが多かった。だが歴史的に見れば、偉大な古典学者のモーゼス・フィンリーが指摘したとおり、奴隷制は決してどこかに特有なものではなく、ほとんどあらゆる社会に存在したのだ。すでに見たように、奴隷制は古代ローマやアフリカにはびこっていた。アフリカは、唯一ではないにしても長らくヨーロッパへの奴隷供給源だった。

ローマ時代の奴隷の供給源は、スラブ民族の住む黒海周辺、中東、さらには北欧だった。だが一四〇〇年までに、ヨーロッパ人はたがいを奴隷にするのをやめた。ところが、第六章で見たように、アフリカは中世ヨーロッパとは異なり、奴隷制から農奴制への移行を経験しなかった。近代初期になるまで、東アフリカでは活発な奴隷貿易が行なわれ、大量の奴隷がサハラ砂漠を越えてアラビア半島へ送られた。そのうえ、マリ、ガーナ、ソンガイといった中世西アフリカの大国は、交易相手だった北アフリカのイスラム諸国の組織を手本にして、政府、軍隊、農業で大いに奴隷を利用した。

一七世紀にカリブ海諸島で始まったサトウキビ・プランテーションの植民地が発展すると、国際的な奴隷貿易は劇的に拡大し、アフリカそのものの内部でも奴隷制の重要性がかつてなく高まった。一六世紀には、おそらく約三〇万人の奴隷が大西洋で取引された。奴隷の大半は中央アフリカから連れて来られたが、そこに深く関与していたのはコンゴおよび、はるか南のルアンダを拠点としていたポルトガル人だった。ルアンダは現在のアンゴラの首都である。この時期、サハラ砂漠を横断する奴隷貿易はもっと大規模で、おそらく約五五万人のアフリカ人が奴隷として北へ向かったはずだ。一七世紀には、こうした状況が逆転する。約一三五万人のアフリカ人が大西洋貿易で奴隷として売られ、その大半が今度はアメリカ大陸に輸送された。サハラ砂漠ルートで取引される奴隷の人数はあまり変わらなかった。一八世紀には奴隷貿易がふたたび劇的に拡大し、約六〇〇万人の奴隷が大西洋を越え、七〇万人がサハラ砂漠を越えたと推定される。全期間を通じてアフリカ各地の数字を合計すれば、優に一〇〇〇万人を超えるアフリカ人が奴隷としてアフリカ大陸から輸出されたのだ。

地図15（次ページ）を見ると、奴隷貿易の規模が大まかにわかるようになっている。現代の国境線を利用して、一四〇〇年から一九〇〇年にかけての奴隷の推定累積量が、一四〇〇年の人口に対する百分率で表されている。色が濃いほど奴隷が多かったことを示している。たとえば、アンゴラ、ベニン、ガーナ、トーゴでは、輸出された奴隷の累積総数が一四〇〇年の国の全人口を上回っていたのだ。

西アフリカ、中央アフリカの沿岸一帯に、奴隷の購入を熱望するヨーロッパ人が突如とし

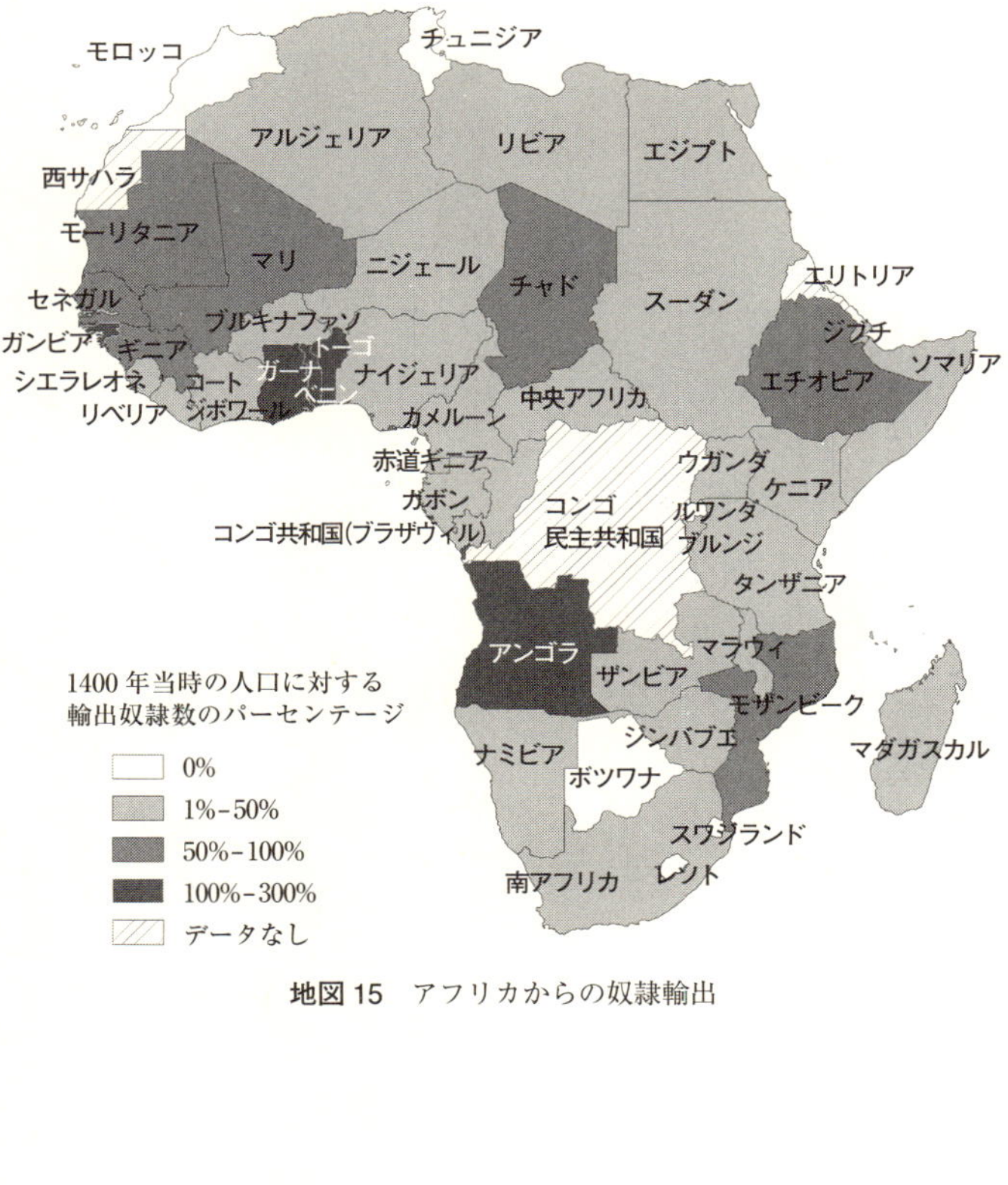

地図 15　アフリカからの奴隷輸出

て現れたことで、アフリカ社会を変えるほどの影響が及ぶのは避けられなかった。アメリカ大陸に送られた奴隷の大半は戦争捕虜で、戦後に海岸地域に連れて来られた人々だった。戦いの増加に拍車をかけたのは、奴隷と交換にヨーロッパから輸入された莫大な量の銃や弾薬だった。一七三〇年までに、西アフリカ沿岸だけで毎年およそ一八万丁の銃が輸入された。一七五〇年から一九世紀初頭にかけては、イギリス人だけで年に二八万三〇〇〇丁から三九万四〇〇〇丁の銃を売りさばいた。一七五〇年から一八〇七年にかけて、イギリス人は二万二〇〇〇トン——年平均で約三八四トンに相当——という途方もない量の火薬に加え、年間九一トンの鉛を売った。さらに南の地域でも、貿易は同じように活発だった。コンゴ王国の北のロアンゴ海岸では、ヨーロッパ人が年に約五万丁の銃を売りさばいた。

　こうしたあらゆる戦いや争いによって、大量の人命が失われ、人々に苦しみがもたらされただけでなく、アフリカの制度が独自の発展の道を歩みはじめることにもなった。近代初期に至るまで、アフリカ社会の政治はユーラシア大陸ほど中央集権的ではなかった。ほとんどの統治組織は小規模で、部族長や、場合によっては王が土地と資源を支配していた。ソマリアについて述べたように、多くの統治組織には階層的な政治権力の構造がいっさいなかった。奴隷貿易によって、相反する二つの政治的プロセスがスタートした。第一に、多くの統治組織がまず絶対主義的になり、一つの目的——ほかの部族を奴隷にし、ヨーロッパの奴隷商人に売り飛ばすという目的——のために体制を整えるようになった。第二にその結果として、逆説的なことに第一のプロセスに反して、戦争と奴隷貿易のせいで、サハラ以南のアフリカに存在したあらゆる秩序と正当な国家権力が最終的に破壊されてしまった。戦争のほかにも、誘拐や小規模な襲撃によって奴隷が捕らえられた。法律も奴隷をつくる道具となった。どんな罪を犯そうと、罰として奴隷にされてしまったのだ。一七三〇年代にイングランド人商人のフランシス・ムーアは、西アフリカのセネガンビア海岸沿いで、こうした事態の帰結について以下のように述べている。

こうした奴隷貿易が行なわれていたため、あらゆる刑罰が奴隷にされることに変わっている。こうした断罪には利点があった。犯罪者を売って利益を手にしようと、人々が鵜《う》の目鷹《たか》の目で犯罪を見つけようとするからだ。殺人、盗み、姦通が、犯人を奴隷として売ることによって罰せられるだけでなく、些細な犯罪も同じように罰せられるのだ。

さまざまな機関が、宗教的なものまで含め、奴隷を捕らえて売りたいという欲望に駆られて道を踏みはずすようになった。一例として、ナイジェリア東部のアロチュクワにあった有名な神託所が挙げられる。この神託所は神に代わって霊験あらたかなお告げを発するものと、その地域では広く信じられており、イジョ族、イビビオ族、イボ族といった現地の有力民族にあがめられていた。人々は、紛争の解決や対立の裁定を求めてその場所を訪れた。神託所に参ろうとアロチュクワへ旅してきた提訴人は、町からクロス川の峡谷に降りなければならなかった。神託所は天井の高い洞窟のなかにあり、洞窟の前には人の頭蓋骨が並べられていた。神託所の神官は、アロチュクワの町の奴隷所有者や奴隷商人と結託して神による裁定を授けた。多くの場合、この裁定には人々が神託所に「飲み込まれる」という内容が含まれていた。それが実際に意味していたのは、いったん洞窟を通り抜けたら、クロス川を下って、待ちうけるヨーロッパ人の船に連れていかれるということだった。より多くの奴隷を手に入れるために、あらゆる法と慣習をゆがめたり破ったりするこうしたプロセスは、政治の中央集権化に破壊的な影響を与えた。一方で、襲撃と奴隷売買を主な存在理由《レゾンデートル》とする強力な国家が勃興した地域もあった。コンゴ王国そのものが、おそらく、奴隷供給国への変容を経験したアフリカで最初の国だったと思われるが、やがて内戦によって破壊された。それ以外の奴隷供給国が最も目立って現れたのが西アフリカで、ナイジェリアのオヨ、ベニンのダホメ、それらに続いてガーナのアサンテなどがあった。

たとえば、一七世紀中頃のオヨの拡大は、沿岸地域での奴隷輸出の増加と直接関連している。オヨの持つ力は、北からの馬の輸入と、敵軍の多くを殺せる強力な騎兵隊の編制を含む軍事革命の結果だった。オヨは海岸へ向かって南に拡大しながら、行く手を遮る国々を打ち破り、住民の多くを奴隷として売り飛ばした。一六九〇年から一七四〇年のあいだに、オヨは「奴隷海岸」として知られるようになる沿岸の内陸に独占体制を築き上げた。この海岸で売られた奴隷の八〇―九〇パーセントは、オヨによるこうした征服の帰結だったと推定されている。一八世紀に、戦争と奴隷供給の同様の劇的な結びつきが生じたのは、さらに西の「黄金海岸《ゴールドコースト》」でのことだった。現在のガーナにあたる地域だ。一七〇〇年以降、アサンテが、かつてのオヨとほぼ同じやり方で内陸から沿岸へ拡大したのだ。一八世紀前半、この拡大がいわゆる「アカン戦争」の引き金を引き、アサンテは独立国を次々に打ち破った。最後のギャマンが征服されたのは一七四七年のことだった。一七〇〇年から一七五〇年にかけてゴールドコーストから輸出された三七万五〇〇〇人の奴隷の大多数は、これらの戦いで捕虜になった人たちだった。

こうした大規模な人間の引き抜きの影響は、人口統計に最もはっきり現れた。近代以前のアフリカの人口を確実に知ることは難しい。だが研究者たちは、奴隷貿易の人口への影響について、妥当と思われるさまざまな推定を行なってきた。歴史家のパトリック・マニングによれば、アフリカ西部および中西部において輸出される奴隷を供給した地域の一八世紀初頭の人口は、二二〇〇万から二五〇〇万人程度だったという。奴隷貿易がなければ、一八世紀から一九世紀初頭にかけて、こうした地域の人口は年率約〇・五パーセントで増加したはずだという控えめな前提を基に、マニングは一八五〇年のこの地域の人口は少なくとも四六〇〇万から五三〇〇万人なければおかしいと算定した。実際の人口は、その半分だったのである。

こうした大きな食い違いの原因は、一七〇〇年から一八五〇年にかけて、約八〇〇万人が奴隷としてこの地域から輸出されたことだけではない。奴隷を捕らえることを目的にしたアフリカ人同士の戦いが続き、おそらく数百万人が殺されたことにもあるのだ。そのうえ、アフリカにおける奴隷制と奴隷貿易は家族や結婚の構造を崩壊させ、出生率をも低下させた可能性がある。

一八世紀末に起こった奴隷貿易廃絶への大きなうねりが、ウィリアム・ウィルバーフォースというカリスマ的人物に先導されてイギリスで本格化しはじめた。失敗を繰り返したあとで、奴隷廃止論者は一八〇七年にイギリス議会を説得し、奴隷貿易を違法とする法案を通過させた。翌年には合衆国でも類似の法案が議会を通過した。だが、イギリス政府はさらに踏み込んだ。この政策を実行すべく、海軍の艦隊を大西洋に配置し、奴隷貿易を根絶しようとしたのだ。これらの方策が実際に効果を生むまでには多少の時間がかかり、大英帝国において奴隷制度そのものが廃止されたのは、一八三四年になってようやくのことだった。大西洋貿易のなかでずば抜けて大きな部分を占めていた奴隷貿易の時代が、終焉を迎えたのである。

一八〇七年以降、奴隷貿易に幕が引かれたことで、アフリカの奴隷に対する海外からの需要は減少した。しかし、だからといって、アフリカの社会と制度に対する奴隷制の影響が魔法のように消えうせたわけではない。アフリカ諸国の多くは奴隷制を中心に体制を築いてきており、イギリス人が奴隷貿易に終止符を打っても、この現実は変わらなかった。それればかりか、奴隷制はアフリカそのものの内部にはるかに広く浸透していたのだ。これらの要素が、一八〇七年以前だけでなくそれ以後も、アフリカの発展の道筋を最終的に形づくったのである。

奴隷貿易に代わって登場したのが「合法的な通商」だった。これは、奴隷貿易とは無関係な新たな商品の輸出を表すためにつくられた言葉である。こうした商品には、ヤシの油と仁、ピーナッツ、象牙、ゴム、アラビア・ゴムなどがあった。産業革命の進展に伴ってヨーロッパや北米の人々の所得が増加すると、こうした多くの熱帯産品に対する需要も急増した。アフリカの社会は、奴隷貿易がもたらしたビジネス・チャンスを貪欲に利用したのと同じように、合法的な通商も利用した。しかし、そこにはある独特の背景があった。奴隷制は生活の一部だったのに、奴隷に対する外部需要が突然なくなってしまったのだ。ヨーロッパ人に売ることができなくなった奴隷に、今度は何をさせたらいいだろうか？　答えは簡単だった。アフリカで利益を生む強制労働に従事させ、合法的な通商向けの新たな産品をつくらせればいいのだ。

最も詳しく記録されている事例の一つが、現代のガーナにあたるアサンテのそれだ。一八〇七年以前、アサンテ帝国は奴隷の拿捕《だほ》と輸出に深くかかわっていた。奴隷を海岸まで運び、ケープ・コースト城やエルミナ城といった奴隷貿易の拠点で売っていたのだ。一八〇七年以降、この選択肢が封じられると、アサンテの政治エリートは経済を再編した。しかし、奴隷売買や奴隷制が終わることはなかった。それどころか、奴隷は大規模なプランテーションに定住させられたのだ。その場所は当初は首都クマシの周辺だったが、のちには帝国全域（ガーナの内陸部の大半に相当）に広がった。奴隷は輸出用の金やコーラ・ナッツの生産に雇われるとともに、食糧用作物の大量生産に従事し、荷担ぎ人夫としても酷使された。アサンテでは車輪のある運搬具は使われていなかったからだ。さらに東の地域でも、奴隷の利用法が同じように仕立て直された。たとえばダホメでは、ワイダやポルトノヴォといった港の近くに王が所有していた油ヤシの大規模なプランテーションは、すべて奴隷労働を基盤とするものだった。

したがって、奴隷貿易の廃絶はアフリカの奴隷制を衰退させたというより、奴隷の配置転換を招いたにすぎなかった。いまや奴隷は、アメリカ大陸ではなくアフリカ内部で使われていたのだ。そのうえ、奴隷貿易が過去二世紀のあいだにつくりあげた多くの政治制度は変わらず、行動パターンもそのままだった。たとえばナイジェリアでは、一八二〇年代から三〇年代にかけて、かつて大国だったオヨ王国が崩壊した。オヨが弱体化した原因は、内戦およびイロリンやイバダンといったヨルバ族の都市国家の台頭にあった。オヨの南に位置するこうした都市国家は、奴隷取引に手を染めていた。一八三〇年代にオヨの首都は略奪され、その後は地域の支配権をめぐってヨルバ族の都市国家とダホメが争った。この戦いは一九世紀の前半にほぼ休みなく続き、それによって大量の奴隷が生み出された。加えて、誘拐、神官による罪の宣告、小規模な襲撃といった従来からのパターンによっても奴隷が生まれつづけた。誘拐はナイジェリアの一部では大きな問題であり、親は子供が誘拐され、奴隷に売られることを恐れ、外で遊ばせようとしなかったほどだった。

結果として、アフリカでは一九世紀を通じ、契約労働よりむしろ奴隷労働が拡大していったように思える。正確な数字を手に入れるのは難しいが、一九世紀に旅行者や商人によって書かれ、現存する多くの記録が示すところでは、西アフリカのアサンテ王国やダホメ王国、またヨルバ族の都市国家では、人口の半数を優に超える住民が奴隷だった。フランス植民地の初期の記録から、スーダン西部、つまりセネガルからマリ、ブルキナファソを経てニジェールとチャドに至る西アフリカの広大な地域について、さらに正確なデータが得られる。この地域では、一九〇〇年に人口の三〇パーセントが奴隷にされていたのだ。

合法的な通商が始まった際と同じく、「アフリカ分割」後の正式な植民地化の到来も、アフリカの奴隷制を破壊することはなかった。ヨーロッパ人によるアフリカへの侵入の多くは、奴隷制は力ずくで廃止されなければならないという根拠で正当化されたが、現実は違っていた。アフリカの植民地の大半で、奴隷制は二〇世紀になっても長く存続したのだ。たとえばシエラレオネでは、首都フリータウンはそもそもアメリカ大陸から送還された奴隷の安息の地として一八世紀末に築かれた町であるにもかかわらず、奴隷制が最終的に廃止されたのは一九二八年になってようやくのことだった。フリータウンはその後、イギリスの反奴隷制団体の重要な拠点となり、イギリス海軍が拿捕した奴隷船から救出された解放奴隷の新たな故郷となった。こうした象徴的な事実とは裏腹に、シエラレオネの奴隷制は一三〇年にわたって残存したのである。シエラレオネのすぐ南のリベリアも、同じく、解放されたアメリカ奴隷のために一八四〇年代に建設された国だ。だが、ここでもまた、奴隷制は二〇世紀まで残っていた。一九六〇年代になっても、労働人口の四分の一は強制労働に従事し、奴隷に近い条件で生活していると推定されていた。奴隷貿易に基づく収奪的な政治・経済制度のせいで、工業化の波がサハラ以南のアフリカに広がることはなかった。この地域が停滞し、経済への妨害さえ経験していたときに、世界のほかの地域では経済改革が進んでいたのである。

二重経済をつくる

「二重経済」のパラダイムは、一九五五年にアーサー・ルイス卿によって初めて提唱された。依然としてほとんどの社会科学者が、その枠組みに沿って発展途上国の経済問題を考えている。ルイスによれば、発展途上経済や低開発経済の多くは二重構造になっており、近代部門と伝統部門に分かれているという。近代部門は経済的により発展した部分に対応し、都市生活、近代産業、先進技術の利用と結びついている。伝統部門は田園生活、農業、「後進的」な制度や技術と結びついている。後進的な農業制度の一つに土地の共有権がある。これは、土地について私的財産権が存在しないことを意味するものだ。ルイスによれば、伝統部門では労働力の利用効率がきわめて悪かったため、農村部門の産出総量を減らさずに、労働力を近代部門へ再配分することが可能だったという。ルイスの洞察を土台とする数世代にわたる開発経済学者にとって、「開発の問題」とは人材や資源を伝統部門、つまり農業や田舎から、近代部門、つまり工業や都市へ移転させることを意味するようになった。一九七九年、ルイスは経済開発をめぐる功績によりノーベル賞を受賞した。

ルイスおよびルイスの業績を土台とする開発経済学者が、二重経済を確認したことは間違いなく正しい。南アフリカは最も明らかな例の一つであり、後進的で貧しい伝統部門と活気にあふれ繁栄している近代部門に分かれていた。こんにちでさえ、ルイスが確認した二重経済は南アフリカのいたるところに見られる。それを理解するための最も印象深い方法の一つは、かつてナタール州だったクワズールー・ナタール州とトランスケイ州の州境を自動車で走ってみることだ。州境はグレート・カイ川に沿っている。川の東側のナタール州は海に面しており、広々とした美しい砂浜に豪華な施設が連なっている。内陸部は青々としたサトウキビのプランテーションに覆われている。道路も美しい。地域全体に繁栄の香りが満ちているのだ。川を渡ると、まるで時代も国も違うかのようだ。地域の大部分は荒廃している。土地は緑ではなく茶色で、樹木は大量に伐採されている。水道やトイレをはじめ、あらゆる文明の利器を備えた豊かな現代的家屋に代わり、人々は掘っ立て小屋に住み、たき火で調理をしている。生活は明らかに旧態依然としており、川の東側の近代的なあり方とはかけ離れている。こうした格差が川の両側の経済制度の大きな違いに結びついているとしても、読者はもはや驚かないだろう。

東側のナタール州では、私的財産権があり、法律制度、市場、商業的農業、工業が機能している。西側のトランスケイ州では、土地は共同財産であり、最近まで全権を有する昔ながらの部族長がいた。ルイスの二重経済理論のレンズを通して見ると、トランスケイ州とナタール州を対比することで、アフリカの開発問題が明確になる。実のところ、さらに踏み込んで、こう指摘することもできる。歴史的に見れば、アフリカはすべてトランスケイ州のようなものであり、前近代的な経済制度、後進的な技術、部族長による支配などのせいで貧しかったのだ、と。したがって、この見方によれば、経済開発が関係するのはトランスケイ州を最終的に間違いなくナタール州に変えることだけだ、となる。

この見方は多くの真実を含んでいるものの、二重経済がいかにして生じたのか、近代的経済とどんな関係にあるのかについての一貫した論理が見落とされている。トランスケイ州の後進性は、アフリカの自然な後進性の歴史的な名残ではない。トランスケイ州とナタール州のあいだの二重経済は、実のところ、ごく最近のものであり、決して自然に現れたわけではない。南アフリカの白人エリート層が、自分たちの事業で使う安い労働力の「溜め池」をつくり、アフリカの黒人との競争を減らすために生み出したのだ。二重経済はつくられた低開発のもう一つの例であり、自然に生じ何世紀にもわたって存続したものではない。

南アフリカとボツワナは、のちほど見るように、奴隷貿易とそれが引き起こした戦争の悪影響をほとんど被らなかった。南アフリカ人がヨーロッパ人と初めて大規模に交流したのは、一六五二年にオランダ東インド会社がテーブル湾（現在のケープタウン港）に基地を設けたときのことだった。当時、南アフリカ西部の住民はごくまばらで、ほとんどはコイコイ族と呼ばれる狩猟・採集民だった。現在のシスカイ・トランスケイにあたるさらに東の地域には、人口密度の高い農耕社会があった。これらのアフリカ人は当初、オランダ人の新たな植民団と親密に交流することも、奴隷取引にかかわることもなかった。南アフリカ海岸は奴隷市場から遠く隔たっており、コーサ族として知られるシスカイ・トランスケイ地域の住民は、かなり内陸に暮らしていたため、誰の注意も引かなかった。結果として、これらの社会は、アフリカの西部と中央部に打撃を与えた多くの悪しき動向の脅威を感じることがなかった。

これらの地域の孤立に変化が訪れたのは、一九世紀のことだった。ヨーロッパ人にとって、南アフリカの気候や疾病環境はとても魅力的だった。たとえば、南アフリカは西アフリカと違って気候が穏やかなため、マラリアや黄熱病にかかる心配がなかった。これらの病気はアフリカの大部分を「白人の墓場」に変え、ヨーロッパ人の入植はもとより、常設基地の設置すら阻んでいたのだ。南アフリカは、ヨーロッパ人の定住という点では見通しがはるかに明るかった。ナポレオン戦争のあいだにイギリス人がオランダ人からケープタウンを奪うと、まもなくしてヨーロッパ人の内陸への拡大が始まった。植民地のフロンティアがさらに内陸に広がっていくと、長期にわたる一連のコーサ戦争が勃発した。南アフリカ内陸への侵入が激化したのは、一八三五年のことだった。この年、アフリカーナーとかボーア人と呼ばれることになる、現地に残っていたオランダ人の子孫が、沿海部やケープタウン地方のイギリス人による支配を逃れて「グレート・トレック」という有名な大移住を開始したのだ。アフリカーナーはその後、アフリカの内陸に二つの独立国家を創建した。すなわち、オレンジ自由国とトランスヴァール共和国だ。

一八六七年にキンバリーで莫大な埋蔵ダイヤモンドが、一八八六年にヨハネスバーグで豊かな金鉱が発見されると、南アフリカ開発は次の段階に移行した。こうした途方もない鉱物資源が内陸に存在することを知るや否や、イギリス人は南アフリカ全土に支配権を拡大しようと決意した。オレンジ自由国とトランスヴァール共和国は抵抗したため、有名なボーア戦争（一八八〇―八一年、一八九九―一九〇二年）が勃発した。イギリス人は当初思わぬ敗北を喫したあと、アフリカーナーの二つの国家をケープ植民地とナタール共和国に併合し、一九一〇年に南アフリカ連邦を成立させた。鉱業経済の発達とヨーロッパ人植民地の拡大は、アフリカーナーとイギリス人の争いという枠を超えて、この地域の発展に別の影響を及ぼした。最も注目すべきなのは、食糧をはじめとする農産物への需要が生じ、農業と商業の双方でアフリカ先住民に新たなビジネス・チャンスがもたらされたことだった。

シスカイ・トランスケイ地域のコーサ族の人々はこのチャンスに迅速に反応したと、歴史家のコーリン・バンディーは記している。まだ鉱山ブームも到来していない一八三二年、トランスケイにいたあるモラビア人宣教師は、これらの地域の経済の新たな躍動を観察し、新しい消費財へのアフリカ人による需要について書き留めた。それは、ヨーロッパ人の広がりとともにアフリカ人が初めて目にしはじめた品々だった。「こうした品物を手に入れるため、彼らは……金《かね》をかせごうとみずから汗を流し、衣類、鍬《くわ》、鋤《すき》、荷車、その他の役に立つ物品を買おうとしている」

行政長官のジョン・ヘミングが、一八七六年にシスカイのフィンゴランドを訪れた際の記述からも同じような状況が明らかになる。ヘミングはこう書いている。

数年のあいだにフィンゴ族が成し遂げたきわめて大きな進歩に、感銘を受けた……どこへ行っても、しっかりした小屋やレンガあるいは石造りの家屋が見られた。多くの場合、レンガ造りの頑丈な家が建てられ……果樹が植えられている。流水が利用できる場所ではどこでも、水路が引かれ、灌漑が可能なかぎり土地は耕されている。山の斜面だけでなく、山の頂であっても、鋤が使える場所はすべて耕作されている。鋤き返された土地の広さには驚かされた。これほど広い耕地は何年も目にしたことがなかった。

サハラ以南のアフリカのほかの地域と同じように、農業で鋤が使われるのは初めてだった。しかし、機会があれば、アフリカの農民はそのテクノロジーを取り入れる準備がすっかりできていたようだ。彼らはまた、荷車や灌漑工事に資金を投じる用意もできていた。農業経済が発展するにつれ、硬直的な部族制度は崩れはじめた。土地の所有権に変化が起きた大量の証拠がある。一八七九年、トランスケイの一地区であるグリカランドイーストのウムジンクルの執政官が、こう書き留めた。「一部の先住民のあいだで土地所有者になりたいという願望が強まっている——彼らは、すでに三万八〇〇〇エーカー（約一五三・八平方キロメートル）の土地を購入した」。この執政官は三年後、その地区の約八〇〇〇人の農民が九万エーカーの土地を購入し、耕作しはじめていると記録している。

アフリカが産業革命の入り口にいないことは確かだったが、真の変化は進行していた。土地の私的所有によって部族長の力は弱まり、新しい人々が土地を買って富を築けるようになった。ほんの数十年前には考えられなかったことだ。ここからわかるのは、収奪的制度と絶対主義的な支配体制が弱体化すれば、あっというまに新たな経済的活力が湧いてくるということだ。サクセス・ストーリーの一つが、貧しい境遇からのし上がった農民、シスカイのスティーヴン・ソンジカの物語だ。一九一一年の演説でソンジカは、土地を買いたいという望みを初めて打ち明けたとき、父親がどう反応したかを語った。「土地を買うだって？　いったいどういう了見だ？　土地はすべて神のものであり、神は部族長だけにそれをお与えになったことを知らないのか？」」。父親の反応も無理はない。しかし、ソンジカはあきらめなかった。キングウィリアムズタウンで職を得たのだ。ソンジカはこう述べている。

私は知恵を働かせて個人の銀行口座を開き、節約したお金の一部をそこへ預けました……八〇ポンド貯まるまで続けました……くびきをかけた一対の雄牛、耕作用具、鋤、その他の農具一式［を買いました］……今回は小さな農場を購入しました……仲間には、職業として［農業を］あまり強くは勧められません……しかし、利益をあげる近代的な方法を身につけるべきです。

この時期のアフリカの農民の経済的な活力と繁栄を裏付ける驚くべき証拠の一つが、メソジスト派の宣教師だったW・J・デーヴィスが一八六九年に出した手紙に見て取れる。イングランドへの手紙のなかでデーヴィスは、「ランカシャー木綿産業救済基金」のために四六ポンドの現金を集めたとうれしそうに記している。この時期、裕福なアフリカ人農民はイングランドの貧しい繊維労働者を救済するために寄付をしていたのだ！

この新たな経済的活力を、保守的な部族長が喜ばなかったことは驚くに値しない。もはやおなじみのパターンで、こうした事態を自分たちの富と権力をむしばむものと見なしたのだ。一八七九年、トランスケイの首席行政官だったマシュー・ブライスは、私有地に分割できるよう土地を測量することに反対があったと述べた。彼はこう記録している。「一部の部族長は……反対したものの、大半の国民は喜んだ……部族長は、個人の所有権を認めれば、指導者層のあいだで自分たちの影響力が失われると考えていた」

部族長は、灌漑用水路の掘削やフェンスの設置といった土地の改良にも抵抗した。こうした改良は、土地に対して個人の所有権が設定される前触れ、自分たちの終わりの始まりだと見なしたのだ。ヨーロッパ人でさえ、部族長をはじめ、呪術医などの昔からの権威者が、あらゆる「ヨーロッパ様式」――新たな作物、鋤などの道具、貿易商品など――を禁止しようとしていることに気づいた。だが、シスカイ・トランスケイ地域がイギリスの植民州に統合されると、昔からの部族長や権威者の力は弱まったため、彼らの抵抗によって南アフリカにおける新たな経済的活力を押しとどめることはできなかった。一八八四年にフィンゴランドで、あるヨーロッパ人観察者が次のように書いている。

「人々は」忠誠心をわれわれに向けるようになった。部族長は一種の名誉地主に変わり……政治力を失った。もはや部族長のねたみも凶器も恐れるには及ばなかった……凶器とは呪術医のことだ。呪術医は、裕福な畜牛所有者、有能な相談役、新しい習慣の導入、熟練した農業専門家などを打ちのめし、すべてを同じレベルの凡人に引きずり下ろしてしまう――もはやそれを恐れることはなかった。フィンゴ族は……進歩的なのだ。いまだ小作農のままだが……彼らは荷車や鋤を所有している。灌漑のために水路を開削する。羊の群れを所有している。

わずかばかりの包括的制度があり、部族長の権力や束縛が衰えただけでも、アフリカ経済の活力あふれる急発展をスタートさせるには十分だった。だが、悲しいことに、それが長続きすることはなかった。一八九〇年から一九一三年のあいだに発展は突如として終わりを告げ、後退してしまったのだ。この期間に、過去五〇年間にアフリカ人が築いてきた農業の繁栄と活力を破壊する二つの力が働いた。第一の力は、アフリカ人と競合するヨーロッパ人農民の敵意だ。成功したアフリカ人農民のせいで、ヨーロッパ人の栽培していた作物の価格が下がってしまった。これに対してヨーロッパ人がとった策は、アフリカ人を農業から追い出すことだった。二つ目の力はさらに悪辣だった。ヨーロッパ人は、成長しつつある鉱業分野で安価な労働力を使いたがっていた。この安価な労働力の供給を確保するには、アフリカ人を貧困化させるしかなかった。その後数十年にわたり、ヨーロッパ人はそれを手際良くやりとげたのだ。

一八九七年に鉱業協会会長のジョージ・アルブが調査委員会で行なった証言のなかで、安い労働力を得るためにアフリカ人を貧困化させる理屈が簡潔に述べられている。アルブはこう説明した。より安い労賃を提示するには「賃金を引き下げると、連中に通告すればいいのです」。アルブの証言は以下のように続く。

委員会：カフィル［アフリカ黒人］がクラール［牛小屋］へ戻ってしまうとしたら？　政府が強制的に働かせることに賛成ですか？

アルブ：もちろんです……労働を強制するつもりです……黒人どもが何もしないでいることが許されましょうか？　生活費を稼ぐために、働かざるをえないようにすべきだと思います。

委員会：働かなくても暮らせるとしたら、どうやって働くことを強制しますか？

アルブ：課税して、それから……

委員会：では、カフィルがこの国で土地を所有することは許さない、彼らは白人を裕福にするために働くべきだと？

アルブ：連中も隣人を助けるために仕事を分担しなければなりません。

白人農民との競合を排除することと、大量の低賃金労働力をつくりだすこと。この二つの目標を同時に達成したのが、一九一三年の「先住民土地法」だった。この法律はルイスの二重経済という考え方を先取りし、南アフリカを二つの地域、すなわち、近代的で豊かな地域と伝統的で貧しい地域に分割したのだ。ただし、豊かさと貧しさを実際に生み出したのは、この法律そのものだった。それによると、国土の八七パーセントが、人口の約二〇パーセントを占めるヨーロッパ人に与えられることになっていた。残りの一三パーセントがアフリカ人に与えられるとされていた。先住民土地法に多くの前兆があったのは言うまでもない。ヨーロッパ人は一歩ずつ、アフリカ人をますます狭くなる指定地に押し込めてきたからだ。しかし、こうした状況を最終的に制度化し、南アフリカのアパルトヘイト体制が成立するお膳立てを整えたのは、一九一三年の先住民土地法だった。アパルトヘイト体制下では、少数派の白人が政治的・経済的権利をともに握る一方、多数派の黒人はその両方とも手にできなかった。先住民土地法の規定によると、トランスケイとシスカイを含むいくつかの指定地は、アフリカ人の「ホームランド」になるとされていた。のちに、こうした指定地は「バントゥースタン」として知られるようになるが、これは南アフリカのアパルトヘイト体制におけるもう一つのレトリックだった。なぜなら、アフリカ南部のアフリカ人はこの地域の先住民ではなく、約一〇〇〇年前にナイジェリア東部から移住してきたバントゥー族の末裔だとされていたからだ。したがって、南アフリカのアフリカ人は、土地に対してヨーロッパ人入植者より多くの権利を――言うまでもなく、現実には同じだけの権利も――持っていなかったのである。

地図16（次ページ）には、一九一三年の先住民土地法と一九三六年のその後継法によってアフリカ人に配分された土地が、はなはだしく少なかったことが示されている。さらに、ジンバブエでもう一つの二重経済が創出された際の同じような土地配分の状況について、一九七〇年の情報が記録されている。この問題については第一三章で論じることにする。

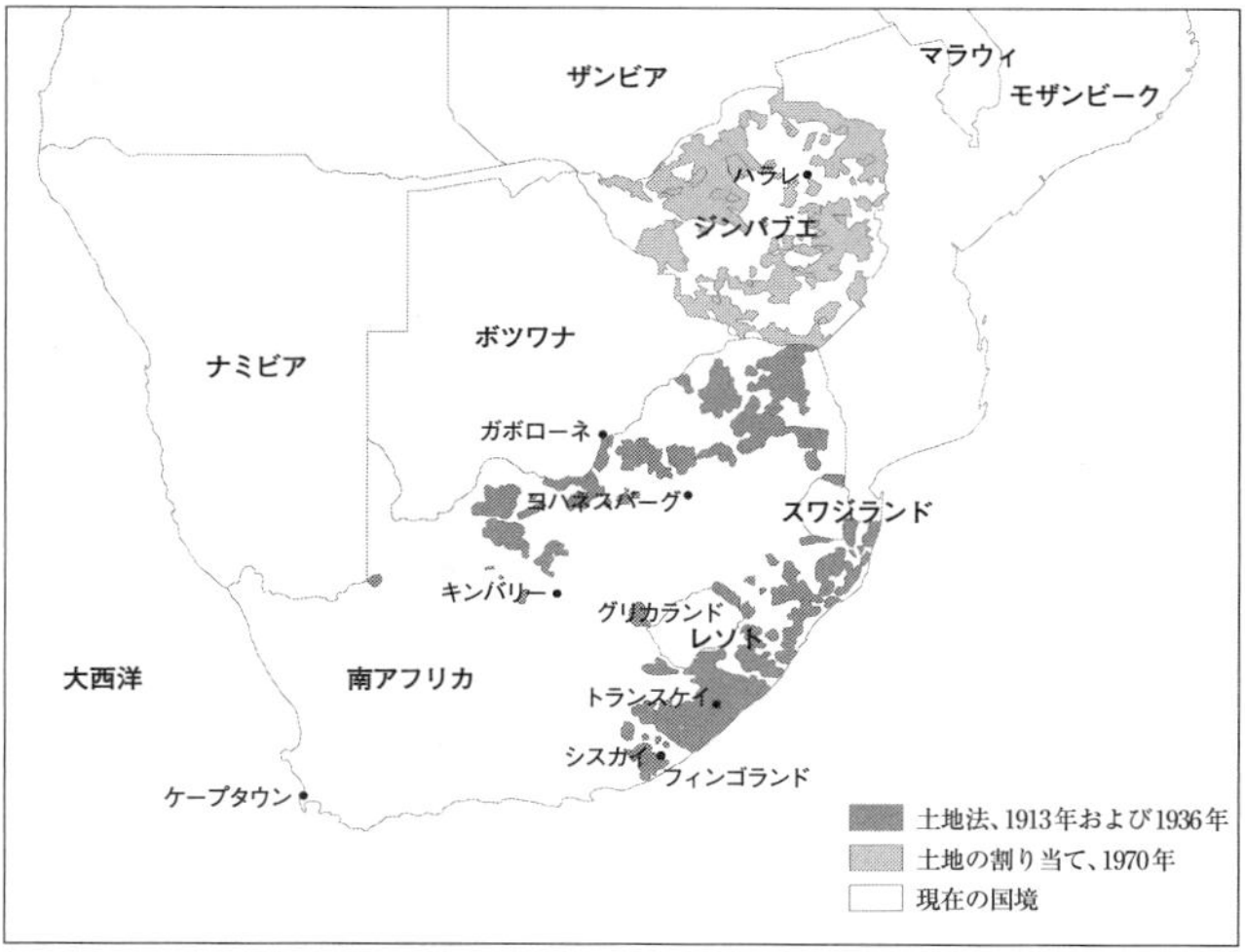

地図16　南アフリカとジンバブエにおいて、少数派の白人政権によってアフリカ人に配分された土地

一九一三年の法律には、黒人の物納小作人や無断定住者が、白人の所有する土地を労役小作人以外の資格で耕すことを阻止しようとする条項も含まれていた。先住民問題の担当官はこう説明している。「この法律の目的は、土地あるいは土地の所産にかかわる、ヨーロッパ人と先住民の提携という性質を持つあらゆる取引を、今後はやめさせることだった。先住民との新たな契約はすべて、労働契約でなければならない。この種の真正の契約があれば、雇用主が先住民への報酬を、現物、あるいは一定の土地を耕す特権とすることを妨げない……しかし、先住民は主人へいかなる支払いをしようとも、その土地の占有権を得ることはできな

い」

開発経済学という学問分野が形成され、アーサー・ルイスの考え方が広まりつつあった一九五〇年代から六〇年代にかけて、南アフリカを訪れた開発経済学者にとって、ホームランドと豊かで近代的なヨーロッパ白人経済の格差は、まさに二重経済理論が扱うべき問題であるように思えた。経済のヨーロッパ的部分は都会で教育水準が高く、近代的なテクノロジーが利用されていた。ホームランドは貧しく、田舎で、遅れていた。つまり、生産性は非常に低く、人々は無学だった。まさに永遠の後進アフリカそのもののように思えたのだ。

とはいえ、二重経済は自然なものでも、避けられないものでもなかった。ヨーロッパの植民地主義によってつくられたものだったのだ。たしかに、ホームランドは貧しく、技術的に遅れており、人々は無学だった。だが、それらはすべて政府による政策の結果だった。この政策が、アフリカの経済成長を力ずくで踏みつぶし、ヨーロッパ人の支配する鉱山や農地で雇うために、安価で無学なアフリカ人労働者の「溜め池」をつくりだしたのである。一九一三年以降、膨大な数のアフリカ人が自分の土地を白人に奪われて立ち退かされ、ホームランドへ押し込まれた。ホームランドは狭すぎたため、自力で生計を支える手段を得ることはできなかった。したがって、意図されたとおり、アフリカ人は白人経済のなかで生計の道を探らざるをえず、労働力を安く提供するしかなくなった。アフリカ人の経済的インセンティヴは崩壊し、それまでの五〇年間に生じた進歩はことごとく後退した。人々は鋤の使用をあきらめ、鍬による農業に戻った——そもそも彼らが農業を営むとしての話だが。しかし、彼らは安価な労働力として利用されることのほうが多かった。ホームランドは、安価な労働力を確保するために設けられたからだ。

破壊されたのは経済的インセンティヴだけではなかった。緒に就いていた政治改革も後退してしまったのだ。それまでは弱まりつつあった部族長や昔からの支配者の権力は強化された。安価な労働力をつくりだす計画の一つは、私有地の排除だったからだ。こうして、部族長による土地の支配がふたたび認められることになった。これらの施策がピークに達したのは、政府が「バントゥー職権法」を成立させた一九五一年のことだった。早くも一九四〇年には、G・フィンドレーが問題を正しく指摘している。

部族による土地保有が保証するのは、土地が適切に利用されることも、真の意味で先住民のものになることも決してないということだ。安価な労働力には安価な養成の場が必要なので、アフリカ人はみずからを犠牲にしてそれをアフリカ人に提供するのだ。

土地を強奪されたせいで、アフリカ人農民の大半が貧困にあえぐ羽目になった。こうして生み出されたのは後進経済の制度的な基盤だけでなく、そこで働かされる貧しい人々だった。入手可能な証拠からわかるのは、一九一三年に先住民土地法が成立して以降、ホームランドにおける生活水準が逆戻りしてしまったことだ。トランスケイ・シスカイ地域の経済は長期の衰退に陥った。歴史家のフランシス・ウィルソンが収集した金鉱山会社の雇用記録から、こうした衰退が南アフリカ経済全体に広がったことが明らかになっている。先住民土地法をはじめとする法律ができたあと、鉱山労働者の賃金は一九一一年から一九二一年にかけて三〇パーセント下落した。一九六一年には、南アフリカ経済の比較的着実な成長にもかかわらず、賃金は一九一一年から一二パーセント下がっていた。この間に、南アフリカが世界で最も不平等な国になってしまったのも不思議ではない。

だが、こうした状況において、アフリカの黒人はヨーロッパ的な近代経済のなかで自活して事業を始めたり、教育を受けてキャリアをスタートさせたりはできなかったのだろうか？　政府は、決してそんなことが起こらないようにしたのだ。アフリカ人が、経済のヨーロッパ側の部分——国土の八七パーセントを占めていた——で、資産を保有したり、事業を始めたりすることは許されなかった。アパルトヘイト政権は、教育を受けたアフリカ人は鉱山や白人所有の農場に安価な労働力を提供するのではなく、白人と競合することに気づいた。早くも一九〇四年には、鉱業経済にヨーロッパ人のための職種制限制が導入された。アフリカ人が以下のような職業につくことは許されなかった。金属精錬技術者、試金者、鉱山監視人、鍛冶職人、ボイラー製作工、真鍮製品仕上工、真鍮鋳型工、レンガ積み職人……このリストは、木工機械工に至るまで延々と続いていた。アフリカ人は一挙に、鉱業部門のいかなる熟練業務に従事することも禁止されてしまったのだ。これはよく知られた「色の障壁《カラーバー》」の最初の具体例であり、南アフリカ政府によるいくつもの人種差別的発明の一つだった。カラーバーは一九二六年にすべての経済領域に拡大され、一九八〇年代まで続いた。黒人が教育を受けていないとしても驚くには値しない。何しろ南アフリカ国家は、アフリカの人々が教育から経済的利益を得る可能性を奪ったばかりか、黒人の学校に資金を投じることを拒否し、黒人の教育を妨害したのだから。こうした政策がピークに達したのは一九五〇年代のことだった。その当時、一九九四年まで続くことになるアパルトヘイト体制の建設者の一人であるヘンドリック・フルウールトの主導のもと、政府が「バントゥー教育法」を成立させたのだ。この法律を支える基本思想が、フルウールト自身による一九五四年の演説のなかで遠慮なく述べられている。

バントゥー族を、あらゆる面で彼ら自身のコミュニティーに貢献するよう導いてやらねばなりません。ヨーロッパ人のコミュニティーには、ある種の仕事より高いレベルにバントゥー族の居場所はありません……したがって、ヨーロッパ人コミュニティーに溶け込むことを目的とする訓練を受けても無駄です。バントゥー族がそこに溶け込むことはありえないし、これからもないのですから。

当然ながら、フルウールトの演説で明言された二重経済の形は、ルイスの二重経済理論とはかなり異なっている。南アフリカにおける二重経済は、発展過程の避けがたい帰結ではなかった。国家がつくったものだったのだ。南アフリカでは、経済発展に伴って、貧しい人々が後進部門から近代部門へと無理なく移動することはありえなかった。それどころか、近代部門の成功は後進部門の存在に依存していたのだ。後進部門があるおかげで、白人の雇用主は黒人の未熟練労働者を相当な低賃金で働かせ、莫大な利益を手にできた。南アフリカでは、ルイスの説で予測されたのとは違い、伝統部門の未熟練労働者が徐々に教育を受け、技術を身につけていくというプロセスは起こらなかった。実のところ、黒人労働者は意図的に未熟練のまま捨て置かれ、高い技術が必要な職業から締め出された。白人の熟練労働者が競争を避け、高賃金を享受できるようにするためだ。南アフリカでは、黒人はホームランドの伝統的経済に「閉じ込められて」いた。しかし、これは成長によって達成される発展の問題ではなかった。ホームランドは白人経済の発展を可能にするものだったのだ。

白人の支配する南アフリカが遂げつつあったタイプの経済発展が、最終的には限界に直面したことも驚くには当たらない。その経済発展の土台は、白人が黒人を搾取すべく築き上げた収奪的制度だったからだ。南アフリカの白人は、さまざまな財産権を持ち、教育に投資し、金やダイヤモンドを採掘し、それを世界市場で売って利益を得ることができた。ところが人口の八〇パーセントを超える人々が、発展から取り残され、望ましい経済活動の大部分から排除されていた。黒人は自分の才能を活かすことができなかった。熟練労働者にも、ビジネスマンにも、起業家にも、技術者にも、科学者にもなれなかったのだ。経済制度は収奪的で、白人は黒人を搾取して豊かになった。実際、南アフリカの白人が西欧諸国の人々と同じ生活水準を保っていた一方、黒人はサハラ以南のほかのアフリカ諸国の人々とほとんど変わらぬほど貧しかった。創造的破壊の伴わない、白人だけが利益を享受するこうした経済成長は、金やダイヤモンドからの収入が増加するあいだは続いた。だが一九七〇年代には、経済成長は止まっていたのだ。

この一連の収奪的な経済制度が、きわめて収奪的な一連の政治制度を土台として築かれたこともまた、驚くには当たらないだろう。南アフリカの政治体制は、一九九四年に崩壊するまで、あらゆる権力を白人に与えていた。投票し、立候補できるのは白人だけだった。警察、軍、すべての政治制度は白人が支配していた。これらの制度は、白人入植者の軍事的支配のもとで構築されたのだ。一九一〇年に南アフリカ連邦が成立した際、オレンジ自由州とトランスヴァール州というアフリカーナーの統治組織の選挙権は、あからさまに人種差別的であり、黒人の政治参加は完全に禁じられていた。ナタール州およびケープ植民地では、十分な資産を保有していれば黒人にも投票が認められていたものの、彼らはそれだけの財産を持っていないのがふつうだった。ナタール州およびケープ植民地の体制は、一九一〇年には従来どおりに維持されていたが、一九三〇年代になると南アフリカ全域で黒人の選挙権はあからさまに剝奪されていた。

南アフリカの二重経済は一九九四年に終わりを告げた。とはいえ、アーサー・ルイス卿が論じた理由のためではない。カラーバーとホームランドを終わらせたのは、経済発展の自然な成り行きではなかった。南アフリカの黒人が、自分たちの基本的権利を認めず、経済成長の恩恵を自分たちと共有しない政権に抗議し、立ち上がったのだ。一九七六年のソウェト蜂起後、抗議行動はいっそう組織的で強力になり、最終的にアパルトヘイト国家を打倒するに至った。力をつけ、団結して立ち上がった黒人が、白人の政治勢力がそもそも二重経済をつくりあげたときと同じ方法で、南アフリカの二重経済を最終的に終わらせたのである。

発展の後退

こんにちの世界に不平等が存在するのは、一九世紀から二〇世紀にかけて、一部の国が産業革命およびそれがもたらすテクノロジーと組織化の方法を利用した一方、ほかの国にはそれができなかったからだ。テクノロジーの変化は繁栄の原動力の一つにすぎないが、おそらく最も重要なものだろう。新しいテクノロジーを利用しなかった国々は、ほかの繁栄の原動力からも恩恵を受けられなかった。本章や以前の章で示したように、こうした失敗の原因は収奪的制度にあった。この制度は、絶対主義政権が永らえた結果として、あるいは中央集権体制の欠如のために生じたものだった。だが、本章ではさらに次のことも示した。いくつかの事例において、これらの諸国の貧困を助長した収奪的制度は、ヨーロッパの成長を推進したのとまさに同じプロセス——ヨーロッパ諸国の商業と植民地の拡大——によって押しつけられた、あるいは控えめに言ってもいっそう強化されたのである。実際、ヨーロッパの植民地帝国の高い収益性は、世界各地の自立した統治組織や先住民経済の破壊のうえに、あるいはカリブ海諸島のように、収奪的制度を基本的にゼロからつくったうえに築かれることが多かった。カリブ海諸島では、先住民がほぼ全滅したあとで、ヨーロッパ人はアフリカ人奴隷を輸入し、プランテーション体制を構築したのである。
バンダ群島、アチェ、ビルマ（ミャンマー）といった独立した都市国家が、ヨーロッパ人の介入がなかったら、どんな道を歩んだかはわからない。それぞれが独自の「名誉革命」を成し遂げたかもしれないし、スパイスをはじめとする貴重な産品の貿易拡大を土台に、より包括的な政治・経済制度へゆっくりと向かったかもしれない。だが、こうした可能性はオランダ東インド会社の拡大により失われた。オランダ東インド会社は、大虐殺を強行することで、バンダ群島における独自の発展の希望をすべて押しつぶした。また、オランダ東インド会社の脅威のために、東南アジアにおけるその他の多くの地域の都市国家が通商から撤退した。

アジア最古の文明の一つであるインドの物語も、よく似ている。もっとも、発展を後退させたのはオランダ人ではなくイギリス人だったのだが。一八世紀、インドは世界最大の織物生産国にして輸出国だった。インドのキャラコやモスリンはヨーロッパ市場にあふれ、アジア全域はもちろんアフリカ東部でも取引されていた。インドの織物をイギリス諸島へ持ち込んだ立役者は、イギリス東インド会社だった。オランダ東インド会社に二年先立つ一六〇〇年に設立されたこの会社は、インドの貴重な輸出品に関して独占体制を築こうと、一七世紀を通じて活動した。そのため、ゴア、チッタゴン、ボンベイに拠点を持つポルトガル人、ポンディチェリ、チャンデルナゴル、ヤナン、カーリカールを基地とするフランス人と張り合わざるをえなかった。イギリス東インド会社にとってさらに都合が悪かったのは、第七章で見たように「名誉革命」だった。イギリス東インド会社の独占はステュアート朝の王によって認められてきたため、一六八八年以降はただちに異議を申し立てられ、一〇年以上にわたって撤廃されるまでになったのだ。すでに見たように（上巻三二四―三二六ページを参照）、権力の喪失は大きな痛手だった。イギリスの織物生産者は議会に働きかけて、イギリス東インド会社にとって最も利益の大きな交易品だったキャラコの輸入を禁止させることができたからだ。一八世紀、ロバート・クライヴの主導のもと、イギリス東インド会社は戦略を変更して大陸帝国を発展させはじめた。当時、インドは対立する多くの統治組織に分裂していたが、名目上は依然としてデリーのムガール帝国の支配下にあった。イギリス東インド会社は、一七五七年のプラッシーの戦いと一七六四年のブクサールの戦いで現地勢力を征服し、東部のベンガルに初めて進出した。イギリス東インド会社は現地の富を略奪し、ムガール帝国の支配者による収奪的な税制を引き継ぎ、ことによると強化さえしたかもしれない。この進出と同時にインドの織物産業は大幅に縮小した。もはや、イギリス本国にはインドの織物の市場は存在しなかったからだ。この縮小に伴って非都市化が進み、貧困が拡大した。インドの発展の長期にわたる後退が始まった。インド人はまもなく、織物をつくる代わりにイギリスから買い、イギリス東インド会社が中国で売るためのアヘンを栽培するようになったのである。

大西洋の奴隷貿易は、東南アジアやインドより開発の遅れた状況から始まったにせよ、アフリカで同じパターンを繰り返した。多くのアフリカ諸国が、奴隷を捕らえてヨーロッパ人へ売ることに熱心な戦争機構に変わってしまった。さまざまな統治組織や国家のあいだの紛争が継続的な戦争に拡大すると、政治の中央集権化がいまだ実現していない国々の制度は、アフリカの大部分で崩壊した。こうして、根深い収奪的制度と現代の破綻国家への道が開かれたのだ。破綻国家についてはのちほど検討する。南アフリカをはじめ奴隷貿易を免れたアフリカのいくつかの地域において、ヨーロッパ人は別の一連の諸制度を押しつけた。今回は、鉱山や農場で利用できる安価な労働力の「溜め池」をつくるべく設計された制度だ。南アフリカ国家は二重経済をつくりだし、熟練業務、商業的農業、起業的活動から人口の八〇パーセントに当たる人々を排除した。こうしたことのすべてが、工業化が世界の多くの地域を素通りした理由を説明するだけではない。それは、経済発展がときとして、国内や世界のほかの経済圏における後進性を食い物にする、あるいは、それをつくりだしさえする様子を要約しているのだ。

第一〇章

繁栄の広がり

盗人にも仁義

一八世紀のイングランド——もっと厳密に言えば一七〇七年の、イングランド、ウェールズ、スコットランドの連合後のグレートブリテン——には、犯罪者を扱うための単純な解決策があった。「去る者日々に疎し、とにかく厄介払いを」というのがそれだ。こうして、多くの犯罪者が大英帝国各地の流刑地へと追放された。独立戦争以前には、有罪判決を受けた犯罪者、つまり受刑者は、主としてアメリカ各地の植民地に送られた。一七八三年以後、独立したアメリカ合衆国は、もはやイギリスの受刑者をあまり歓迎しなかったため、イギリス当局は受刑者のために新たな生活の場を見つけなければならなかった。まず検討されたのが西アフリカだった。しかし、マラリアや黄熱病といったヨーロッパ人が免疫を持たない風土病のある、非常に過酷な気候だったため、当局はたとえ受刑者であっても「白人の墓場」へ送ることは許されないと判断した。次なる候補地はオーストラリアだった。オーストラリアの東海岸は、偉大な航海者であるキャプテン・ジェームズ・クックによってすでに探査されていた。一七七〇年四月二九日、クックはすばらしい入り江に上陸すると、同行した博物学者の発見した多様な種に敬意を表して、「ボタニー湾」と名づけた。そこは、イギリス政府の役人にとって理想的な場所に思えた。気候は穏やかだし、人の目からも心からもこれほど離れている場所は想像できなかった。

一七八八年一月、受刑者を詰め込んだ一一隻からなる船団が、アーサー・フィリップ船長の指揮のもと、ボタニー湾へと向かっていた。いまではオーストラリア建国記念日となっている一月二六日、船団は現在のシドニーの町の中心部に当たるシドニー・コーヴに基地を設け、その植民地を「ニューサウスウェールズ」と名づけた。船団のなかの一隻で、ダンカン・シンクレアが船長を務めるアレクサンダー号には、ヘンリー・ケーブル、スザンナ・ケーブルという夫婦者の受刑者が乗っていた。スザンナは盗みで有罪とされ、当初は死刑を宣告された。この判決はのちにアメリカ植民地への一四年の流刑に減刑されたが、合衆国の独立によりその実行は不可能になった。そうこうするうちに、スザンナはノリッジ・キャッスル拘置所で同じく受刑者のヘンリーと出会い、恋に落ちた。一七八七年、スザンナは新しい流刑地へ向かう最初の船団でオーストラリアに送られることになった。しかし、ヘンリーはメンバーに入っていなかった。このとき、スザンナとヘンリーのあいだには、同じくヘンリーと名づけられた幼い息子がいた。スザンナの流刑決定は家族の離別を意味していた。スザンナはテムズ川に係留された監獄船に移された。この胸を締めつけられるような悲劇の噂《うわさ》が広まり、カドガン夫人という慈善家の耳に入った。夫人はケーブル一家をふたたび結びつけるための運動を組織し、成功を収めた。こうして、夫婦は幼いヘンリーとともにオーストラリアへ送られることになった。カドガン夫人はまた、二〇ポンドの募金を集めてケーブル一家に必要な生活用品を買い、その品物はオーストラリアで渡されることになった。一家はアレクサンダー号で出帆した。しかし、ボタニー湾に到着したときには、生活用品の入った包みはなくなってしまっていた。少なくとも、シンクレア船長はそう主張した。

ケーブル一家に何ができただろうか？　イングランドあるいはブリテンの法律に従えば、大したことはできなかった。一七八七年には、イギリスには包括的な政治・経済制度があったが、その包括性は受刑者には及ばなかった。受刑者は現実にはいかなる権利も持たなかった。財産を所有することもできなかった。もちろん、誰かを告訴することもできなかった。実のところ、法廷で証言することさえできなかったのだ。シンクレア船長はこのことを知っていて、おそらく荷物を盗んだのだろう。彼は決してそれを認めようとしなかったものの、ケーブル夫婦は自分を訴えられないと自慢気に話していたからだ。イギリスの法律に従えば、そのとおりだった。そして、本国でならすべてはそこで終わったにちがいない。しかし、オーストラリアではそうではなかった。現地の法務官であるデーヴィッド・コリンズに、次のような訴状が発せられた。

当地への新規入植者であるヘンリー・ケーブルとその妻は、イングランド出発に先立ち、ダンカン・シンクレアが船長を務めるアレクサンダー号にいくつかの荷物を積み込んだ。その荷物は衣類のほか、彼らの現状に役立つ品々で、上記ヘンリー、その妻および子供が利用するために、慈善精神あふれる多くの人々の負担で集められ、購入されたものである。当該荷物を、当地の港に現在停泊中のアレクサンダー号の船長から受け取りたいとの目的を明示した申請が、一度ならず提出された。しかるに、その申請は、当該荷物のうちの数冊の書物を含むわずかな部分を（除けば）効果を生ぜず、はるかに価値のある残余の部分は、なおも上記アレクサンダー号の船上に留め置かれているとのことである。当該船の船長は、当該荷物がそれぞれの所有者に前述のとおり引き渡されていないという事態に関して、きわめて怠慢であるように思われる。

ヘンリーとスザンナはともに読み書きができなかったので、訴状に署名できず、最下欄に「バツ印」をつけただけだった。「当地への新規入植者」という文言は、のちに線を引いて消されたものの、非常に重要だった。ヘンリー・ケーブルとその妻が受刑者と書かれていたら、訴訟手続きが進むことは期待できないと見越した者がいたのだ。それに代えて、二人を新規入植者と呼ぶことを思いついたわけだ。これはおそらく、コリンズ判事にとってそのまま受け入れるにはいささか荷が重すぎ、コリンズがその文言に線を引いた可能性が高い。しかし、訴状は有効だった。コリンズは訴えを却下することなく、陪審員全員が軍人で構成される法廷を開いた。シンクレア船長は法廷に呼び出された。コリンズはその審理にあまり熱心ではなかったし、陪審員はケーブル夫婦のような受刑者を監視するためにオーストラリアに派遣された人たちだったが、夫婦は勝訴した。シンクレアは、ケーブル夫婦が犯罪者であることを根拠に、裁判全体について異議を唱えた。しかし、判決が変更されることはなく、彼は一五ポンドを支払わなければならなかった。

この評決を出すに当たり、コリンズ判事はイギリス本国法を適用しなかった。それを無視したのだ。これはオーストラリアで判決が下された初めての民事訴訟だった。最初の刑事訴訟も本国の人々には同じように奇妙に映ったにちがいない。ある受刑者が、ほかの受刑者のパンを盗んで有罪になったのだ。パンの価値は二ペンスだった。当時、こうした事件が法廷に持ち込まれることがなかったのは、受刑者が何かを所有することは許されなかったからだ。オーストラリアはイギリスではなかったし、その法律もイギリスの法律だけではなかった。まもなくオーストラリアは、刑法と民法において、また多くの政治・経済制度において、イギリスから離れることになる。

ニューサウスウェールズ流刑地は当初、受刑者と監視人から成っていた。監視人の大半は軍人だった。一八二〇年代まで、オーストラリアに「自由入植者」はほとんどいなかったし、受刑者の移送はニューサウスウェールズでは一八四〇年に終わったものの、西オーストラリア州では一八六八年まで続いた。受刑者は「義務労働」に従事しなければならなかった。これは基本的に強制労働の別名にすぎず、監視人はそれを利用して金を儲けようとしていた。当初、受刑者に賃金は支払われず、従事した労働の見返りに食料が与えられただけだった。生産されたものは監視人の手に渡った。しかしこの制度は、ジェームズタウン植民地でヴァージニア会社が実験した制度と同じく、あまりうまく機能しなかった。受刑者には熱心に働く、あるいは良い仕事をするインセンティヴがなかったからだ。受刑者は鞭打ち刑に処せられたり、オーストラリアから一〇〇〇マイル（約一六〇〇キロメートル）以上も東の太平洋上に浮かぶ、面積わずか一三平方マイル（約三四平方キロメートル）のノーフォーク島に追放されたりした。だが、追放も鞭打ちも効果がなかったため、それに代わる方法として受刑者にインセンティヴが与えられた。これは、軍人や監視人にとっては自然なアイデアではなかった。受刑者は受刑者であり、労働を売ったり財産を所有したりするものではなかったのだ。しかし、オーストラリアには受刑者のほかに働く者はいなかった。もちろん、ニューサウスウェールズが建設された当時、先住民《アボリジニー》がおそらく一〇〇万人はいたはずだ。しかし、先住民は広大な大陸に散らばっていたため、ニューサウスウェールズの人口密度は、先住民の搾取を土台に経済活動を始めるには不十分だった。オーストラリアには、ラテンアメリカにおけるような選択肢はなかったのだ。こうして監視人たちは、最終的に本国イギリスよりもさらに包括的な諸制度に至る道を歩み出した。受刑者は果たすべき一定の仕事を与えられたうえで、余裕があれば自分のために働けたし、生産したものを売ることもできた。

監視人のほうも、受刑者の新たな経済的自由から利益を得た。生産が増大すると、監視人は商品を受刑者に独占的に販売する体制を築いたのだ。なかでも最も儲かる商品がラム酒だった。当時のニューサウスウェールズは、イギリスのほかの植民地と同じように、本国政府に任命された総督によって運営されていた。一八〇六年、イギリスはウィリアム・ブライを総督に任命した。一七年前の一七八九年、有名な「バウンティ号の反乱」の際に海軍軍艦バウンティ号の艦長を務めていた人物だ。ブライは規律に厳しい人で、その性格がおそらく反乱の主な原因だったのだろう。彼のやり方は変わっておらず、ただちにラム酒の独占業者を問題にした。これがまたしても反乱を招くことになった。今回は退役軍人のジョン・マッカーサー率いる独占業者による反乱だった。「ラム酒の反乱」として知られるようになるこの事件においてブライは、今度はバウンティ号の艦上ではなく陸上で、またしても反乱者に拘束されてしまった。マッカーサーはブライを監禁した。イギリス当局はその後、反乱を解決するために兵士を増派した。マッカーサーは逮捕され、本国に送還された。しかし、ほどなく釈放されてオーストラリアに戻ると、植民地オーストラリアの政治と経済の双方で大きな役割を果たしたのだ。

ラム酒の反乱の根は経済的なものだった。受刑者にインセンティヴを与えるという方策のおかげで、マッカーサーのような人々は大金を手にしていた。マッカーサーは、一七九〇年に到着した第二次艦隊に乗り組む兵士としてオーストラリアにやってきた。一七九六年、マッカーサーは事業に専念すべく軍を退役した。そのときにはすでに最初の羊を所有しており、牧羊と羊毛輸出によって莫大な金を稼げることを理解していた。シドニーから内陸に向かうとブルーマウンテンズ山地にぶつかるが、それも一八一三年についに乗り越えられ、向こう側に大草原が果てしなく広がっていることが明らかになった。まさに牧羊の天国だった。マッカーサーはほどなくオーストラリアきっての大富豪になり、仲間の牧羊王たちとともに

「公有地借地人《スクワッター》」として知られるようになった。彼らが牧羊している土地は、彼らのものではなかったからだ。その土地はイギリス政府の所有地だった。だが当初、これは取るに足りない問題だった。スクワッターはオーストラリアのエリート層、より適切に言えば「大牧場《スクワッ》主階級《トクラシー》」だったのだ。

スクワッターによる支配はあったものの、ニューサウスウェールズは、東欧や南米の植民地における絶対主義体制とはまるで似ていなかった。オーストリア・ハンガリー帝国やロシアと違って農奴は存在せず、メキシコやペルーのように搾取できる大量の先住民もいなかった。その代わり、ニューサウスウェールズは多くの点でヴァージニア州ジェームズタウンに似ていた。つまりエリート層は最終的に、オーストリア・ハンガリー帝国、ロシア、メキシコ、ペルーよりもはるかに包括的な経済制度をつくりだすことが、自分たちの利益に合致することに気づいたのである。受刑者は唯一の労働力であり、受刑者にやる気を起こさせる唯一の方法は、従事している仕事に対して賃金を払うことだった。

受刑者たちはほどなく、新たな事業を起こしたりほかの受刑者を雇ったりすることを許された。さらに特筆すべきことに、刑期を終えたあとで土地まで与えられ、あらゆる権利が回復されたのだ。受刑者のなかから富裕になる者が出はじめ、読み書きのできないヘンリー・ケーブルさえもその一人となった。一七九八年までに、ヘンリーは「勇み駒《ランピング・ホース》」という名のホテルを所有し、店も一軒持っていた。船を一隻購入し、アザラシの毛皮の取引に乗り出した。一八〇九年には、少なくとも九カ所、約四七〇エーカー（約一・九平方キロメートル）の農場を所有し、たくさんの店舗と住宅をシドニーに持っていた。
ニューサウスウェールズにおける次なる対立は、エリート層とそれ以外の人々、つまり受刑者、元受刑者、その家族とのあいだで起こった。マッカーサーのようなかつての監視人や軍人の率いるエリート層には、羊毛経済の急成長によってオーストラリアに引き寄せられた自由入植者の一部も含まれていた。大半の土地は依然としてエリート層の手にあり、元受刑者とその子孫は、流刑の廃止、自分たちと対等な陪審員による裁判を受ける機会、公有地を利用する権利を望んでいた。エリート層はそのいずれも望んでいなかった。彼らの主たる関心は、勝手に占拠している土地の法的所有権を確立することにあった。ここでも、状況は二世紀以上前に北米で起こった出来事とよく似ていた。第一章で見たように、ヴァージニア会社に対する年季奉公人の勝利に続いて、メリーランドと南北カロライナで紛争が起こった。ニューサウスウェールズでボルティモア卿とアントニー・アシュリー・クーパー卿の役を演じたのは、マッカーサーとスクワッターだった。イギリス政府は今回もエリートに味方したものの、やがてマッカーサーとスクワッターが独立を宣言したいという誘惑に駆られるのではないかと懸念してもいた。

一八一九年、イギリス政府はオーストラリア植民地にジョン・ビッグを派遣した。その地で開発調査委員会を指揮させるためだ。ビッグは受刑者が享受している諸権利に衝撃を受け、この流刑地の経済制度の根っからの包括性に驚いた。ビッグは抜本的な改革を推奨した。すなわち、受刑者は土地を所有できない、今後は受刑者に賃金を払ってはならない、恩赦は制限されねばならない、刑期を満了した受刑者に土地を与えてはならない、処罰をもっと厳しくすべきだ、など。ビッグはスクワッターをオーストラリアで生まれるべくして生まれた上流階級と見なし、彼らの支配する独裁社会を構想した。だが、それが実現するはずはなかった。

ビッグが時計の針を元に戻そうとしていたときに、元受刑者とその息子や娘はもっと大きな権利を要求していた。最も重要だったのは、またしても合衆国の場合と同じように、彼らがこう認識していたことだ。自分たちの政治的・経済的権利を確固たるものとするには、意思決定のプロセスにかかわれる政治制度が必要だ、と。彼らは、自分たちが対等に参加できる選挙と議員を出せる代議制や議会を要求した。

元受刑者とその息子や娘を先導していたのは、文筆家、探検家、ジャーナリストという多彩な顔を持つウィリアム・ウェントワースだった。ウェントワースはブルーマウンテンズ山地を初めて横断した探検隊のリーダーの一人だった。この探検によって広大な牧草地がスクワッターに開放されたこともあり、山地に面したある町には、いまでもウェントワースにちなんだ名前がつけられている。ウェントワースは受刑者に共感を覚えていた。それはおそらく、父親が追いはぎの罪に問われ、裁判と有罪判決の危険を避けるためにオーストラリアへの移住を受け入れるしかなかったためだろう。この当時ウェントワースは、より包括的な政治制度、選挙で選ばれた議会、元受刑者と家族のための陪審制裁判、ニューサウスウェールズへの流刑の廃止を強く主張していた。また、『オーストラリアン』という新聞を創刊した。

以降、この新聞は既存の政治制度への攻撃を主導することになる。マッカーサーはウェントワースが好きではなかったし、彼の要求していることが気に入らなかったのも確かである。マッカーサーはウェントワースの支持者のリストを詳細に調べ、一人一人の特徴を書き出した。

当地へ来てから絞首刑を宣告された男
引き回し鞭打ち刑にくり返し処せられた者
ロンドン出身のユダヤ人
最近、営業許可を剝奪されたユダヤ人のパブ店主
奴隷取引で流刑になった奴隷競売人
当地でたびたび鞭打ち刑に処せられた者
両親とも受刑者だった男
詐欺師——多額の借金を抱えている
アメリカ人の山師
役立たずの法務代理人
最近当地の楽器屋商売で失敗した流れ者
両親とも受刑者だった娘と結婚した者
前歴が客寄せ女芸人だった受刑者と結婚した者

だが、マッカーサーとスクワッターによる強い反対も、オーストラリア社会の流れを止められなかった。代議制への要求は強く、抑え込むことはできなかった。一八二三年までは、総督がほぼ独断でニューサウスウェールズを支配していた。だがこの年、イギリス政府によって評議会が創設され、総督の権力は制限されることになった。当初、評議員に任命されたのはスクワッターおよび元受刑者ではないエリート層で、マッカーサーもその一人だった。だが、これは長続きしなかった。一八三一年、リチャード・バーク総督は圧力に屈し、元受刑者が陪審員団に加わることを初めて認めた。元受刑者のほか、実のところ新たな自由入植者の多くもまた、イギリスからの受刑者の流入を止めたがっていた。労働市場で競争が起こり、賃金が下がってしまうからだ。スクワッターは低賃金を望んでいたが、争いに敗れた。一八四〇年、ニューサウスウェールズへの流刑は廃止された。一八四二年には立法評議会が創設され、評議員の三分の二が選挙で選ばれることになった（残りは任命）。元受刑者であっても、十分な資産を持っていれば立候補も投票もできた。そして、多くの元受刑者がその条件に当てはまった。

一八五〇年代には、オーストラリアは白人成年男子選挙権を導入した。市民、元受刑者、その家族の要求は、いまやウィリアム・ウェントワースが最初に考えたものをはるかに超えていた。実際このときには、ウェントワースは選挙によらない「立法評議会」を求める保守主義者の陣営にいたのだ。しかし、かつてのマッカーサーと同じくウェントワースも、より包括的な政治制度へ向かう流れを止めることはできなかった。一八五六年、タスマニア州および、一八五一年にニューサウスウェールズから切り離されたヴィクトリア州は、実効性ある無記名投票を導入した世界最初の場所となった。おかげで、票の買収や強制投票がなくなった。こんにちでも、選挙において投票の秘密を確保する標準的な方法は、オーストラリア式投票と呼ばれている。

ニューサウスウェールズのシドニーにおける当初の状況は、一八一年前のヴァージニア州ジェームズタウンとよく似ていた。もっとも、ジェームズタウンの入植者は受刑者ではなく、ほとんどが契約労働者だったのだが。どちらのケースでも、当初の状況からして収奪的な植民地制度の構築は不可能だった。先住民を搾取するにも人口密度が低すぎ、金や銀といった貴金属が簡単に手に入るわけでもなく、奴隷制プランテーションが経済的に成り立つだけの土壌や作物もなかった。一七八〇年代には奴隷貿易が依然として盛んだったから、それが利益を生むなら、ニューサウスウェールズも奴隷でいっぱいになっていたはずだ。しかし、奴隷を使っても利益にはならなかった。ヴァージニア会社も、ニューサウスウェールズを運営していた軍人や自由入植者も、圧力に負けて徐々に包括的な経済制度を築いていった。それは、包括的な政治制度と歩調を合わせて発展した。ニューサウスウェールズでは、こうしたプロセスがヴァージニアよりも平穏に進行し、流れを逆転させようとするその後の企ても失敗に終わったのだった。

オーストラリアは、合衆国と同じく、包括的制度に至るうえでイングランドとは異なる道をたどった。清教徒革命とその後の名誉革命を通じてイングランドを揺るがした革命と同じものは、合衆国やオーストラリアでは必要とされなかった。両国が創建された状況がまるで異なっていたからだ——とはいえ、言うまでもなく、包括的制度が何の争いもなく確立されたわけではなかったし、その過程で合衆国はイングランド流の植民地主義をかなぐり捨てなければならなかった。イングランドには深く根づいた絶対主義的統治の長い歴史があり、それを捨て去るには革命が必要だった。合衆国とオーストラリアではそうした革命は起こらなかった。メリーランドのボルティモア卿とニューサウスウェールズのジョン・マッカーサーはその種の役割を果たしたかったのかもしれないが、社会を十分に掌握できなかったため、彼らの計画が実を結ぶことはなかった。合衆国とオーストラリアが包括的制度を確立したおかげで、この二つの国に産業革命が急速に広がり、両国は豊かになりはじめた。この両国と同じ道を、カナダやニュージーランドといった植民地もたどったのである。

だが、包括的制度に至る道はまだほかにもあった。西欧の大部分の地域は、フランス革命の影響のもと、包括的制度へ向かう第三の道をとったのだ。フランス革命によって国内の絶対主義が打ち倒されると、今度は国境をまたぐ一連の紛争が巻き起こり、西欧の大半に制度改革が広がった。これらの改革の経済的帰結として、西欧のほとんどの地域で包括的な経済制度が現れ、産業革命が起こり、経済が成長したのである。

壁を打ち破る――フランス革命

一七八九年までの三〇〇年のあいだ、フランスは絶対主義的な君主制によって統治されていた。フランス社会は三つの区分、いわゆる身分に分かれていた。聖職者が第一身分を、貴族が第二身分を、それ以外の国民が第三身分を構成していた。身分が違えば従うべき法律も違い、第一、第二身分は、それ以外の国民にはない権利を持っていた。聖職者と貴族は税金を払わなかったが、一般市民は各種の税を払わなければならなかった。おおむね収奪的な政治体制から予想されるとおりだ。実のところ、教会は免税されていたばかりか、広大な土地を保有し、小作人に独自に課税できたのだ。国王、貴族、聖職者が贅沢な生活を楽しんでいた一方で、第三身分の多くは極貧の暮らしを送っていた。別々の法律によって貴族と聖職者にきわめて有利な経済的地位が保証されていただけでなく、政治権力までが与えられていた。

一八世紀のフランスの都市生活は、過酷で不健康なものだった。製造業は強力な同業組合《ギルド》によって統制されていた。ギルドは組合員に高収入をもたらしたものの、ほかの人がその業種に参入したり、新たな事業を始めたりすることは妨げた。いわゆる旧体制《アンシャンレジーム》はみずからの継続と安定を誇示していた。起業家や有能な個人が新たな業種に参入することは、社会の安寧を乱すとして許されなかった。都市生活が過酷だとすれば、村落の生活はおそらくさらにひどかったはずだ。すでに見たように、この時代のフランスでは、人々を土地に縛りつけ、封建領主のための労働を強制し、貢租を払わせるという極端な形の農奴制は久しく衰退していた。それでも、移動には制限があり、フランスの農民が国王、貴族、教会に払わなければならない封建的貢租はきわめて重かった。

こうした背景のもとで起こったフランス革命は過激な大事件だった。一七八九年八月四日、憲法制定国民議会は新たな憲法を提案し、フランスの法律を全面的に変えた。憲法第一条ではこう述べられている。

国民議会はここに封建制を完全に廃止する。既存の権利や貢租のうち、属地的であれ属人的であれ農奴の身分に由来し、あるいは、それを象徴するあらゆる権利や貢租は、封建的なものも永続的なものも、無償で廃止することを宣言する。

第九条では、以下のように続いている。

税の支払いにおける金銭上の特権は、属人的であれ属地的であれ、永久に廃止される。税はすべての市民から、またすべての資産から、同じ方法と同じ形式によって徴収されるものとする。税がすべての市民によって、能力に応じて支払われる計画が、本年の後半六カ月のあいだといえども検討されねばならない。

こうしてフランス革命は、封建制とそれに伴うすべての義務と貢租を一気に廃止し、貴族と聖職者の免税特権を全面的に撤廃した。だがおそらく、最も急進的で、当時としては想像すらできなかったのは、第一一条だったはずだ。そこではこう述べられている。

　すべて市民は、その生まれとは無関係に、聖職、民間、軍を問わずいかなる公職にも位にも就く資格を有する。いかなる職業もその例外となってはならない。

したがって、日常生活や職業ばかりか政治においても、法の前ではいまやあらゆる者が平等だった。八月四日以降も革命によるさまざまな改革が続いた。次に、特別税を取り立てる教会の権限が廃止され、聖職者は国家に雇われることになった。硬直した政治的・社会的役割が撤廃されるとともに、経済活動を妨げる大きな壁が一掃された。ギルドをはじめあらゆる職業上の制約は廃止され、都市にはより平等な競争の場が生み出された。

　これらの改革は、フランスの絶対君主による統治が終焉へ向かう第一歩だった。八月四日にいくつかの宣言が出されたあと、数十年にわたって社会不安と戦争が続いた。だが、絶対主義と収奪的制度を脱して包括的な政治・経済制度へと向かう、後戻りすることのない一歩が踏み出されたのだ。こうした変革に続いて、政治経済におけるその他の改革が起こり、一八七〇年にはついに第三共和政が成立した。これが、名誉革命によってイングランドで起こったような議会制度をフランスにもたらした。フランス革命は多くの暴力、苦しみ、社会不安、戦争を生み出した。それでも、革命のおかげでフランスは、オーストリア・ハンガリー帝国やロシアのような東欧の絶対主義体制とは違い、経済成長と繁栄を妨げる収奪的制度に陥らなかったのである。

フランスの絶対主義的君主制はいかにして、一七八九年革命の瀬戸際に追い詰められたのだろうか。何しろこれまで見てきたとおり、多くの絶対主義体制が、経済の停滞や社会の大変動の真っただ中にあってさえ長期にわたって存続できたのである。革命や急激な改革の大半がそうであるように、フランス革命への道が開かれたのはいくつもの要因が複合した結果であり、それらの要因はイギリスが急速に工業化していたという事実と密接に関係していた。君主による政権安定化の試みの多くが失敗し、フランスをはじめとするヨーロッパ各地で、革命による制度改革が、一七八九年には多くの人が想像もできなかったほど成功を収めた。その道筋が例によって偶然に左右されていたのは言うまでもない。

フランスにおける多くの法律や特権は中世の遺物だった。それらの法律や特権は、人口の大部分に対して第一、第二身分を優遇しただけでなく、国王にも恩恵をもたらした。太陽王ルイ一四世は、一六六一年から一七一五年に亡くなるまで五四年にわたってフランスを統治したが、実際に王位に就いたのは一六四三年、五歳のときだった。彼は君主の権力を強化し、数世紀前に始まった絶対主義をさらに強めるプロセスを推し進めた。多くの君主は、みずから指名した有力貴族で構成される、いわゆる名士会にしばしば助言を求めた。名士会はおおむね諮問機関にすぎなかったものの、それでも君主の権力に対する穏やかな抑制力として機能した。このため、ルイ一四世は名士会を召集することなく国を支配した。ルイ一四世の統治下で、フランスはある程度の経済成長を達成した――たとえば、大西洋および植民地貿易に携わることによって。有能な財務総監だったジャン＝バティスト・コルベールも、政府が出資・管理する産業の発展――一種の収奪的成長――を監督した。量的に限界のあるこうした成長から利益を得たのは、ほぼ第一、第二身分だけだった。ルイ一四世はまた、フランスの税制を合理化したいとも考えていた。フランス国家は、頻繁な戦争、大規模な常備軍、国王自身の贅沢な従者、消費、宮殿などの資金調達に問題を抱えることが多かったからだ。小貴族にさえ課税できなかったため、国庫歳入は厳しい制約を課せられていたのだ。

ルイ一六世が王位に就く一七七四年まで、経済はほとんど成長しなかったにもかかわらず、社会には大きな変化が生じていた。さらに、それまでの財政問題は財政危機に変わっていた。一七五六年から六三年にかけてイギリスと戦った七年戦争ではカナダを失ったばかりか、とりわけ大きな出費を強いられた。多くの重要人物が、負債の支払い条件を再検討したり増税したりすることによって、王室予算の帳尻を合わせようとした。そのなかには、当時の最も有名な経済学者の一人であるアンヌ＝ロベール＝ジャック・テュルゴー、革命後に重要な役割を果たすことになるジャック・ネッケル、さらに、シャルル・アレクサンドル・ド・カロンヌなどがいた。だが、誰一人として成功しなかった。カロンヌはみずからの戦略の一環として、ルイ一六世を説得して名士会を召集させた。国王と顧問たちは、名士会がカロンヌの改革を承認するものと期待していた。イングランドのチャールズ一世が一六四〇年に議会を召集した際、スコットランドと戦うための戦費をそのまま承認するよう期待したのと同じである。だが、名士会は予想もしなかった方向に踏み出し、こうした改革を承認できるのは国民を代表する「三部会」だけだと宣言したのである。

三部会は名士会とはまったく違う機関だった。名士会が貴族階級で構成され、大半が有力貴族のなかから国王によって指名されていたのに対し、三部会には三身分すべての代表が含まれていた。前回の三部会が開かれたのは一六一四年のことだった。一七八九年にヴェルサイユで開催された際には、いかなる合意も成立しないことがすぐに明らかになった。第三身分はこの集まりを自分たちの政治力を強める好機と見て、三部会における投票数を増やしたいと望んだが、貴族と聖職者は断固としてそれに反対したため、意見の相違を乗り越えられなかったのだ。この会議は一七八九年五月五日に終了したが、もっと権限の大きい「国民議会」を召集するという決議のほかには何の成果もなく、政治的危機は深まった。全員がより大きな権限を求めていた第三身分、とりわけ商人、実業家、知的職業人、職人などは、こうした展開を自分たちの影響力が強まっている証拠だと見なした。したがって国民議会では、議事進行におけるいっそうの発言権および、より大きな一般的権利を要求した。こうした展開に自信をつけた市民による第三身分への支持が津々浦々に広がったおかげで、七月九日、国民議会は憲法制定国民議会へと再編成されることになった。

一方、国内、とくにパリの空気はますます急進的になりつつあった。それを受けて、ルイ一六世を取り巻く保守派の面々は、国王をせっついて改革派のネッケル財務長官を罷免させた。そのせいで一般市民はさらに先鋭化した。結果として、よく知られた一七八九年七月一四日のバスティーユ監獄襲撃事件が起こったのだ。この時点から革命が本格的に始まった。ネッケルが復帰し、革命派のラファイエット侯爵がパリの国民軍司令官に任命された。

　バスティーユ襲撃よりもさらに注目すべきなのは、憲法制定国民議会の活発な動きだった。一七八九年八月四日、自信をつけた憲法制定国民議会は新憲法を可決し、封建制度と第一、第二身分のさまざまな特権を廃止した。だが、こうした先鋭化が議会内の分裂を招いた。社会がとるべき形について多くの対立する見方があったからだ。最初の動きは議会内党派の形成で、なかでも注目すべきなのは急進的なジャコバン・クラブの結成だった。ジャコバン・クラブはのちに革命を牛耳ることになる。同じ時期に、貴族が大挙して国外に逃亡しつつあった。いわゆる亡命貴族《エミグレ》だ。多くの貴族がまた、国王をこうそそのかした。国民議会と絶交し、王みずから、あるいはオーストリアなどの外国勢力の助けを借りて行動を起こすように、と。オーストリアは王妃マリー・アントワネットの母国であり、大半のエミグレの逃亡先だった。多くの一般市民が、過去二年間の革命の成果に脅威が迫っていることに気づきはじめ、先鋭化は足取りを速めた。一七九一年九月二九日、憲法制定国民議会は憲法の最終案を可決した。これによってフランスは、すべての男子が平等な権利を持ち、封建的義務や貢納がなく、ギルドの押しつけた取引上のあらゆる制約が廃止された立憲君主国に生まれ変わったのである。フランスは依然として君主制国家だったものの、いまや国王の役割はほとんどなく、実のところ自由さえなかったのだ。

　だがその後、革命の発展の形は取り返しがつかないほど変わってしまった。一七九二年に、オーストリアの主導する「第一次対仏大同盟」とフランスとのあいだで戦争が勃発したためだ。この戦争を機に、革命主義者と一般大衆（いわゆるサン・キュロット。フランス語で「半ズボンを持っていない」の意。彼らは当時流行していたそのタイプのズボンをはく経済的余裕がなかったため）の決意と急進主義はいっそう強まった。こうした経過の結末が「恐怖時代」として知られる期間だった。それは、ロベスピエールとサン＝ジュスト率いるジャコバン派の指揮のもと、ルイ一六世とマリー・アントワネットの処刑後に始まった。恐怖時代には多くの特権階級や反革命派だけでなく、革命の立役者までが何人も処刑された。そのなかには、ブリソ、ダントン、デムーランといった、かつて支持を集めた指導者が含まれていた。

だが、恐怖時代はまもなく制御不能に陥り、最終的には一七九四年七月、ロベスピエールとサン＝ジュストを含む指導者の処刑をもって幕を閉じた。その後は比較的安定した時期に入った。まず、一七九五年から九九年にかけてはいささか無力な総裁政府が、次いで、デュコ、シエイエス、ナポレオン・ボナパルトで構成される三人制で、より権力を集中させた執政政府が国を統治した。すでに総裁政府の時代、若き将軍ナポレオン・ボナパルトは軍事的成功によって有名になっていたが、その影響力が大きくなるのは一七九九年以降になってようやくのことだった。まもなく、執政政府はナポレオン個人の統治機関になった。

一七九九年からナポレオンの治世が終わる一八一五年までの歳月に、フランスは相次いで軍事的大勝利を収めた。そこには、アウステルリッツ、イエナ・アウエルシュテット、ワグラムにおける戦いが含まれる。こうして、大陸ヨーロッパはフランスの前に屈したのだった。この時代にナポレオンは、みずからの意思、みずからの改革、みずからの法典を、広大な領土に押しつけることができた。一八一五年の最終的敗北のあとにナポレオンが失脚すると、緊縮財政がしかれ、政治的権利がさらに制限され、ルイ一七世のもとで君主制が復活した。だが、こうしたことはすべて、包括的な政治制度の最終的な出現を遅らせたにすぎなかった。

一七八九年の革命で解き放たれた力は、フランスの絶対主義を終わらせ、時間はかかったものの包括的制度の出現につながった。こうして、フランスおよびフランス革命による改革が輸出されたヨーロッパの地域は、一九世紀にすでに進行中だった工業化のプロセスに加わることになるのである。

革命の輸出

一七八九年のフランス革命前夜、ヨーロッパ全域でユダヤ人には厳しい制約が課されていた。たとえばドイツのフランクフルトでは、ユダヤ人の生活は、中世に起源を発する法規に定められた命令によって統制されていた。フランクフルトにはわずか五〇〇世帯のユダヤ人しか居住できず、壁に囲まれた狭い区域、すなわちユーデンガッセ、通称ゲットー（ユダヤ人隔離居住区）で暮らさなければならなかった。ユダヤ人は夜間、日曜日、あるいはキリスト教の祝祭日にゲットーを離れることができなかった。

ユーデンガッセは信じられないくらい狭苦しかった。長さは四分の一マイル（約四〇〇メートル）、幅はわずか一二フィート（約三・六メートル）しかなく、場所によっては一〇フィートを切っていた。ユダヤ人はたえず抑圧と規制のもとで暮らしていた。毎年、新たにゲットーで暮らすことが許されるのは二家族までで、結婚は一二組までしか認められず、それも二人がともに二五歳を超えている場合だけだった。ユダヤ人は耕作が許されず、武器、スパイス、ワイン、穀物の取引もできなかった。一七二六年まで、ユダヤ人は特別な目印を身につけなければならなかった。男は二つの黄色い同心環、女は縞柄のヴェールだった。すべてのユダヤ人が特別な人頭税を払わなければならなかった。

フランス革命が勃発したころ、マイヤー・アムシェル・ロートシルトという若くして成功を収めたユダヤ人実業家が、フランクフルトのユーデンガッセに住んでいた。一七八〇年代初めまでに、彼はフランクフルトきっての貨幣、金属、古美術品の取扱業者として地位を確立していた。ところが、フランクフルトのすべてのユダヤ人と同じく、ロートシルトはゲットーの外に事業拠点を設けることはできず、住むことさえもできなかった。

こうしたことのすべてが、まもなく変わる運命にあった。一七九一年、フランス国民議会はフランスのユダヤ人を解放した。フランス軍はいまやラインラントをも占領し、ドイツ西部のユダヤ人を解放しようとしていた。フランクフルトにおけるフランス軍の影響はもっと突発的で、ことによるといくぶん偶然のことだったのかもしれない。一七九六年、フランス軍はフランクフルトを砲撃し、その過程でユーデンガッセの半分を破壊した。約二〇〇〇人

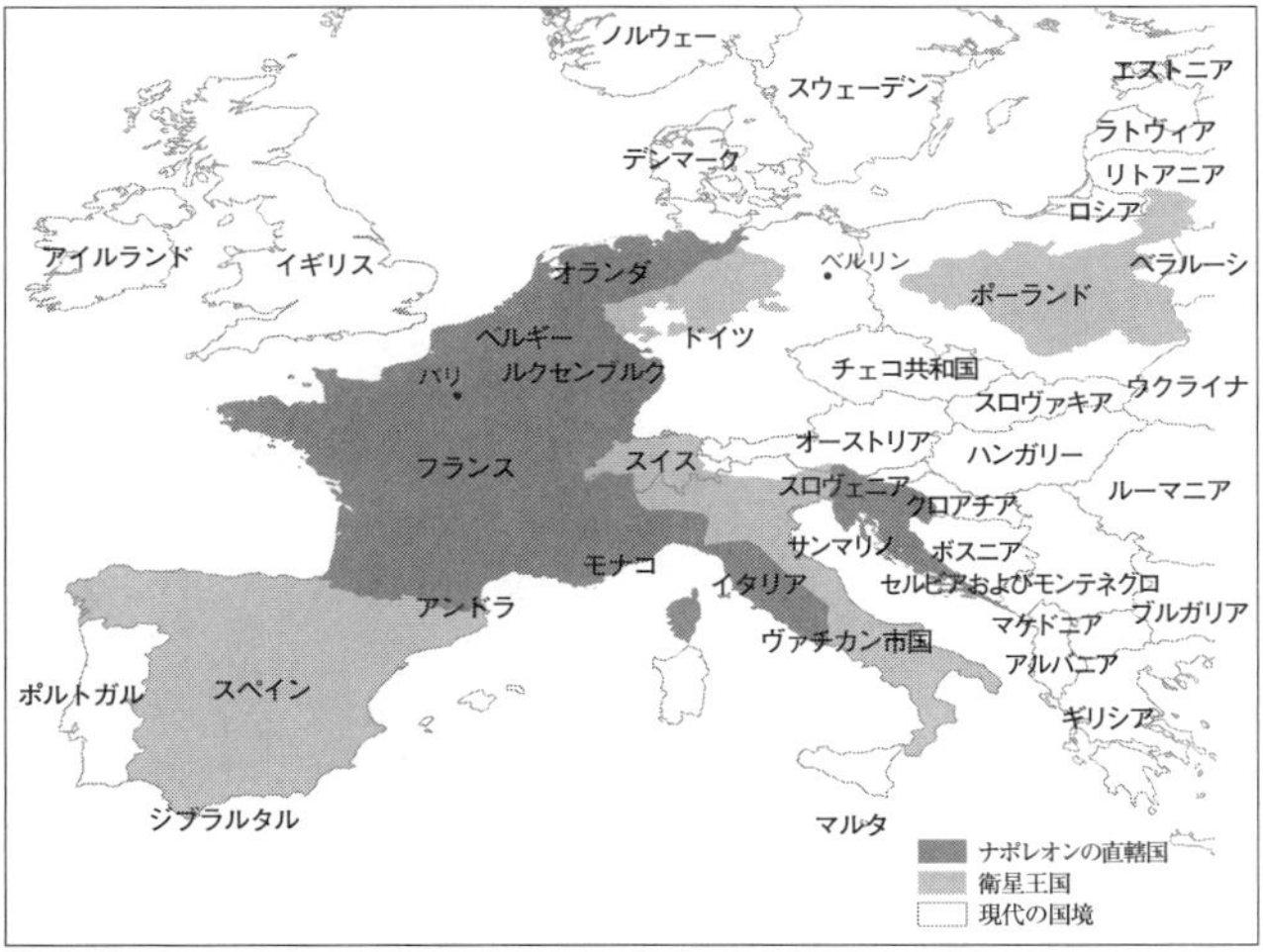

地図17　ナポレオン帝国

のユダヤ人が家を失い、ゲットーの外へ移らざるをえなくなった。ロートシルト一家もそのなかにいた。いったんゲットーから出て、起業家精神を抑圧する無数の規制から解放されると、ロートシルト一家は新たなビジネス・チャンスをつかむことができた。オーストリア軍へ穀物を納める契約もそのひとつだったが、かつてであれば決して許可されなかった仕事である。

一〇年が過ぎるころには、ロートシルトはフランクフルトでも指折りの裕福なユダヤ人となり、実業家としての地位を揺るぎないものとしていた。ユダヤ人が完全に解放されたのは、ようやく一八一一年になってからのことだった。それを最終的に実行したのは、カール・フォン・ダールベルクだった。一八〇六年のナポレオンによるドイツ再編成の際にフランクフルト大公に任ぜられた人物だ。マイヤー・アムシェルは息子に「お前もついに市民だ」と言った。

こうした出来事もユダヤ人解放の戦いに終止符を打ったわけではなかった。その後、とりわけナポレオン後の政治的解決を図った一八一五年のウィーン会議において、状況が逆戻りしてしまったからだ。しかし、ロートシルト一家がゲットーへ帰ることはなかった。マイヤー・アムシェルと息子たちは、やがてフランクフルト、ロンドン、パリ、ナポリ、ウィーンに支店を構える、一九世紀ヨーロッパ最大の銀行を所有することになる。

これは孤立した出来事ではなかった。まずフランス革命軍が、次いでナポレオンが、大陸ヨーロッパの大部分に侵攻した。侵攻したほぼすべての地域で、中世の遺物である既存の制度によって、国王、大公、貴族に権力が与えられ、都市でも地方でも商取引が制限されていた。これらの地域の多くで、農奴制と封建制がフランスにおけるよりもはるかに重要な役割を果たしていた。プロイセンおよびオーストリア・ハンガリー帝国のハンガリー部を含む東欧では、農奴は土地に縛りつけられていた。西欧ではこうした厳格な農奴制はすでに消滅していたが、小作農は封建領主に対し、さまざまな納付金、税、労役を提供する義務を負っていた。たとえばナッサウ＝ウージンゲン侯国では、小作農民は二三〇もの異なった支払金、賦課金、奉仕を課せられていた。賦課金の一つに、動物を解体処理したあとで支払わなければならない血の一〇分の一税なるものがあった。さらに、蜜蜂一〇分の一税や蜜ろう一〇分の一税というのもあった。財産が売買されれば、領主は手数料を受け取った。都市におけるあらゆる経済活動を規制していたギルドも、これらの地域ではフランスにおけるよりも概して力が強かった。ケルンやアーヘンといったドイツ西部の都市では、ギルドによって紡績機や機織り機の採用が阻止された。スイスのベルンからイタリアのフィレンツェに至る多くの都市が、少数の一族に支配されていた。

フランス革命の指導者とその後に続いたナポレオンは、こうした地域に革命を輸出することによって、絶対主義を破壊し、封建的な土地関係を終わらせ、ギルドを廃止し、法の下の平等を強いた。法の下の平等は法の支配にとってきわめて重要な概念なので、第一一章で詳しく論じることにする。フランス革命はこうして、フランスだけでなくヨーロッパのほかの地域に、包括的制度とそれが促進する経済成長へ向けて準備をさせたのだ。

すでに見たように、フランスにおける事態の成り行きに危険を感じたヨーロッパの一部の強国は、一七九二年、フランスを攻撃すべくオーストリアを中心に団結した。表向きの目的はルイ一六世の解放だったが、実際の狙いはフランス革命の鎮圧だった。革命で編制された間に合わせのフランス軍は、すぐに崩壊するものと思われていた。ところが、当初に何度か敗北を喫したあとで、新フランス共和国軍は初期の防衛戦で勝利を収めた。軍の組織について克服しなければならない深刻な問題はあったものの、フランスはある重要なイノヴェーションで他国に先んじていた。すなわち、徴兵制である。一七九三年八月に導入されたこの制度のおかげで、フランスは大規模な軍隊を編制できたし、ナポレオンの名高い軍術が登場する前においてさえ、最強と言ってもいいような軍事的優位性を確立できたのだ。

初期の軍事的成功によって、フランス共和国の指導者は国境を拡大しようという気になった。新生フランス共和国と、プロイセンおよびオーストリアという敵対する君主国とのあいだに有効な緩衝帯をつくることが視野に入っていた。フランス軍はあっというまに、オーストリア領ネーデルラントとユトレヒト同盟諸州――基本的に現在のベルギーとオランダに当たる地域――を獲得した。さらにこんにちのスイスの大半も手に入れた。この三つの地域において、フランスは一七九〇年代を通じて強い支配力を振るった。

ドイツは当初から激しい奪い合いとなった。だが一七九五年までには、フランスはライン川の左岸、ドイツ西部に当たるラインラントをしっかりと掌握した。プロイセンは「バーゼルの和約」によってこの事実をいやおうなく承認させられた。一七九五年から一八〇二年にかけて、フランスはラインラントを保持したものの、ドイツのほかの部分はいっさい手に入らなかった。一八〇二年、ラインラントは正式にフランスに組み込まれた。

一七九〇年代後半、イタリアはオーストリアとともに、フランスの敵として戦いの中心にいた。一七九二年にサヴォイがフランスに併合されると、一七九六年四月のナポレオンの侵攻まで膠着状態が続いた。ナポレオンは最初の本格的な大陸方面作戦で、オーストリアが手に入れたヴェネツィアを除き、一七九七年初めまでに北イタリアのほぼ全域を征服した。一七九七年一〇月、オーストリアとのあいだでカンポ・フォルミオの和約が締結されると、第一次対仏大同盟戦争は終わりを告げ、イタリア北部でフランスの支配する多くの共和国が承認された。しかし、フランスはこの和約のあともイタリアの支配を拡大しつづけ、教皇領へ侵攻すると一七九八年三月にはローマ共和国を創建した。一七九九年一月には、ナポリが征服されてパルテノペア共和国が建設された。オーストリア領にとどまっていたヴェネツィアを除き、フランスはいまやサヴォイの場合のように直接に、あるいは衛星国――たとえばチザルピーナ、リグリア、ローマ、パルテノペアといった共和国――を通じ、イタリア半島全体を支配していた。

一七九八年から一八〇一年にかけて、第二次対仏大同盟戦争でさらなる応酬があったものの、これも実質的にフランスの支配継続で幕を閉じた。フランス革命軍はただちに、征服した地域で急進的な改革を進めた。農奴制の名残や封建的な土地関係を一掃し、法の下の平等を徹底したのだ。聖職者は特別な地位と権力を剝奪され、都市部のギルドは撲滅されるか、あるいは少なくとも大きく力を弱められた。オーストリア領ネーデルラントでは一七九五年のフランスの侵攻直後に、またユトレヒト同盟諸州でも、こうしたことが起こった。ユトレヒト同盟諸州にはフランスによってバタヴィア共和国が建設され、フランスによく似た政治制度が設けられた。スイスでも状況は同じだった。封建領主や教会とともにギルドもつぶされた。封建的な特権は排除された。ギルドは廃止され、その財産は没収された。

フランス革命軍が始めた改革は、さまざまな形でナポレオンによって継続された。ナポレオンが何より関心を寄せていたのは、征服した地域に確固たる支配を確立することだった。そのため、ときとして、現地のエリート階級と取引したり自分の家族や仲間に統治を任せたりした。短い期間ながら支配したスペインやポーランドがその例だ。しかし、ナポレオンはまた、革命による改革を継続・深化させることを心から望んでいた。最も重要なのは、ローマ法と法の下の平等の理念を「ナポレオン法典」として知られるようになる法体系にまとめあげたことだった。ナポレオンはこの法典を自分の最大の遺産と考え、みずからが支配するあらゆる地域に行き渡らせたいと願った。

もちろん、フランス革命とナポレオンによって押しつけられた改革は覆せないものではなかった。ドイツのハノーファーをはじめとするいくつかの場所では、ナポレオンの失脚後まもなく古くからのエリートが復権し、フランス人が成し遂げたことの多くは永久に失われた。だがほかの多くの場所では、封建制、ギルド、貴族階級は破壊されたり力を弱められたりして二度と元へは戻らなかった。たとえばフランス人が去ったあとでも、ナポレオン法典は有効でありつづけるケースが多かったのだ。

全体としてみれば、フランス軍はヨーロッパに多くの苦難をもたらしたが、状況を根本的に変えることもした。ヨーロッパの多くの地域で、さまざまなものが消えてなくなった。たとえば、封建的な社会関係、ギルドの力、君主や諸侯の絶対主義的支配、聖職者による経済的・社会的・政治的権力の掌握、さまざまな人間を生まれた立場によって不平等に扱っていたアンシャンレジームの土台などだ。これらの変化によって包括的な経済制度が生み出され、その制度のおかげでこれらの地域に工業化が根づいたのである。一九世紀半ばには、フランスの支配下にあったほぼあらゆる地域で工業化が急速に進展したのに対し、フランスに征服されなかったオーストリア・ハンガリー帝国やロシア、フランスの支配が一時的で限定的だったポーランドやスペインなどでは、概して停滞したのである。

近代を探して

一八六七年の秋、封建日本の薩摩《さつま》藩の重臣だった大久保利通《おおくぼとしみち》は、現在の東京に当たる首都の江戸から地方都市の山口へ赴いた。一〇月一四日、大久保は長州藩の指導者と会い、単刀直入にこう提案した。同盟を組んで江戸へ進軍し、日本の支配者である将軍を倒そうと。このときすでに、大久保は土佐藩、安芸《あき》藩の指導者と手を組んでいた。強大な長州藩の指導者が話に乗ったところで、極秘の薩長同盟が成立した〔訳注：この段落の記述は著者の誤認。薩長同盟は一八六六年三月七日〔慶応二年一月二一日〕、京都で薩摩藩の西郷隆盛らと長州藩の木戸孝允が会談して締結。一八六七年一一月九日〔慶応三年一〇月一四日〕には、薩長に討幕の密勅が下される一方、徳川慶喜が朝廷に大政奉還を上奏している〕。

一八六八年の日本は経済的には低開発国であり、一六〇〇年以来徳川家に支配されていた。徳川家の主が「将軍」の称号を手に入れたのは、一六〇三年のことだった。天皇は脇に追いやられ、純粋に儀式的な役割を演じていた。徳川家の将軍は、みずからの領地を支配して課税する封建領主階級の最も有力な構成員だった。島津《しまづ》家が支配する薩摩藩の領地も、そうした領地の一つだった。これらの領主は、侍として有名な武臣とともに、中世ヨーロッパに似た社会を運営していた。職業区分は厳格で、商取引は制限されており、農民には重税が課されていたのだ。将軍は江戸から国を支配していた。その地で海外交易を独占・支配し、日本から外国人を締め出した。政治経済制度は収奪的で、日本は貧しかった。

しかし、将軍の支配は完全なものではなかった。一六〇〇年に徳川家が日本を掌握したときでさえ、あらゆる人々を支配できたわけではないのだ。日本の南部では薩摩藩が依然として大きな自治権を持っており、琉球諸島を経由して外の世界と独自に交易することさえ許されていた。大久保利通は一八三〇年、薩摩藩の城下である鹿児島で生まれた。侍の息子として、彼もまた侍になった。その才能に早くから目をつけていた藩主の島津斉彬《なりあきら》は、官僚機構のなかで大久保をとんとん拍子に昇進させた。当時すでに、島津斉彬は薩摩軍を使って将軍を倒すための計画をまとめていた。斉彬はアジアやヨーロッパとの交易を拡大し、旧弊な封建的経済制度を廃止し、日本に近代国家を築きたいと望んでいた。当初の構想は一八五八年の斉彬の死によって中断した。斉彬の後継者である島津久光《ひさみつ》は、少なくとも初めは、もっと慎重だった。

大久保はそのころまでに、日本は封建的な将軍政治を倒す必要があるとの確信をますます深め、やがて島津久光をも説き伏せた。自分たちの大義への支持を集めるため、二人はその大義を天皇をないがしろにしていることへの憤りに包み隠した。大久保がすでに土佐藩とのあいだで結んでいた盟約では「一国に二君なし。一家に二主なし。統治は一君に移譲さるべし」と明言されていた。だが真の意図は天皇を権力の座に復位させるだけでなく、政治経済の諸制度を根本から改革することにあった。土佐藩の側では盟約の署名者の一人に坂本龍《さかもとりよう》馬《ま》がいた。薩摩と長州が軍を動かしたとき、龍馬は前土佐藩主に「船中八策」を示し、内戦回避のため将軍に退位を迫った。八策は急進的であり、その第一項には「天下ノ政権ヲ朝廷ニ奉還セシメ、政令宜シク朝廷ヨリ出ヅベキ事」と述べられていたものの、ほかには天皇復位をはるかに超えた内容が含まれていた。第二、三、四、五項ではこう述べられている。

第二項　上下議政局ヲ設ケ……万機宜シク公議ニ決スベキ事
第三項　有材ノ公卿諸侯及ビ天下ノ人材ヲ顧問ニ備ヘ官爵ヲ賜ヒ、宜シク従来有名無実ノ官ヲ除クベキ事
第四項　外国ノ交際広ク公議ヲ採リ、新ニ至当ノ規約ヲ立ツベキ事
第五項　古来ノ律令ヲ折衷シ、新ニ無窮ノ大典ヲ撰定スベキ事

将軍慶喜《よしのぶ》は退位に同意し、一八六八年一月三日に王政復古の大号令が発せられた。こうして、明治天皇が権力の座に復帰した。このときには薩摩と長州の軍隊が皇都である京都を抑えていたが、薩摩も長州も徳川方が権力の奪回と将軍政治の復活を図るのではないかと危惧していた。大久保は徳川家を壊滅させて二度と復活させたくなかった。そこで、徳川家の領地を廃止して土地を没収するよう天皇を説き伏せた。一月二七日、前将軍慶喜は薩摩と長州の軍隊を攻撃し、内戦が勃発した。戦いは翌年まで続き、最終的に徳川方は敗北した。

明治維新に続き、日本における革新的な制度改革の歩みが始まった。一八七一年、封建制は廃止された。三〇〇に及ぶ藩の領地は中央政府に明け渡され、政府に任命された知事が治める県になった。税収は中央に集められ、旧弊な封建国家は近代的な官僚国家へと姿を変えた。また、すべての社会階級が法の下では平等とされ、国内の移住や商取引に関する制限が撤廃された。いくつかの反乱を鎮圧しなければならなかったものの、侍階級は廃止された。土地に関する財産権が導入され、人々はあらゆる取引に参入し従事することが許された。国家は経済的インフラの構築に深く関与することになった。鉄道に対する絶対主義政権の態度とは対照的に、日本政府は一八七二年に新橋—横浜間に最初の鉄道を敷設した。さらに、製造業の振興に着手し、大久保利通は大蔵卿として工業化のための初期の組織的取り組みを監督した。薩摩藩の藩主はかねてからこうした動きの先頭に立っていた。陶器、大砲、綿糸などの工場を建て、一八六七年には、日本初の近代的綿紡績工場を創設するため、イングランドから織物機械を輸入していた。また、二つの近代的な造船所も建設した。一八八九年までに、日本は成文憲法を有するアジア最初の国になり、選挙で選ばれた国会と独立した司法制度を持つ立憲君主国をつくりあげた。こうしたさまざまな改革が、日本がアジア最大の産業革命の受益者になれた決定的要因だったのである。

一九世紀中頃、中国と日本はともに貧しい国家であり、絶対主義政権のもとで活力を失っていた。中国の絶対主義政権は、数世紀のあいだ改革には懐疑的だった。中国と日本には多くの類似点があった。たとえば徳川将軍は一七世紀、中国皇帝の先例にならうように海外交易を禁じ、政治経済の改革に反対した。しかし、政治的には顕著な違いがあった。中国は絶対主義的な皇帝の統治する中央集権的な官僚帝国だった。皇帝がみずからの権力に対するいくつもの制約に直面していたことは確かで、なかでも最大の脅威は反乱だった。一八五一年から一八六四年にかけて、太平天国の乱により中国南部の全域が破壊され、戦闘や大飢饉のせいで数百万人が命を落とした。しかし、皇帝への抵抗は制度化されていなかった。

日本の政治制度の仕組みは違っていた。将軍政治によって天皇は表舞台を退いていたものの、これまで見てきたように、徳川家の権力は絶対的なものではなかった。薩摩藩のような藩は独立を保っており、みずからの利益のために海外と交易することさえできたのである。

フランスの場合と同じように、中国や日本にとってイギリス産業革命から導かれる重要な帰結は、軍事的に弱い立場に置かれることだった。中国は一八四〇年から一八四二年にかけて、第一次アヘン戦争においてイギリスの海軍力に打ちのめされた。同じ脅威が日本にとってまさしく現実となったのは、マシュー・ペリー提督率いる米国艦隊が、一八五三年に江戸湾にやってきたときのことだった。経済的後進性のせいで軍事的後進性が生じたという現実は、将軍政治を打倒し、改革に着手しようという島津斉彬の計画を後押しした動機の一つだった。この改革がやがて明治維新につながったのである。薩摩藩の指導者たちは、経済成長を——ことによると日本の存続さえ——実現するには、制度を改革するしかないことを認識していた。ところが、将軍はそれに反対した。みずからの権力が既存の一連の制度に結びついていたためだ。改革を断行するには将軍を打倒するほかなく、実際にそうなった。中国でも状況は同様だったが、当初の政治制度が異なっていたせいで、皇帝を打倒するのははるかに難しかった。それが現実になったのは、一九一二年になってようやくのことだった。中国人は制度改革によってでなく、近代兵器の輸入によってイギリスに軍事的に対抗しようとした。一方、日本人は自前の軍事産業をつくりあげた。

こうした当初の違いの帰結として、日本と中国は一九世紀の難題に異なる対応をした。産業革命によって生じた決定的な岐路に際して、まったく別の進路をとったのだ。日本では諸制度の改革が進められ、経済は急成長の道を歩んでいたのに対し、中国では制度改革を求める勢力に力が足りず、収奪的制度の大半は衰えることなく存続した。やがてそれらの制度は、一九四九年の毛沢東の共産革命によって、いっそう悪い方向に向かったのである。

世界の不平等の根源

本章および第七―九章では、次のような物語を語ってきた。産業革命を可能とした包括的な政治・経済制度はいかにしてイングランドに現れたのか、そして、一部の国が産業革命の恩恵を享受し、成長への道を歩みはじめる一方、ほかの国々がそうしなかった、それどころか工業化を始めることさえ断固として拒絶したのはなぜか。ある国が工業化に乗り出すかどうかは、おおむねその国の制度のあり方によって決まった。イングランドの名誉革命と同じような変革を経験した合衆国は、一八世紀末までに、独自の包括的な政治・経済制度を発展させていた。こうして合衆国は、イギリス諸島発の新たなテクノロジーを活用する最初の国になると、まもなくイギリスを追い抜き、工業化や技術革新の先頭を走る国になったのだ。オーストラリアもまた、やや遅れて、また合衆国ほど目立たなかったものの、包括的制度へと向かう同様の道をたどった。オーストラリア国民は、イングランドや合衆国の国民と同じように、包括的制度を手に入れるために戦わなければならなかった。そうした制度が整うと、オーストラリアは経済成長の独自のプロセスに着手した。オーストラリアと合衆国が工業化し、急成長できたのは、それなりに包括的な制度のおかげで、新たなテクノロジー、イノヴェーション、創造的破壊が抑圧されずに済んだからなのだ。

ヨーロッパ諸国のほかの植民地の大部分では、そうならなかった。それらの植民地の発展のパターンは、オーストラリアや合衆国とは正反対だった。この両国における植民地政策は、収奪すべき先住民や資源が不足していたため、かなり毛色が変わっていたからだ。もっとも、両国の市民は政治的権利や包括的制度を求めて苦闘しなければならなかったのだが。モルッカ諸島では、アジア、カリブ海諸島、南米においてヨーロッパ人が入植した多くの場所と同様に、市民が政治的権利や包括的制度を求める戦いで勝てる見込みはほとんどなかった。こうした場所では、ヨーロッパの入植者はスパイスや砂糖から金銀に至る貴重な資源を収奪できるようにするため、新たな形の収奪的制度を押しつけたり、目についた既存の収奪的制度を引き継いだりした。こうした場所の多くで、ヨーロッパ人は包括的制度の出現をきわめて難しくする一連の制度改革を行なった。急成長している産業や既存の包括的な経済制度が、あからさまに押しつぶされた地域もあった。こうした地域の大半は、一九世紀はもちろん二〇世紀になっても、工業化の恩恵に浴す状況になかったのである。

ヨーロッパのほかの地域における発展のパターンも、オーストラリアや合衆国とはまったく違っていた。イギリスの産業革命が一八世紀末に加速しつつあったころ、ヨーロッパの大半の国は絶対主義政権に支配され、君主や貴族に統治されていた。彼らの主な収入源は、土地保有や、高い参入障壁のおかげで享受していた通商特権だった。工業化の過程で生じた創造的破壊によって、指導者層の営業利益は侵害され、資源と労働力は彼らの土地から奪い取られた。貴族階級は工業化のせいで経済的な敗者となった。さらに重要なのは、彼らが政治的にも敗者だったことだ。工業化によって、社会不安が生じ、政治権力の独占に対する挑戦が始まったことは間違いなかったからだ。

しかし、イギリスにおける制度の変遷と産業革命は、ヨーロッパ諸国にとって新たな機会と課題を生み出した。西欧には絶対主義が存在したものの、過去一〇〇〇年にわたってイギリスに影響を与えてきた制度的浮動の多くは、西欧でも共有されていた。だが、東欧、オスマン帝国、中国では状況がまるで違っていた。その違いは工業化の拡大にとって重要な意味を持っていた。黒死病や大西洋貿易の興隆と同じように、工業化によって生じた決定的な岐路は、多くのヨーロッパ諸国につねに存在してきた制度をめぐる対立をさらに深めることになった。一つの大きな要因は一七八九年のフランス革命だった。フランスでは絶対主義の終焉によって包括的制度へ道が開かれ、フランスはついに工業化と急速な経済成長へと歩みだした。実際は、フランス革命の影響はそれにとどまらなかった。フランスは近隣諸国に侵攻し、それらの国々の収奪的制度を力ずくで改革することによって、自国の制度を輸出したのである。こうしてフランス革命は、フランスだけでなく、ベルギー、オランダ、スイス、ドイツの一部、イタリアにおいても工業化への道を開いた。もっと東の地域では、フランス革命への対応は黒死病後のそれに似ていた。封建制は崩壊するどころかいっそう堅固になったのだ。オーストリア・ハンガリー帝国、プロイセン、オスマン帝国は経済的にさらに後れをとったが、それらの国々の絶対君主は、第一次世界大戦までその地位に居座りつづけた。

世界のほかの地域では、東欧と同じく絶対主義がしたたかに復活した。中国ではとくにそれが顕著だった。明から清への移行によって、安定した農業社会の構築に力を入れ、国際貿易を敵視する国家が成立したのだ。だが、アジアにもまた、重要な意味を持つ制度的相違が存在した。中国の産業革命への対応が東欧と同じだったとすれば、日本の対応は西欧と同じだった。日本はまさにフランスのように、革命を起こして体制を変えた。このとき革命を先導したのは、薩摩、長州、土佐、安芸などの、幕府に背いた藩主だった。これらの藩主が将軍を倒し、明治維新を成し遂げ、日本を制度改革と経済成長の道へと踏み出させたのである。

また、孤立したエチオピアで絶対主義が復活したことも述べた。アフリカ大陸のほかの地域では、一七世紀にイングランドの制度改革を後押しした国際貿易の力とまさに同じ力が、奴隷貿易を通じて、西アフリカと中央アフリカの大部分をきわめて収奪的な制度でがんじがらめにした。それによって、ある地域では社会が破壊され、別の地域では収奪的な奴隷輸出国家が生み出されたのだ。

これまで述べてきた制度の発展のパターンに応じて、一九世紀以降に存在した大きなチャンスを活かした国と、そうできなかった国が決まった。こんにち見られる世界の不平等のルーツは、この分かれ道に見いだせる。若干の例外はあるものの、こんにち裕福な国々は、一九世紀に始まる工業化と技術改革のプロセスに着手した国々であり、貧しい国々はそうしなかった国々なのである。

第一一章

好循環

ブラック法

ロンドンのすぐ西に位置するウィンザー城は、イングランドの巨大な王宮の一つだ。一八世紀初め、この城は多くの鹿がすむ広大な森に囲まれていたが、現在では森も鹿もほとんど残っていない。一七二二年、森番の一人バプティスト・ナンは暴力的な紛争に巻き込まれた。六月二七日、ナンはこう記録している。

ブラックスが夜やって来て、私をめがけて三度発砲し、二発が部屋の窓に当たった。［私は］三〇日にクロウソーンの町で、彼らに五ギニー払うことに同意した。

ナンの日誌の別の記述では「初めてのことで驚いた。ぶち壊してやるというメッセージを携え、変装した奴が一人現れた」とされている。

脅しをかけ、ナンに向かって発砲し、金を要求する、この謎めいた「ブラックス」とは何者なのか？　ブラックスとは、夜間に顔を「黒く塗って」誰だかわからないようにした、地元の男たちの一団だった。この時期、ブラックスはイングランド南部のいたるところに出没し、鹿をはじめとする動物を殺傷し、干し草の山や納屋を焼き払い、柵や養魚池を破壊した。一見するとまったくの無法行為だが、実はそうではなかった。国王や貴族の領地では昔から違法な鹿狩り（密猟）が行なわれていたのだ。一六四〇年代には、清教徒革命のあいだにウィンザー城に生息する鹿はすべて殺された。一六六〇年の王政復古でチャールズ二世が王位に就いたとき、その狩猟地に鹿が新たに放たれた。しかし、ブラックスは食用に鹿を密猟するだけではなかった。手当たり次第に殺していたのだ。いったい何のために？

一六八八年の名誉革命の土台を築いた決定的な要因は、議会に代表を送っていた利害関係者の多元的な本性だった。商人、実業家、郷紳《ジェントリー》、貴族――彼らはまずオレンジ公ウィリアムと、その後、一七一四年にアン女王の後を継いだハノーヴァー家の君主たちと手を組んだ――のいずれも、自分たちの意思を一方的に押しつけるだけの力は持っていなかった。

ステュアート王家を再興しようとする企ては、一八世紀を通じてほぼ絶えることなく続いた。一七〇一年にジェームズ二世が亡くなると、「老僭王」こと、息子のジェームズ・フランシス・エドワード・ステュアートが、フランス、スペイン、ローマ教皇、さらにはいわゆるジャコバイト――イングランドとスコットランドにおけるステュアート王家の支持者――によって、イングランド王位の正統な継承者として認知された。一七〇八年、老僭王はフランス軍の助勢を得て王位奪還を図ったが成功しなかった。その後数十年のあいだに、ジャコバイトによる反乱が何回かあった。なかでも一七一五年と一七一九年の反乱は大規模だった。一七四五年から四六年にかけて、老僭王の息子で「若僭王」ことチャールズ・エドワード・ステュアートが王位の奪還を試みたが、彼の軍隊はイギリス軍の前に敗れ去った。

すでに見たとおり（上巻三三八―三四一ページ）、新たな商業的・経済的利害を代表して一六七〇年代に創立されたホイッグ党は、名誉革命を支えた主要な組織であり、一七一四年から一七六〇年まで議会を支配した。いったん権力を手にすると、ホイッグ党は新たに見いだした地位を利用して他人の権利を食い物にしたい、つまり、両立できないものを両立させたいという誘惑に駆られた。彼らもステュアート家の王と変わらなかったが、その権力は絶対的とは言いがたかった。二つの要素がホイッグ党の権力を制約していた。一つは、議会における反対勢力、とくにホイッグ党への対抗を目指して結成されたトーリー党であり、もう一つは、議会を強化し、新たな絶対主義の出現とステュアート家の復活を阻止するためにみずから勝ち取った制度そのものだった。名誉革命から生じた社会の多元性のおかげで、議会に正式な代表を出していない一般庶民でさえ権力を手にしていた。「黒塗り男の襲撃」は、まさにホイッグ党はみずからの立場を利用していると感じた庶民による抗議行動だったのである。

ウィリアム・カドガン将軍は、一七〇一年から一七一四年にかけてのスペイン継承戦争および、ジャコバイトの反乱鎮圧で戦功をあげた。カドガンの事例から、ホイッグ党による庶民の権利の侵害が、ブラックスを生み出すようなものであったことがわかる。一七一六年、ジョージ一世はカドガンを男爵にし、さらに一七一八年には伯爵にした。カドガンはまた国家の大事を取り仕切る枢密院の有力メンバーであり、最高司令官代理を務めてもいた。彼はウィンザーの約二〇マイル（約三二キロメートル）西のカヴァシャムにおよそ一〇〇〇エーカー（約四・〇五平方キロメートル）の広大な土地を購入すると、壮麗な邸宅と凝った庭園をつくり、二四〇エーカーに及ぶ鹿の狩猟地を設けた。しかし、この土地は周辺住民の権利を侵害して統合されたものだった。人々は立ち退きを強いられ、家畜を放牧し、泥炭や薪を集める昔からの権利は無効とされた。カドガンはブラックスの激しい怒りを買った。一七二二年一月一日、そして七月にもふたたび、鹿の狩猟地は馬に乗り武装したブラックスに襲われた。最初の襲撃で一六頭の鹿が殺された。こうした目に遭ったのはカドガン伯爵だけではなかった。多くの有力な地主や政治家の領地もブラックスに襲われたのである。

ホイッグ党政府はこうした状況に甘んじるつもりはなかった。一七二三年五月、議会は「ブラック法」を通過させた。これにより、絞首刑にかけられる犯罪が驚くべきことに五〇も新設されたのだ。武器の携帯はもちろん、顔を黒く塗っていることも罪とされた。実際、ブラック法はまもなく修正され、顔の黒塗りを絞首刑で罰せるようになったのである。ホイッグ党のエリートたちは喜々としてブラック法を適用した。バプティスト・ナンは、ブラックスの身元を特定するため、ウィンザーの森に密告者のネットワークをつくった。やがて何人かが逮捕された。逮捕から絞首台までは一直線だったにちがいない。何しろ、ブラック法がすでに成立していたうえ、ホイッグ党が議会を牛耳り、議会が国を預かり、ブラックスは有力ホイッグ党員の利益に真っ向から対立する行動をとっていたのだ。国務大臣でのちに首相となる――カドガンと同じく有力な枢密院メンバーでもあった――ロバート・ウォルポール卿でさえ無関係ではいられなかった。ウォルポールは、ロンドン南西部のリッチモンドパークに既得権を持っていた。リッチモンドパークはチャールズ一世によって入会地《いりあいち》からつくられた狩猟園で、地元民が家畜を放牧し、ウサギを狩り、薪を集める昔からの権利を侵害していた。しかし、こうした権利の廃止が厳格に実施された様子はなく、地元民による放牧や狩りは続けられていた。だがそれも、ウォルポールが手を回し、息子を狩猟園の管理官にするまでのことだった。その時点で狩猟園は閉鎖され、新たに壁が築かれ、侵入者を捕らえるわなも仕掛けられた。ウォルポールは鹿狩りが好きだったため、園内のホートンに自分のための狩猟小屋を建てさせた。地元のブラックスの憎悪が燃え上がるまでに、時間はかからなかった。

一七二四年一一月一〇日、狩猟園の外に住むジョン・ハントリッジが、鹿の密猟者に手を貸し、名うてのブラックスを扇動したとして起訴された。ともに絞首刑に値する犯罪だ。ハントリッジの訴追手続きは上層部によって進められた。それを発議したのは枢密院であり、カドガンとウォルポールは枢密院を支配していた。ウォルポールは、密告者のリチャード・ブラックバーンから、ハントリッジの有罪の証拠を直接聞き出すほどの熱の入れようだった。有罪は目に見えていたはずだった。ところが、そうではなかった。八時間から九時間に及ぶ審理ののち、陪審員団はハントリッジを無罪とした。それには手続き上の理由もあった。証拠の集め方に不法な点があったためだ。

ブラックスやブラックスに共鳴する人々が、みなハントリッジのように運が良かったわけではない。無罪や減刑になった人はほかにもいたが、多くは絞首刑に処せられたり、当時一般的だった流刑地の北米へ流されたりしたのだ。この法律は一八二四年に廃止されるまで、実際に法令集に載せられていた。それでも、ハントリッジの勝利は注目に値する。陪審員団はハントリッジと同じ階層の人々ではなく、大地主やジェントリーで構成されていた。彼らはウォルポールに共鳴して当然のはずだった。しかし、もはや星室庁のある一七世紀ではなかった。星室庁はステュアート朝の君主の意向に沿うだけで、君主に反抗する者を弾圧するあからさまな道具として機能していた。また、国王は気に入らない判決を下す裁判官を罷免できた。いまや、ホイッグ党も法の支配に従わざるをえなかった。法の支配とは、法を都合よく、あるいは好き勝手に適用してはならず、何人も法を超越しないという原則である。

ブラック法をめぐる出来事からわかるのは、名誉革命によって法の支配が生み出されたこと、この概念はイギリスにおいていっそう強力であり、エリート層は自分たちの想像をはるかに超えてそれに束縛されていたことだ。注目すべきなのは、法の支配と法による支配は違うという点だ。ホイッグ党は、一般庶民による妨害行為を押さえ込むべく過酷で弾圧的な法律を成立させることができた。それにもかかわらず、法の支配のために、さらなる束縛と戦わざるをえなかったのだ。ホイッグ党の法律が侵害した諸権利は、名誉革命とそれに続く政治制度改革を通じてあらゆる人に認められていたものであり、「神授」の王権やエリートの特権を解体することで確立されたものだった。したがって、それを執行すれば、エリートからも非エリートからも同じように抵抗を受けることになった。

歴史的視点から考えてみると、法の支配はかなり奇妙な概念である。法がすべての人に等しく適用されねばならないのは、なぜだろうか？　王や貴族が政治権力を持ち、それ以外の人が持たないのであれば、何であれ王や貴族にとって許されることが、それ以外の人には禁止され、処罰の対象となるのは至極当然だ。実際、絶対主義的な政治制度のもとでは法の支配など考えられない。それは、多元的な政治制度とそうした多元性を支える広範な連合から生み出されるものなのだ。すべての人は公正に扱われるべきだという考え方が意味をなすようになるのは、多くの個人やグループがさまざまな決定に発言権を持ち、交渉の席に着く政治権力を有する場合に限られる。一八世紀の初めには、イギリスは十分多元的になりつつあり、ホイッグ党のエリート層はこう気づくことになる。法の支配という概念のもとに祭られた法律や制度は、自分たちをも制約するものなのだ、と。

だが、ホイッグ党と議会がこうした制約を甘受したのはなぜだろうか。議会と国家に対する支配力を利用して、ブラック法を容赦なく実行させ、意に沿わない裁判所の判決を覆してしまわなかったのはなぜだろうか。その答えからは、名誉革命の本質――名誉革命が古い絶対主義を新たな絶対主義で置き換えただけでなかったのはなぜか――、多元主義と法の支配との結びつき、好循環の力学といった問題について多くのことが明らかになる。第七章で見たように、名誉革命とはあるエリートによる別のエリートの打倒ではなく、ホイッグ党とトーリー党といったグループはもちろん、ジェントリー、商人、製造業者などで構成される広範な連合による絶対主義に抗する革命だった。多元的な政治制度の出現はこの革命の帰結だったのだ。法の支配はこうしたプロセスの副産物として現れた。多くの党派が権力を共有してテーブルを囲んでいたため、全員に法と制約を適用するのは当然のことだった。一つの党派が過大な権力を蓄えはじめ、最終的に多元主義の土台そのものを破壊することがないようにするためだ。したがって、支配者にも限界と節度があるという考え方、つまり法の支配の本質は、ステュアート朝の絶対王政に反対する人々で構成された広範な連合から生まれた多元主義の論理の一部だったのである。

こうしてみると、法の支配の原理が、君主は神から王権を授けられたわけではないという考え方と相まって、ステュアート朝の絶対王政に反対する重要な論拠だったのは当然なのだ。イギリスの歴史家のE・P・トムスンが述べたように、ステュアート朝の君主との戦いにおいて、

支配階級みずからが法の支配に服しており、自身の正統性の根拠はそうした法的形式の公平性と普遍性にあるというイメージをつくるために……多大な努力が払われた。支配階級は、本意であろうとなかろうと、重要な点でみずからの言葉に囚われていた。彼らは自分に好都合なルールに従って権力ゲームを行なっていたが、そのルールを破るこ

とはできなかったし、ゲームが丸ごと捨て去られることもなかった。

そのゲームを捨て去ってしまえば、体制を不安定にし、広範な連合のなかの一部党派による絶対政治への道を開き、ステュアート朝復活の危険を冒すことにさえなっただろう。トムスンの言葉を借りれば、議会が新たな絶対政治の創出を防いだのは次のような懸念からだった。

法を捨て去れば、王の特権……が自分たちの財産や生活のなかに一気に戻ってくるかもしれない。

さらに、

彼ら［貴族や商人をはじめ王権と戦っている人々］が自衛のために選択した手段は、その本質からして、自分自身の階級でもっぱら利用するだけにとどめておくことはできなかった。法とは、その形式と伝統において、公平性と普遍性の原則を含んでいた……この原則は、ありとあらゆる人間に拡大されなければならなかった。

法の支配という考え方がいったん定着すると、絶対政治の出る幕がなくなったばかりか、ある種の好循環が生じることになった。つまり、法があらゆる人に等しく適用されるものだとすれば、いかなる個人も団体も、カドガンやウォルポールでさえ法を超越することはできないし、私有地に侵入したとして起訴された一般庶民といえども、公正な裁判を受ける権利があったのだ。

包括的な政治・経済制度がいかにして出現するかはわかった。だが、そうした制度が長く持続するのはなぜだろうか。ブラック法およびその施行の限界の歴史から明らかになるのは、好循環だ。すなわち、包括的制度を傷つけようとする企てからそれを守り、さらには、より大きな包括性をもたらす力を発動させる正のフィードバックの強力なプロセスである。好循環のメカニズムの源泉の一つは次のような事実、つまり、包括的制度の基盤は、権力の行使に対する制約と、社会における政治権力の多元的な分配だということだ。こうした包括的制度は、法の支配のもとに祭られている。何の制約もなく自分の意思を他人に押しつける力が一部の党派にあるとすれば、その他人がハントリッジのような一般庶民であっても、こうしたバランスそのものが脅かされてしまう。エリートによる共有地の侵害に抵抗する小作農のケースで、そのバランスが一時的にでも崩れるとすれば、ふたたび崩れないという保証がどこにあるだろうか。次に崩れたときに、商人、実業家、ジェントリーがそれまでの半世紀に獲得したものを、君主や貴族に取り返されるのをどうやって防ぐのだろうか。実際、そのバランスが次に崩れたときには、おそらく多元主義という構想全体が崩壊してしまうだろう。

ごく一部の利害関係者が広範な連合を犠牲にして支配権を握ることになるからだ。包括的な政治体制がそんな危険を冒すことはない。だが、それによって、多元主義とそれが含意する法の支配は、イギリスの政治制度の永続的な特徴となった。これから述べるように、いったん多元主義と法の支配が確立されると、さらに大きな多元主義と、さらに幅広い政治的プロセスへの参加が要求されるようになったのである。

好循環が生じる原因は、多元主義の内在的メカニズムと法の支配だけではない。包括的な政治制度は包括的な経済制度を支える傾向があることもその理由なのだ。すると今度はそれが、いっそう平等な所得分配、広範な社会階層への権限付与、政治活動の場の公平化につながる。これによって、政治権力を力ずくで奪うことで得られるものが制限され、収奪的な政治制度を再建しようとするインセンティヴは低下する。これらの要因が、イギリスにおいて真に民主的な政治制度が出現するのに重要な役割を果たしたのだ。

多元主義はまた、いっそう開かれた体制を生み出し、独立メディアを発展させる。そのおかげで、包括的制度の存続から利益を得るさまざまな集団が、制度への脅威に気づき、それに対抗して団結しやすくなる。一六八八年以降、イングランド国家がメディアの検閲を止めたことはきわめて重要だ。メディアは合衆国でも、国民全体に力を与え、制度発展の好循環を持続させるうえで同じように重要な役割を果たした。それについては本章でのちほど考察する。

好循環が包括的制度の持続する傾向を生み出すとはいえ、その傾向は不可避でも不可逆でもない。イギリスでも合衆国でも、包括的な政治・経済制度は多くの挑戦にさらされた。一七四五年には若僭王が、名誉革命のあいだにできあがった政治制度を廃止しようと、軍を率いてはるばるダービーまでやってきた。ロンドンからわずか一〇〇マイル（約一六〇キロメートル）の場所だ。だが、彼は敗れ去った。外部からの挑戦よりも大きな問題だったのは、包括的制度の破綻につながりかねない内部に潜在する挑戦だった。一八一九年にマンチェスターで起こった「ピータールーの虐殺」を扱った際に見たように（上巻三三四―三三六ページを参照）、また、これからさらに詳しく述べるように、イギリスの政治エリートは政治体制のさらなる解放を弾圧によって避けようと考えていたが、ギリギリのところで思いとどまったのだ。同じように、合衆国における包括的な政治・経済制度もいくつかの重大な挑戦に直面した。こうした挑戦はことによると成功を収めたかもしれないが、そうはならなかった。とはいえ、言うまでもなく、それらは失敗すべく運命づけられていたわけではない。イギリスと合衆国の包括的制度が生き残り、時間とともに十分に強力なものとなったのは、好循環だけのおかげではなく、偶発的な歴史の進路が実現したおかげでもあったのだ。

民主主義のゆっくりした足取り

ブラック法への対応を見たイギリス庶民は、自分たちにそれまで自覚していたより多くの権利があることに気づいた。自分たちの昔ながらの権利や経済的利益を、請願や陳情を活用して法廷や議会で守ることができたのだ。しかし、こうした多元性は依然として実効性ある民主主義を生み出してはいなかった。ほとんどの成人男性には投票権がなかったし、女性については言わずもがなだった。既存の民主的組織には多くの不平等が残っていた。こうしたことのすべてが変わらねばならなかった。包括的制度の好循環は、すでに達成されたものを維持するだけでなく、いっそう広範な包括性への道を開く。一八世紀のイギリスのエリートは、重大な挑戦を受けることなく政治権力を握ってきた。こうしたエリートにとって、形勢は不利だった。彼らは神授の王権に異議を申し立て、国民に政治参加への道を開くことによって権力を手にした。だが当時は、ごく少数の人にその権利を与えただけだった。遅かれ早かれ、ますます多くの人が政治的プロセスへ参加する権利を求めるようになるのは避けられなかった。一八三二年までかかって、人々はそれを手に入れた。

一九世紀初頭の三〇年のあいだ、イギリスでは社会不安が高まっていた。その原因の大半は、経済的不平等の拡大と、選挙権を奪われた大衆がいっそうの政治的代表権を求めていたことにあった。一八一一年から一八一六年にかけての「ラッダイト運動」では、新たなテクノロジーの導入が賃金の低下を招くと考えた労働者が、それに反対して戦った。続いて一八一六年にロンドンで起きた「スパ・フィールド暴動」と、一八一九年にマンチェスターで起きた「ピータールーの虐殺」では、政治的権利が正面から要求された。一八三〇年の「スウィング暴動」では、農業労働者が新たなテクノロジーの導入のみならず生活水準の低下に抗議した。一方、パリでは一八三〇年に「七月革命」が勃発した。エリートのあいだにこんなコンセンサスができつつあった。大衆の不満は頂点に達しようとしており、社会不安を鎮めて革命を阻止するには、大衆の要求に応え、議会の改革に着手するしかない、と。

したがって、一八三二年の選挙の争点がほとんどただ一つ、政治改革だったことは驚くに値しない。ロバート・ウォルポール卿の没後ほぼ一〇〇年を経て、ホイッグ党は庶民の要望にはるかに敏感になっており、投票権拡大運動を展開していた。もっとも、意図されていたのはごくわずかな有権者の増加にすぎなかった。普通選挙権は、男子のみを対象とするものすら議論のテーブルに載っていなかったのだ。ホイッグ党は選挙に勝利し、指導者のグレイ伯爵が首相の座についた。グレイ伯爵は急進派とは言えなかった――むしろ正反対だった。グレイ伯爵とホイッグ党が改革を推進したのは、より幅広い選挙権のほうが公正だと考えたからでも、権力を共有したかったからでもない。イギリスの民主主義はエリートによって与えられたわけではなかった。おおむね大衆によって獲得されたのだ。彼らは、過去数世紀にわたってイングランドおよびブリテン島のほかの地域で進行した政治的プロセスを通じて、社会的な力をつけていた。名誉革命が解き放った政治制度の本質的な変化によって勇気づけられていた。改革が認められた理由は次の点にあった。エリート層は、自分たちの支配力を――仮に多少弱まるとしても――確実に維持するには改革しかないと考えていたのだ。グレイ伯爵は議会における有名な演説で政治改革を支持し、それをきわめて明確に語っている。

私は誰にも負けぬ明確な信念に基づき、年に一度の選挙、普通選挙、無記名投票に反対します。私の目標は、そうした要望や企てに賛成しないことではなく、それらに終止符を打つことです……私にとっての改革の原則は、革命の必要性を防ぐこと……保護するための改革であり、転覆させるための改革ではありません。

大衆が望んだのは選挙権そのものだけではなく、自分たちの利益を守れるよう、決定の席に座ることだった。このことは、一八三八年以降に普通選挙を要求する活動へとつながったチャーティスト運動においてよく理解されていた。この運動の名称は人民憲章（People's Charter）からとられており、マグナ・カルタとの類似を連想させるものだった。チャーティスト運動家のJ・R・スティーヴンズは、普通選挙と全市民の投票権が大衆にとってなぜ重要なのかを明確に述べている。

普通選挙の問題は……ナイフとフォークの問題、パンとチーズの問題です……私が普通選挙という言葉で意味するのは、この国のすべての労働者に、暖かな上着を着る、快適な帽子をかぶる、家族を守るためにしっかりした屋根のある家に住む、きちんとした食事を食卓に載せるといった権利があるということなのです。

スティーヴンズは、普通選挙はイギリスの大衆にさらなる権力を与え、労働者階級に上着、帽子、屋根、食事を保障する最も永続性のある方法であることをよく理解していた。

最終的にグレイ伯爵は、第一次選挙法改正法を確実に成立させること、全国民による普通選挙へ大きく歩み出すことなく革命への流れを鎮めることの両方に成功した。一八三二年の改革は控えめなもので、有権者を成人男子の八パーセントから約一六パーセント（全人口の約二パーセントから約四パーセント）に倍増させただけだった。またこの改革によって、腐敗選挙区が解消され、マンチェスター、リーズ、シェフィールドといった新興工業都市に独立した代表を出す権利が与えられた。しかし、依然として多くの問題が未解決のままだった。そのため、さらに拡大された投票権が要求され、いっそうの社会不安が生じるまでに時間はかからなかった。それに応えて、さらなる改革が続くことになった。

イギリスのエリートがその要求を受け入れたのはなぜだろうか。グレイ伯爵が部分的な——実際きわめて部分的な——改革は体制を維持する唯一の方法だと感じたのはなぜだろうか。改革を行なわずに自分たちの権力を維持するのではなく、改革または革命という二つの悪のうちのましなほうで我慢しなければならなかったのはなぜだろうか。スペインのコンキスタドールが南米で行なったこと、オーストリア・ハンガリー帝国やロシアの君主が、数十年後に改革の要求が自国に広がった際に行なったこと、イギリス人自身がカリブ海諸島やインドで行なったこと、つまり武力で要求を抑え込むことは、不可能だったのだろうか。この疑問に対する回答は〈好循環〉から得られる。すでにイギリスで起こっていた政治経済の変化のせいで、武力でそれらの要求を抑え込むことは、エリートにとって魅力的でもなかったうえ、ますます実行しがたいものとなっていたのだ。E・P・トムスンはこう書いている。

一七九〇年から一八三二年にかけての戦いによって、こうした均衡が変化したことを示されると、イングランドの支配者たちはきわめて難しい選択を迫られた。法の支配を捨て去り、精巧な憲法構造を取りこわし、みずからの言葉を撤回し、力で支配することもできた。一方、みずからのルールに従い、主導権を譲り渡すこともできた……彼らはたどたどしく第一の方向に踏み出した。だが結局、みずからのイメージを粉々にしたり、一五〇〇年にわたる憲法上の合法性を捨て去ったりすることなく、法に屈服したのである。

言い換えれば、ブラック法が施行されていた当時、イギリスのエリートに法の支配という建造物の解体を望ませなかったのと同じ力が、抑圧と力による庶民の支配を回避させたのだ。そうしなければ、体制全体の安定性がふたたび危険にさらされていたはずだ。ブラック法を実行しようとして法が毀損され、商人、実業家、ジェントリーが名誉革命で築いた体制が弱体化していたら、一八三二年に弾圧的な独裁政権が樹立され、既存の体制は完全に破壊されていたことだろう。実際、議会改革を求める抗議活動を組織した人々は、法の支配および、当時のイギリスの政治制度に対するその象徴的意味の重要性に十分気づいていた。彼らは法の支配について雄弁に語ることで、この点を強く訴えかけた。議会改革を求める初期の組織の一つは、ハムデン・クラブと呼ばれていた。チャールズ一世の船舶税に最初に抗議した国会議員にちなむ名称だ。第七章で見たように、この抗議活動は、ステュアート朝の絶対王政に対する最初の大規模な反乱につながる非常に重要な事件だった。

包括的な経済制度と政治制度のあいだには力強い正のフィードバックが存在し、こうした一連の活動を魅力的なものとしていた。包括的な経済制度が包括的な市場の発展を招いた結果、資源の配分はより効率的になり、教育を受けたり技能を習得したりすることがいっそう奨励されるようになった。一八三二年のイギリスでは、これらの力がすべて働いていた。人々の要求を弾圧し、包括的な政治制度をひっくり返そうとすれば、こうして獲得したものを破壊することにもなる。民主化の拡大や包括性の促進に反対のエリート層も、この破壊が起これば、自分たちも資産を失う立場になることに気づいたのかもしれない。

こうした正のフィードバックのもう一つの側面は、包括的な経済制度や政治制度のもとでは、権力を支配することの重要性が低くなるということだ。第八章で見たように、オーストリア・ハンガリー帝国やロシアでは、君主や貴族が工業化や改革によって失うものは非常に多かった。これに対して、一九世紀初めのイギリスでは、包括的な経済制度が発展していたおかげで、危険にさらされるものはずっと少なかった。農奴は存在せず、労働市場における強制は比較的少なく、参入障壁で守られている独占企業もほとんどなかったからだ。したがって、イギリスのエリートにとって、権力に固執することの価値ははるかに低かったのである。

好循環のメカニズムはまた、こうした抑圧的手段がますますとりにくくなることを意味してもいた。その理由はまたしても、包括的な経済制度と政治制度のあいだの正のフィードバックにあった。包括的な経済制度は、収奪的な制度と比べてより公平な資源配分を実現させる。それゆえ、包括的な経済制度は一般市民に力を与え、権力闘争においてさえいっそう平等な競争の場をつくりだすのだ。そのため、少数のエリートが大衆の要求に譲歩したり、あるいは少なくとも一部を受け入れたりせずにそれを押しつぶすことは、さらに難しくなる。イギリスの包括的制度はまたすでに産業革命を成就させていたため、イギリスは高度に都市化していた。都市に住み、密集し、部分的に組織化し、権力を手にした人々の集団を抑圧することは、小作農や隷属する農奴を抑圧するよりはるかに難しかったことだろう。

こうした好循環のおかげで、一八三二年にはイギリスで第一次選挙法改正法が成立した。だが、これは始まりにすぎなかった。真の民主主義に向かう道のりは、まだまだ長かった。一八三二年の時点では、エリート層はやむをえないと考えたものしか差し出さなかったからだ。議会改革の問題に取り組んだのが、チャーティスト運動だった。この運動によって作成された一八三八年の人民憲章には、次のような条項が含まれていた。

二一歳以上で、健全な精神を持ち、犯罪で処罰されたことのない、すべての男子に一票を与える。

無記名投票——投票権行使に際しての投票者保護。

国会議員の財産資格の廃止——自分たちの選んだ人物を、その貧富にかかわらず、議会へ送ることができる。

議員への歳費の支払い――誠実な商人、労働者、その他の人々が、国家の権益にかかわるために仕事を離れても、有権者のために働くことができるようにする。

平等選挙区制――小規模選挙区が大規模選挙区の投票を圧倒することのないように、同数の有権者に対し同量の代表権を確保する。

年一回の選挙――賄賂や脅迫防止のための最も有効な方法。有権者は（無記名投票であっても）七年に一度なら買収される恐れがあるが、どんなに財力があっても（普通選挙制のもとの）一二ヵ月ごとの選挙のたびに有権者を買収することはできないからだ。さらに、一年限りの任期で選出された議員は、現在のように選挙民を無視したり、裏切ったりはできないはずだ。

「無記名投票」によって彼らが意味していたのは、秘密投票であり、記名投票の廃止だった。それらが買収や投票者の脅迫を助長していたからだ。

チャーティスト運動では一連の民衆デモが組織され、この期間を通して議会はさらなる改革の可能性について議論を続けた。一八四八年以降、チャーティスト運動は分裂したものの、活動は一八六四年に設立された全国議会改革同盟と一八六五年設立の改革連盟に引き継がれた。一八六六年七月、ハイドパークで大規模な改革支持暴動が起こり、選挙制度改革がふたたび政策課題のトップに押し上げられた。こうした圧力が功を奏し、一八六七年の第二次選挙法改正法という成果を生んだ。この改正で有権者総数が二倍になり、すべての都市選挙区で有権者の過半数を労働者階級が占めることになった。その後まもなくして秘密投票が導入され、投票にまつわる悪習を排除するための策が講じられた。そうした悪習の一つに「供応」（有権者が投票の見返りに通常は金、食事、酒などのもてなしを受ける実質的な買収）がある。一八八四年の第三次選挙法改正法によって有権者数はまたも二倍になり、成人男子の六〇パーセントに選挙権が与えられた。第一次世界大戦ののち、一九一八年の人民代表法によって二一歳以上のすべての成人男子と、納税しているか納税者と結婚している三〇歳以上の女子に投票権が与えられた。最終的に、一九二八年にすべての女子に男子と同じ条件で投票権が与えられた。一九一八年の人民代表法は第一次世界大戦中に審議されたため、政府と労働者階級のあいだの取引が反映されていた。戦闘や軍需品の生産に労働者階級が必要とされたからだ。政府はまた、ロシア革命の過激主義にも気をつけていたかもしれない。

より包括的な政治制度が徐々に整備されたのと並行して、よりいっそう包括的な経済制度へ向けて運動が展開された。第一次選挙法改正法の重要な帰結の一つが、一八四六年の穀物法廃止だった。第七章で見たように、穀物法によって穀物や穀草の輸入が禁止されていたせいで、それらの価格が高止まりし、大地主は高収益を得ていた。マンチェスターやバーミンガム選出の新人国会議員は、安い穀物と安い賃金を望んでいた。彼らは勝利を収め、地主階級は大敗を喫したのである。

一九世紀を通じて、有権者をはじめとする政治制度に変化が生じたが、そのあとにはさらに改革が続いた。一八七一年、自由党のグラッドストン首相は公務員を公募制にして実力主義化した。こうして、テューダー朝時代に始まった政治の中央集権化と国家機関構築のプロセスを継続したのだ。この時期の自由党およびトーリー党政府は、労働市場に関する法律を多く成立させた。たとえば、雇用主が労働者の流動性を弱めるために利用していた主従関係法が廃止され、労使関係の性格が労働者に有利に変わった。一九〇六年から一九一四年にかけて、自由党はH・H・アスキスとデーヴィッド・ロイド・ジョージの主導のもと、はるかに多くの公共サービスを国家の手で提供しはじめた。たとえば、健康保険、失業保険、政府財源による年金、最低賃金、再分配課税の推進などだ。こうした財政改革の結果、国民生産に応じた税収は、一九世紀の最後の三〇年で二倍以上に増え、二〇世紀の初めの三〇年でさらに倍増した。課税制度もいっそう「累進的」になったため、富める者ほど負担が重くなった。

一方、教育体制はそれまでエリートのためのものであり、宗教団体によって運営され、貧しい人々は授業料を求められたりしたが、それが一般大衆にも近寄りやすくなった。一八七〇年の教育法によって、初めて政府が普通教育を体系的に提供することになったのだ。一八九一年、教育は無償化された。一八九三年、教育修了年齢が一一歳に決まった。一八九九年、それが一二歳に引き上げられ、貧困家庭の子供のための特別規定が設けられた。こうした変革の結果、学校に通う一〇歳児の割合は、一八七〇年の時点では残念ながら四〇パーセントにすぎなかったが、一九〇〇年には一〇〇パーセントに達した。最終的に、一九〇二年の教育法を通じて学校向けの資源が大幅に拡充され、グラマー・スクールが導入された。グラマー・スクールはその後、イギリスの中等教育の 礎《いしずえ》 となった。

実際、イギリスのケースは包括的制度の好循環の実例であり、「漸進的好循環」のモデルを提供してくれる。政治改革がさらに包括的な制度に向かっており、力をつけた大衆の要求の結果だったのは間違いない。だが、それは漸進的なものでもあった。一〇年ごとに一歩ずつ、ときに小さな、ときに大きな歩幅で、民主主義に向かって進んでいったのだ。一歩ごとに衝突があり、歩みごとの結果は不確かだった。だが好循環から生じた力のために、権力にしがみつくことの見返りが減少した。また好循環によって法の支配が促進され、人々に武力を行使するのはいっそう難しくなった。彼らは、エリート自身がかつてステュアート朝の君主に要求したものを要求していたにすぎないからだ。こうした衝突が全面的な革命に変わる恐れは低下し、包括性を増すことで解決される可能性が上昇した。この種の漸進的な変革には大きな長所がある。エリートにとって、体制の全面的な転覆よりも脅威が感じられないのだ。それぞれの一歩が小さければ、大きな対決に至るよりも小さな要求に応じるほうが理にかなっている。そう考えれば、穀物法が深刻な衝突なしに廃止されたこともある程度は納得がいく。一八四六年には、地主階級は議会での立法をもはや支配できなくなっていた。これは第一次選挙法改正法の結果だった。だが一八三二年に、有権者の拡大、腐敗選挙区の改革、穀物法の廃止がすべて俎上に載せられていたら、地主階級の抵抗はずっと激しかったことだろう。最初は限定的な政治改革が行なわれ、そのあとで初めて穀物法の廃止が議題に上ったという事実のおかげで、衝突が緩和されたのである。

漸進的な改革はまた、未知の領域へ踏み込む危険を防いでもくれた。体制を暴力的に転覆させてしまえば、排除したものの代わりに、まったく新しい何かを構築しなければならない。フランス革命のケースがそうだった。フランス革命において、民主主義の最初の実験は恐怖政治につながり、その後二度の君主制への復帰を経て、一八七〇年にようやくフランス第三共和政にたどり着いたのだ。ロシア革命のケースも同じだった。多くの人がロシア帝国より平等な体制を望んだことが、一党独裁を招いた。それは従来の体制よりはるかに暴力的で、血なまぐさく、堕落していた。この二つの社会で漸進的な改革が難しかったのは、それらがまさに多元主義を欠き、きわめて収奪的だったからにほかならない。イギリスにおいて漸進的な改革を可能にし、望ましいものにしたのは、名誉革命から生まれた多元主義と、それがもたらした法の支配だったのだ。

イギリスの保守的評論家で、フランス革命に断固反対したエドマンド・バークは、一七九〇年にこう書いている。「危険を承知のうえで、長年にわたり社会の共通目的をある程度かなえてきた建造物を引き倒そうとする者、あるいは、有効性の確かなモデルやパターンを見たこともないのに建造物を建て直そうとする者は、慎重のうえにも慎重を期すべきである」。バークは大局観において誤っていた。フランス革命は腐敗した建造物を置き換え、フランスだけでなく西欧のほぼ全域で包括的制度への道を開いたのだ。だが、バークの警告はまったく的外れだったわけではない。イギリスの政治改革の漸進的なプロセスは、一六八八年に始まり、バークの死後三〇年を経て足取りを速めることになる。こちらのほうがいっそう効率的だったのは、その漸進的な性質のおかげで、改革のプロセスがいっそう力強く、いっそう抗しがたく、最終的にいっそう息の長いものとなったからなのである。

トラストを解体する

合衆国の包括的制度の源は、植民地時代のヴァージニア、メリーランド、南北カロライナでの争いにあった（上巻五八―七一ページ参照）。これらの制度は、権力の抑制と分離のシステムを持つ合衆国憲法によって増強された。だが、合衆国憲法が包括的制度の発展に終止符を打つことはなかった。イギリスの場合と同じように、好循環に基づく正のフィードバックのプロセスを通じ、包括的制度はいっそう強化されたのである。

一九世紀半ばには、合衆国では女子と黒人を除いてすべての白人男子が投票権を手にしており、経済制度はさらに包括的になった。たとえば、一八六二年に成立したホームステッド法によって（上巻八三―八四ページ参照）、辺境《フロンティア》の土地は政治的エリートに分配されるのではなく、入植計画者の手に入るようになった。だが、イギリスと同じように、包括的制度への異議がすっかり絶えることはなかった。南北戦争が終わると、北部では経済が急成長を始めた。鉄道、工業、商業が拡大すると、莫大な富を築く人々が現れた。こうした人々やその経営する企業は経済的成功に慢心し、しだいに道徳心を失っていった。彼らが「泥棒男爵」の異名をとったのは、独占を強化し、潜在的な競合他社の新規市場参入や対等な立場での事業展開を邪魔するために、強硬な経営手法をとったからだ。なかでも最も悪名高いのは、コーネリアス・ヴァンダービルトで、彼がこう言い放ったことは有名である。「法律が何だというのか？　私にその力がないというのか？」

そうした人物の一人であるジョン・D・ロックフェラーは、一八七〇年にスタンダード・オイル・カンパニーを設立した。彼はただちにクリーヴランドで競合他社を撃退し、石油および石油製品の輸送と小売りを独占しようとした。一八八二年までに、ロックフェラーは巨大独占企業──当時の言葉で言えば企業合同《トラスト》──をつくりあげた。一八九〇年までに、スタンダード・オイルは合衆国における精製石油の流通の八八パーセントを支配し、一九一六年、ロックフェラーは世界初の億万長者になった。当時の風刺画で、スタンダード・オイルは石油産業だけではなく連邦議会をも抱え込む一匹のタコとして描かれている。

悪名の高さでは引けをとらなかったジョン・ピアポント・モルガンは、現代的な金融コングロマリットであるJ・P・モルガンの創立者だった。同社はその後、数十年のあいだに多くの合併を経て、最終的にJPモルガン・チェースとなった。一九〇一年、モルガンはアンドルー・カーネギーとともにUSスティール・カンパニーを設立した。これは資本価値が一〇億ドルを超える初めての企業で、世界でもずば抜けて大規模な製鉄会社だった。一八九〇年代には、経済のほぼすべての産業分野で巨大トラストが現れはじめ、その多くがそれぞれの分野で市場の七〇パーセント以上を支配していた。このなかには、デュポン、イーストマン・コダック、インターナショナル・ハーヴェスターなど、おなじみの名前もいくつかあった。歴史的に、合衆国の少なくとも北部および中西部には比較的競争的な市場があり、国内のほかの地域、とりわけ南部よりは平等主義的だった。ところがこの時期、競争は独占に取って代わられ、富の偏在が急速に拡大した。

合衆国の多元的な政治体制のおかげで、こうした競争の侵害に立ち向かう幅広い社会階層がすでに力をつけていた。泥棒男爵の独占事業の犠牲者や彼らの恥知らずな産業支配に反対する人々が、それに抗して組織をつくりはじめた。彼らはポピュリスト運動を、次いで革新主義運動を組織した。

ポピュリスト運動が起こった背景には、一八六〇年代末から中西部を苦しめてきた長期の農業恐慌があった。一八六七年、グレンジャーズとして知られる全国農業保護者連盟が設立され、不公平で差別的な経営手法に抗して農民を結集しはじめた。一八七三年と七四年に、グレンジャーズが中西部一一州の議会で主導権を握ると、農村の不満は一八九二年の人民党結成で頂点に達した。一八九二年の大統領選挙で、人民党は一般投票の八・五パーセントを獲得した。それに続く二回の大統領選挙では、ウィリアム・ジェニングズ・ブライアンを候補とする民主党の後塵を拝した。ブライアンは当選しなかったが、人民党の主張の多くを自分のものとしていた。そのころには、トラストの拡大に反対する草の根運動が組織され、ロックフェラーをはじめとする泥棒男爵が国の政策に及ぼしつつあった影響力を排除すべく活動していた。

こうした政治運動が、まずは政治姿勢に、続いて法律、とりわけ独占規制における州の役割に関する法律に徐々に影響を与えはじめた。最初の重要な法律は一八八七年の州際通商法だった。この法律によって州際通商委員会が創設され、連邦政府による産業規制が推進されるようになった。まもなくして、一八九〇年のシャーマン反トラスト法が成立した。現在でも合衆国の反トラスト規制の要であるシャーマン法は、泥棒男爵のトラストを攻撃する根拠となった。反トラストの主要な取り組みに先立ち、政治改革および泥棒男爵の力の制限を公約した大統領が当選していた。セオドア・ローズヴェルト（一九〇一―一九〇九年）、ウィリアム・タフト（一九〇九―一九一三年）、ウッドロー・ウィルソン（一九一三―一九二一年）といった面々だ。

反トラストおよび連邦政府による産業規制の動きを支えた主要な政治力は、ここでも農民票だった。一八七〇年代に個々の州が行なった鉄道規制の初期の試みは、農民団体から起ったものだった。実際、シャーマン法の制定に先立って連邦議会に提出されたトラスト関連の五九件の請願は、ほぼすべてが農業州からのもので、全国農民組合、全国農民同盟、全国農民共済組合、全国畜産者団体といった団体によって提出されていた。農民は産業の独占的経営への反対に共通の利益を見いだしていたのだ。

民主党を支援したあとで著しく衰退した人民党の灰燼のなかから、同じ課題の多くにかかわりつつも異質の改革運動、すなわち革新主義運動が生まれた。革新主義運動は当初、テディー（セオドアの愛称）・ローズヴェルトを中心に形成された。ローズヴェルトはウィリアム・マッキンリー政権で副大統領を務め、一九〇一年にマッキンリーが暗殺されるとその後を継いで大統領になった。国政に携わる前、ローズヴェルトは妥協を知らないニューヨーク州知事で、政治腐敗と「組織政治《マシーン・ポリティックス》［訳注：政治活動のためにつくられた組織の力で選挙戦の勝利や法案の成立を図るもの］」の排除に力を注いだ。議会での初演説で、ローズヴェルトはトラストに目を向けた。合衆国の繁栄の土台は市場経済と実業家の創造力にあるとする一方で、次のように述べたのだ。

本物の、そして、憂慮すべき悪というものが存在します……そして……トラストとして知られる大企業は、その特性と性向のいくつかにおいて、全体の福祉にとって有害であるとの確信が、アメリカ国民の心のなかに広がっています。この確信は、ねたみや思いやりのなさ、あるいはわが国をして商業の覇権を争う諸国の頂点に立たせた偉大な産業的実績への誇りの欠如から生まれたものではありません。それは、変化し、変化させられる商業環境に新たな方法で対応する必要性への知的認識が欠けているせいではありません。あるいは、世界の進歩によって偉業の達成が求められているときに、偉業を成し遂げるには資本の連合が必要だという事実を知らないせいでもありません。それは、資本の連合と集中は禁止されるべきではないが、監視され、合理的な範囲で管理されるべきであるとの真摯な確信に基づくものです。私見によれば、この確信は正しいのです。

ローズヴェルトはこう続けた。「実業の世界から狡猾《こうかつ》という恥ずべき行為を取り除くことは、アメリカという国から暴力という悪しき行為を排除するのと同じく、より良い社会を希求する者にとっての目的であるべきです」。彼の結論は次のようなものだった。

国家は全国民の利益のために、当該の州の権力自体に干渉することなく、州を越えて事業活動を行なうすべての企業を監視し、規制する力を持つべきです。これはその企業が、みずからの事業のなんらかの独占的要素あるいは独占的傾向から富の一部を得ている場合には、とくに正しいのです。

ローズヴェルトは、大企業の活動の調査権を持つ政府機関を議会が設置すること、また、必要ならばこうした機関を創設するために憲法修正条項を活用できるようにすることを提案した。一九〇二年までに、ローズヴェルトはシャーマン法を使ってノーザン・セキュリティーズを解体し、J・P・モルガンの利益に影響を与え、続いてデュポン、アメリカン・タバコ、スタンダード・オイルを相手に訴訟を起こした。さらに、一九〇六年のヘップバーン法によって州際通商法を強化した。州際通商委員会の権限を強化し、とくに、鉄道会社の財務状況を調査できるようにしたうえ、その職権を新たな領域に拡大したのだ。ローズヴェルトの後継者であるウィリアム・タフトは、さらなる熱意をもってトラストを訴追した。それは一九一一年のスタンダード・オイルの解体で頂点に達した。タフトはそれ以外の重要な改革も推進した。その一つが、一九一三年の憲法修正第一六条の承認による連邦所得税の導入だった。

革新主義改革の絶頂期は、一九一二年のウッドロー・ウィルソンの大統領当選とともにやってきた。ウィルソンは一九一三年の著書『新自由主義』でこう書いている。「独占企業が継続すれば、それはつねに政府の舵をとることになるだろう。私は独占企業が自制するとは思わない。もしこの国に、合衆国政府を所有できるほど大きな力を持つ人々がいれば、彼らはそうしようとするはずだ」

一九一四年、ウィルソンはシャーマン法を強化するクレイトン反トラスト法の成立に尽力し、クレイトン法を施行するために連邦取引委員会を創設した。さらに、ルイジアナ州選出の下院議員アルセーヌ・プジョー率いるプジョー委員会による「マネートラスト」の調査に後押しされ、金融部門の規制強化に動いた。マネートラストは独占が金融業界に広がったものだ。一九一三年、ウィルソンは金融部門における独占的活動を規制する連邦準備制度理事会を創設した。

一九世紀末から二〇世紀初めにかけての、泥棒男爵および彼らの独占的トラストの台頭から浮き彫りになるのは、すでに第三章で強調したように、市場の存在もそれだけでは包括的制度を保証しないということだ。少数の企業が市場を支配し、法外な価格を押しつけ、より効率的なライバルの参入や新たなテクノロジーの登場を阻止することもありえる。市場は放っておけば包括的であることを止め、政治的・経済的な強者によって徐々に支配されるようになることもある。包括的な経済制度に必要なのはたんなる市場ではなく、公平な競争の場とビジネス・チャンスを大多数の人のためにつくりだす包括的市場なのだ。エリートの政治力を背景とした広範な独占は、それと対立するものだ。しかし、独占的トラストへの反応からはまた、政治制度が包括的であれば、包括的市場から遠ざかる動きを相殺する力が生み出されることも明らかとなる。これが好循環の働きだ。包括的な経済制度は包括的な政治制度が繁栄する基盤をもたらす一方、包括的な政治制度は包括的な経済制度からの逸脱を防ぐ。合衆国におけるトラストの解体は、すでに見たメキシコのケース（上巻八六―八九ページ参照）とは対照的に、好循環のこうした側面を明らかにしている。メキシコにはカルロス・スリムの独占に歯止めをかける政治組織がないのに対し、合衆国では過去一世紀にわたり、シャーマン法やクレイトン法を繰り返し利用することによって、さまざまなトラスト、独占、カルテルが規制され、市場の包括性が維持されてきたのである。

二〇世紀前半における合衆国の経験はまた、自由なメディアの重要な役割を際立たせてもいる。すなわち、幅広い社会階層に力を与え、それによって好循環を支えるという役割だ。一九〇六年、ローズヴェルトはある文学作品の登場人物、つまりバニヤンの『天路歴程』に登場するこやし熊手《マックレイク》を持った男を元に、秘密を暴きだすジャーナリズムを表す「マックレイカー」という新語をつくりだした。その言葉はずばり的を射ており、泥棒男爵の不行状や地方および連邦政界の腐敗を、暴露的であるだけでなく効果的に掘り起こすジャーナリストを象徴するようになった。最も著名なマックレイカーはアイダ・ターベルだろう。彼女の一九〇四年の著作『スタンダード・オイルの歴史』は、ロックフェラーとその事業利権に批判的な世論を形成するのに大きな役割を果たし、ついに一九一一年のスタンダード・オイルの解体につながった。もう一人の重要なマックレイカーが、弁護士にして作家でもあり、のちにウィルソン大統領によって連邦最高裁判事に任命されたルイス・ブランダイスだ。ブランダイスは一連の金融スキャンダルを、著書『銀行家は他人の金をどう利用するか？』で明らかにし、プジョー委員会に強い影響を与えた。新聞王のウィリアム・ランドルフ・ハーストもマックレイカーとして際立った役割を果たした。一九〇六年に『コスモポリタン』という彼の雑誌に連載されたデーヴィッド・グレアム・フィリップスの記事、「上院の大罪」は、上院への直接選挙導入運動を活気づけた。上院の直接選挙は一九一三年の合衆国憲法修正第一七条の成立によって実現したが、それは革新主義改革のもう一つの重要な成果だった。

マックレイカーは、トラストに対処するよう政治家を動かすうえで主要な役割を果たした。泥棒男爵はマックレイカーを憎悪したが、合衆国の政治制度のせいで、マックレイカーを踏みつぶし、黙らせることはできなかった。包括的な政治制度のおかげで自由なメディアが栄えると、今度は自由なメディアのおかげで包括的な経済制度や政治制度に対する脅威が広く知らしめられ、阻止されるケースが多くなる。対照的に、収奪的な政治制度、絶対主義、専制政治のもとではこうした自由はありえない。そのため収奪的な政権は、そもそも大きな抵抗が発生するのを邪魔しやすい。二〇世紀前半の合衆国において、自由なメディアの提供する情報がきわめて重要だったことは明らかだ。こうした情報がなければ、アメリカ国民が泥棒男爵の力とその乱用について実態を知ることはなかっただろうし、トラストに抗して結集することもなかったはずだ。

裁判所を乗っ取る

民主党大統領候補でテディー・ローズヴェルトの従弟でもあったフランクリン・D・ローズヴェルトは、大恐慌の真っただ中の一九三二年に大統領に選出された。ローズヴェルトは国民から、大恐慌と戦うために一連の大胆な政策を実行するという負託を受けて権力の座に就いた。一九三三年初めの就任式の時点で、労働者の四分の一が失業中であり、多くの人々が貧困にあえいでいた。一九二九年に大恐慌が始まって以降、工業生産は半分を下回るまでに落ち込み、投資は崩壊していた。こうした状況に対処すべくローズヴェルトが打ち出した政策は、ひとまとめにしてニューディールとして知られるものだった。ローズヴェルトは一般投票の五七パーセントを獲得して圧勝し、民主党は上下両院で、ニューディール関連法案を通過させるに足る過半数を得た。しかし、いくつかの法律が憲法問題を引き起こし、その審理は連邦最高裁判所に持ち込まれた。そこで、ローズヴェルトの選挙公約は大きく制約を受けることになった。

ニューディール政策の柱の一つが全国産業復興法だった。その第一編は、産業の復興に焦点を合わせていた。ローズヴェルト大統領と彼のチームは、産業競争の抑制、組合を結成する労働者の権利の拡大、労働条件の規制といったことが、景気回復のためにきわめて重要だと考えていた。第二編は公共事業局の創設を規定していた。公共事業局によるインフラ整備事業には、フィラデルフィアの三〇番街駅、トライボロ橋、グランドクーリー・ダム、フロリダ州キーウェストと本土をつなぐオーバーシーズ・ハイウェーといった歴史的建造物が含まれている。一九三三年六月一六日、ローズヴェルト大統領はその法案に署名して法律とし、全国産業復興法が施行された。ところが、すぐさま法廷に異議が申し立てられた。一九三五年五月二七日、連邦最高裁判所は全員一致で全国産業復興法の第一編は違憲との判決を下した。判決では厳かにこう述べられていた。「尋常ならざる事態には尋常ならざる救済策が必要な場合もある。しかし……尋常ならざる事態といえども、憲法上の権限をつくりだしたり、それを拡大したりするものではない」

最高裁判所の判決が出る前に、ローズヴェルトは計画の次の段階へ進み、社会保障法に署名した。これによって、合衆国に近代的な社会保障制度がもたらされた。すなわち、退職年金、失業手当、要扶養児童家庭扶助、公的医療、障害者手当といった制度だ。ローズヴェルトは全国労働関係法にも署名した。これは、労働者が組合を結成し、団体交渉に参加し、使用者に対してストライキを行なう権利をさらに強化する法律だった。こうした施策についても最高裁判所に異議が申し立てられた。一九三六年、それらが司法の審査を受けていたまさにそのとき、ローズヴェルトは一般投票の六一パーセントという強い信任を得て再選された。

記録的な人気を博したローズヴェルトは、最高裁判所に自分の政策目標をそれ以上邪魔させるつもりはなかった。一九三七年三月九日、彼はラジオで生放送された定例の「炉辺談話」で、自分の計画を披露した。ローズヴェルトはまず、一期目の任期においては、ぜひとも必要な諸政策が最高裁判所によってかろうじて認められたことを指摘した。そしてこう続けた。

私は四年前の三月の夜を思い出しています。みなさんにラジオを通じて初めて話をした夜です。当時、私たちは大変な金融危機の真っただ中にいました。すぐあとで、議会の許可のもとで国民のみなさんにこうお願いしました。私的に保有しているすべての金《きん》を同価値のドルで合衆国政府に売却していただきたい、と。こんにちの景気回復は、その政策の正しさを証明しています。ほぼ二年後、その政策の合憲性は最高裁判所で五対四でかろうじて支持されました。しかし、一票が逆になっていたら、この偉大な国のあらゆる状況は希望のない大混乱のなかにふたたび投げ込まれてしまったことでしょう。実際に四人の判事は、私的な契約に基づいて一ポンドの肉を要求する権利のほうが、不朽の国家を確立するという憲法の主要目的よりも神聖だと判断したのです。

当然ながら、こうしたリスクは二度と冒されてはならなかった。ローズヴェルトはこう続けた。

先週の木曜日に私は、アメリカの政治の形態は憲法によって国民に与えられた三頭の馬に引かれたチームであり、その目的は国民の畑を耕すことだと述べました。三頭の馬とは、言うまでもなく統治の三部門、すなわち議会、行政府、裁判所です。このうちの二頭、議会と行政府は現在、同じ歩調で歩んでいます。しかし、三頭目の馬は違います。

ローズヴェルトは続けてこう指摘した。合衆国憲法は最高裁判所に対し、法律の合憲性に疑義を呈する権利を実は与えていなかったのだが、最高裁判所は一八〇三年にその役割を引き受けたのだ、と。当時、ブッシュロッド・ワシントン判事は、最高裁判所は「あらゆる合理的疑いの余地なく憲法違反が証明されるまで、（法律は）有効だと推定されるべきだ」と強調していた。ローズヴェルトはさらに攻撃の手を進めた。

この四年間、疑わしきは合憲という健全なルールは放棄されてきました。最高裁判所は司法機関ではなく、政策決定機関としてふるまっているのです。

ローズヴェルトは、自分はこうした状況を変えてほしいという負託を選挙で受けており、「どんな改革を提示すべきかを熟考した結果、間違いなく合憲である唯一の方法は……わが国の裁判所すべてに新しい血を注入することだ」と主張した。彼はまた、最高裁判事は働きすぎなので老齢の判事には荷が重いとも述べた。老齢の判事とは、図らずもローズヴェルトの法律を無効とした人々だった。そして、最高裁判事は七〇歳で定年退職すべきであり、大統領は後任を六人まで指名できるようにすべきだと提案した。ローズヴェルトが司法再編法案として提示したこの計画は、かつて保守政権によって任命され、ニューディールに強硬に反対していた判事を辞めさせるのに十分なものとなるはずだった。

ローズヴェルトは国民の支持を得ようと工夫を凝らしたものの、世論調査によると、この計画に賛成という人は全体の四〇パーセント程度にすぎないことがわかった。当時、ルイス・ブランダイスは最高裁判事を務めていた。ブランダイスはローズヴェルトの法律の多くに共感していたが、最高裁判所の権限を侵食する企てと、判事は働きすぎだという大統領の主張には反対意見を述べた。ローズヴェルトの民主党は上下両院で絶対多数を握っていた。ところが、下院は事実上ローズヴェルトの法案の審議を拒否した。そこで、ローズヴェルトは上院に働きかけてみた。法案は上院司法委員会に送られ、さまざまな意見が求められた。当時の上院司法委員会ではいくつもの会議で活発な議論が交わされていた。委員会は結局、法案を上院の審議の場に戻した。その際の報告書は否定的なもので、法案は「不必要、無益、憲法原理のきわめて危険な放棄であり……先例も正当な根拠もない」とされていた。上院は七〇対二〇で票決を下し、書き直しのために法案を委員会に送り返すことにした。「法廷乗っ取り」のあらゆる要素ははぎ取られた。ローズヴェルトは最高裁判所に課された制約を取り除くことはできなかった。彼の権力は制限されたままだったものの、妥協が図られ、社会保障法と全国労働関係法は最高裁判所によってともに合憲とされた。

これら二つの法律の運命よりも重要だったのは、このエピソードの一般的教訓である。包括的な政治制度は包括的な経済制度からの大幅な逸脱を防ぐだけでなく、包括的な政治制度自体の存続をおびやかす試みにも抵抗するのだ。裁判所を乗っ取り、ニューディール関連法案の生き残りを確実にすることは、民主党が多数を占める上下両院の当面の利益にかなっていた。だが、一八世紀初めのイギリスの政治的エリートが、法の支配を停止すれば君主から勝ち取った成果が危険にさらされることを理解していたのと同じように、上下両院の議員は次のことを理解していた。大統領が司法の独立を脅《おびや》かせるなら、自分たちを大統領から守り、多元的な政治制度を存続させる体制の勢力均衡が崩れてしまう、と。

　ことによるとローズヴェルトは、次にこんな決断を下していたかもしれない。議会で過半数を得るにはあまりにも多くの妥協と時間が必要だから、代わりに大統領命令によって統治し、多元主義と合衆国の政治体制を完全に破壊してしまおう、と。もちろん、議会がそんなことを認めるはずはなかったが、その場合ローズヴェルトは国民に対し、議会が大恐慌との戦いに必要な政策を邪魔していると訴えかけることもできたはずだ。警察を使って議会を閉鎖することもできただろう。現実離れした話だろうか？　だがこれは、一九九〇年代にペルーとベネズエラで起こったことなのだ。フジモリ大統領とチャベス大統領は、国民から委任された執行権に訴えて非協力的な議会を閉鎖し、続いて大統領権限の大幅な強化を図るために憲法を書き直した。多元的な政治制度のもとで権力を分けあっている人々は、こうした危険な道を恐れるものだ。一七二〇年代にウォルポールが裁判所を買収しなかったのも、裁判所を乗っ取ろうというローズヴェルトの計画を合衆国議会が支持しなかったのも、まさにこの恐怖のためだった。ローズヴェルトは好循環の力に遭遇してしまったのだ。

だが、こうしたメカニズムがつねに働くとはかぎらない。包括的な特徴を備えてはいても、概して収奪的な社会ではとくにそうだ。こうしたパターンについては、ローマやヴェネツィアのケースですでに述べた。さらに別の事例として、最高裁判所を乗っ取ろうとして失敗に終わったローズヴェルトの企てと、アルゼンチンにおける似たような試みを比較してみよう。アルゼンチンでは、おおむね収奪的な政治・経済制度のもとで、まったく同様の対立が起きたのだ。

一八五三年のアルゼンチン憲法によって創設された最高裁判所は、合衆国の最高裁判所と似た使命を持っていた。一八八七年のある決定で、アルゼンチンの最高裁判所は合衆国のそれと同じく、特定の法律が合憲かどうかを判定する役目を担うことになった。理屈のうえでは、最高裁判所はアルゼンチンの包括的な政治制度の重要な要素として発展できたはずだ。しかし、それ以外の政治経済体制はきわめて収奪的なままであり、幅広い社会階層に権限が与えられることもなければ、多元主義も存在しなかった。合衆国と同じくアルゼンチンでも、違憲性を判定するという最高裁判所の役割に異議が申し立てられることになった。一九四六年、フアン・ドミンゴ・ペロンは民主的にアルゼンチン大統領に選ばれた。ペロンは元大佐で、一九四三年の軍事クーデター後に初めて国中に知られ、労働福祉庁長官に任命されていた。このポストでペロンは、労働組合や労働運動と政治的な協力体制を築き、それがペロンの大統領選出馬にとってきわめて重要な意味を持った。

ペロンが勝利を収めてまもなく、アルゼンチン下院のペロン支持者は、五名の最高裁判事のうち四名の弾劾を申し立てた。最高裁判所に向けられた非難はいくつかあった。一つは、一九三〇年と一九四三年の二度の軍事政権を憲法に違反して適法と認めたことだったが、これはかなり皮肉だった。というのも、ペロンは後者のクーデターで重要な役割を果たしたからだ。ほかには、合衆国のケースと同じように、最高裁判所によって無効とされた法律をめぐるものもあった。とくに、ペロンの大統領当選の直前に、最高裁はペロンの新たな国家労働関係局は違憲との判決を下していた。ローズヴェルトが一九三六年の再選を目指す選挙運動中に最高裁を激しく批判したように、ペロンも一九四六年の選挙運動で同じことをした。弾劾手続き開始から九カ月後、アルゼンチン下院は三人の判事を弾劾した。四人目はそれより先に辞任していた。上院もその申し立てを承認した。そこで、ペロンは新たに四人の判事を任命した。最高裁判所が弱体化した結果、ペロンが政治的抑制から解放されたのは明らかだった。いまやペロンは、自分の大統領就任前後の軍事政権とほとんど同じやり方で、歯止めのない権力を行使することができた。たとえば、ペロンが新たに任命した最高裁判事は、ペロンに敵対する主要な野党である急進党の指導者、リカルド・バルビンを、ペロンに対する名誉毀損で有罪とした判決を合憲とした。事実上、ペロンは独裁者として統治できたのだ。

ペロンがまんまと裁判所を乗っ取って以来、アルゼンチンでは、新任の大統領が自分の息のかかった最高裁判事を任命するのが当たり前になった。こうして、行政府の権力に制約を課すはずの政治制度は消滅してしまった。ペロン政権は一九五五年にまたしても起こったクーデターによって権力の座を追われ、その後は長いこと軍事政権と文民政権の交代が続いた。いずれの新政権も自分自身の裁判官を選んだ。しかし、アルゼンチンで最高裁判事が選び直されるのは、軍政と民政が交代した場合に限ったことではなかった。一九九〇年になってようやく、民主的に選ばれた政府同士の政権交代が実現した。つまり、民主政府のあとに別の民主政府が続いたのだ。ところが、時ここに至っても、最高裁判所の件では民主政府の対応も軍事政府のそれと大差なかった。新任大統領はペロン党のカルロス・サウル・メネムだった。当時の最高裁判事は、一九八三年の民主政治への移行後、急進党のラウル・アルフォンシン大統領によって任命された人々だった。ペロン党への政権移行は民主的なものだったから、メネムが自派の最高裁判事を任命する理由はないはずだった。ところが、選挙の準備期間に、メネムはすでに本音を明らかにしていた。うまくは行かなかったものの、彼は最高裁の判事たちにしきりに辞任を促した（あるいは強要した）。よく知られているように、メネムはカルロス・ファイト判事に大使のポストの提供を申し出た。しかし、ファイト判事はメネムを厳しく非難すると、自著『法と倫理』に「私がこれを書いたということをお忘れなく」と書き添えて送ることで、その申し出に応えた。そんなことにはおかまいなく、メネムは政権に就いて三カ月足らずのうちに、最高裁判事を五人から九人に増員する法案を下院に提出した。その論拠の一つはローズヴェルトが一九三七年に主張したのと同じ、判事は働きすぎだというものだった。法案はただちに上院と下院を通過し、メネムは新たに四人の判事を任命できることになった。メネムは最高裁で過半数を確保した。

最高裁判所に対するメネムの勝利は、すでに述べたような、危険な坂道を転がり落ちるパターンを始動させた。メネムの次なるステップは、憲法を改定して任期制限を廃止し、ふたたび大統領選に立候補できるようにすることだった。再選されたメネムはまたしても憲法を改定しようとしたが、これは阻止された。しかし、阻止したのはアルゼンチンの政治制度ではなく、メネムの個人支配に反抗したペロン党内の派閥だった。

独立以来、アルゼンチンはラテンアメリカを悩ませてきた制度問題のほとんどを経験してきた。アルゼンチンが陥ったのは悪循環であり、好循環ではなかったのだ。その結果、独立した最高裁判所の創設へ向けての第一歩といった、前向きな発展の足掛かりが築かれることはなかった。多元主義のもとでは、ほかのグループの権力を欲しがったり、あえてそれを転覆させたがったりするグループはない。その後、みずからの権力がおびやかされることになってはいけないからだ。同時に、権力が広く分散しているおかげで、こうした転覆は難しくなっている。最高裁判所が力を持てるのは、その独立を損なう企てを阻止したいと望む幅広い社会階層から十分な支持を得ている場合だ。それが実現したのは合衆国でのことであり、アルゼンチンではなかった。アルゼンチンの立法者は、最高裁判所を弱体化させればみずからの立場がおびやかされる恐れがあることを予期しながらも、進んでそれを行なった。一つの理由として、収奪的制度のもとでは、最高裁判所を屈服させれば多くのものが手に入るため、その潜在的利益はリスクをとるに値することが挙げられる。

正のフィードバックと好循環

包括的な政治・経済制度がひとりでに出現することはない。それは経済成長と政治的変化に抵抗する既存のエリートと、彼らの政治的・経済的権力を制限したいと望む人々のあいだの、大規模な争いの結果であることが多い。包括的制度が現れるのは、イギリスの名誉革命や北米におけるジェームズタウン植民地の創設といった決定的な岐路でのことだ。つまり、一連の要因によって権力の座にあるエリートの支配力が弱まる一方、彼らに対抗する者の力が強まり、多元的社会を形成するためのインセンティヴが生じるケースである。政治的対立の結果は決して確かなものではない。あとから考えれば、歴史上の多くの出来事が不可避だったように見えるとしても、歴史の進路には偶然の要素がある。それでも、包括的な政治・経済制度がいったん軌道に乗れば、好循環、つまり正のフィードバックのプロセスが生じ、そうした制度の持続や拡大の可能性が高まる傾向があるのだ。

好循環はいくつかのメカニズムを通じて機能する。第一に、多元的な政治制度の論理のおかげで、独裁者による権力の強奪、政府内の派閥争い、人が好いだけの大統領といったものが生まれにくくなる。フランクリン・ローズヴェルトがそれに気づいたのは、最高裁判所によるみずからの権力に対する抑制を排除しようとしたときであり、ロバート・ウォルポール卿の場合は、ブラック法を即座に執行しようとしたときだった。どちらの事例でも、個人や小さなグループに権力が集中していれば、多元的な政治制度は崩壊を始めていたことだろう。

要するに、多元主義の真の基準は、まさにこうした企てに抵抗する力があるかどうかなのだ。多元主義はまた、法の支配という概念、つまり法は万人に等しく適用されるべきだという原則を神聖なものとして大切にする。絶対主義的な君主制のもとでは、当然ながらありえないことだ。しかし、法の支配はさらに、あるグループがほかのグループの権利を侵害するために法を用いるわけにはいかないことを意味してもいる。しかも法の支配の原則は、政治的プロセスへのより多くの人々の参加や、より大きな包括性に道を開く。人間は法のもとだけでなく政治体制においても平等であるべきだという理念を強く訴えるからだ。こうして、法の支配をはじめとするさまざまな原則のおかげで、一九世紀を通じてイギリスの政治体制は、より大規模な民主主義を求める力強い声に抵抗しにくくなり、選挙権をすべての成人へと徐々に拡大することになったのである。

第二に、すでに何度か述べたように、包括的な政治制度は包括的な経済制度を支え、それに支えられる。そこから好循環のもう一つのメカニズムが生じる。包括的な経済制度は、奴隷や農奴制といった最もひどい収奪的経済関係を排除し、独占の重要性を減じ、活力に満ちた経済をつくりだす。こうしたことはすべて、政治権力を奪取することによって確保できる経済的利益を、少なくとも短期的には減らすことになる。一八世紀のイギリスでは、経済制度はすでに十分に包括的になっていたため、エリート層が権力にしがみつくことで得られるものは減少しており、より大規模な民主主義を求める人々を広く抑圧することで失うものは多かった。好循環のこうした側面のおかげで、一九世紀イギリスの民主主義へのゆっくりとした歩みは、エリート層にとってそれほど脅威ではなくなるとともに、その成功の可能性は高まった。これは、オーストリア・ハンガリー帝国やロシア帝国といった絶対主義的な政権の状況とは好対照をなしている。それらの国々では、経済制度は相変わらずきわめて収奪的だったため、結果として一九世紀末における政治参加の拡大要求は抑圧されることになる。権力を分け与えることでエリート層の失うものがあまりに多すぎたからだ。

最後になるが、包括的な政治制度は自由なメディアを発展させる。自由なメディアは包括的制度への脅威に関する情報を提供し、それに対する抵抗勢力を結集させることが多い。これは、一九世紀の最後の二五年と二〇世紀の初めの二五年の期間に、合衆国の自由なメディアがやったことだ。泥棒男爵の経済支配がますます強まり、包括的な経済制度の核心が脅かされていたときのことである。

絶えることのない争いの結末はいつまでも不確かなままだが、イギリスと合衆国の例が示すように、好循環はこうしたメカニズムを通じて、包括的制度が持続し、反対勢力の挑戦に抵抗し、さらに拡大する強力な流れをつくりだす。残念ながら、次章で見るように、収奪的制度もまた自己を存続させる同じように強力な力を生み出す。それが、悪循環のプロセスである。

第一二章

悪循環

もうボー行きの列車はない

一八九六年、西アフリカの国、シエラレオネは全土がイギリスの植民地となった。首都のフリータウンは、そもそも一八世紀末に帰国した解放奴隷の居住区として建設された町だった。だが、フリータウンがイギリス領になっても、シエラレオネの内陸部は依然として多くの小さな王国で構成されていた。一九世紀後半、イギリスはアフリカの統治者たちと一連の協定を結ぶことによって、統治の範囲をしだいに内陸部へと広げていった。一八九六年八月三一日、イギリス政府は、これらの協定に基づいてこの植民地を保護領と宣言した。イギリスは重要な統治者を選び、彼らに大首長という新しい称号を与えた。たとえばシエラレオネ東部、現在はダイヤモンド鉱区であるコノには、スルクという強力な戦士王がいた。スルク王はスルク大首長となり、サンダーの首長という行政上の身分が保護領に創設された。

スルクをはじめとする王がイギリスの行政官との協定に署名したが、彼らはこの協定が植民地建設を許可する白紙委任状だとは理解していなかった。イギリスが一八九八年一月に小屋税――各戸から五シリング――を課そうとすると、首長たちが蜂起して内戦が起こった。これは小屋税の反乱として知られるようになる。内戦が勃発したのは北部だったが、激戦が長引いたのは南部、とくにメンデ族が支配するメンデランドだった。小屋税の反乱はまもなく鎮圧されたが、シエラレオネの奥地を支配することの難しさをイギリスに思い知らせた。イギリスはすでにフリータウンから内陸部へ向かう鉄道の建設に着手していた。一八九六年三月に着工し、小屋税の反乱の真っただ中の一八九八年一二月には、路線はソンゴ・タウンまで延びていた。一九〇四年のイギリス議会の議事録にはこう書かれている。

シエラレオネ鉄道については、一八九八年二月に現地人の反乱が勃発したために、しばらく作業が完全に中断、スタッフに混乱が生じた。反乱者は鉄道を急襲したので、スタッフは全員フリータウンに撤退を余儀なくされた……ロティファンクは、現在フリータウンから鉄道で五五マイル（約八八キロメートル）のところにあるが、当時は完全に反乱者の支配下にあった。

実は、一八九四年の時点でロティファンクは鉄道建設予定地には入っていなかった。反乱が発生したあとで経路が変更された結果、北東ではなく南へ向かい、ロティファンクを経由してボーへ、つまりメンデランドへと延びることになった。イギリスは反乱の中心地であるメンデランドと、それ以外の反乱が起こりそうな奥地に、いざというときにすぐに行けるようにしたかったのだ。

　一九六一年にシエラレオネが独立すると、イギリスは権力をミルトン・マルガイ卿と彼の率いるシエラレオネ人民党（ＳＬＰＰ）に委譲した。党の支持基盤はもっぱらメンデランドを中心とする南部、そして東部だった。ミルトン卿の後を継いで一九六四年に首相になったのは、弟のアルバート・マルガイ卿だった。一九六七年の選挙で、ＳＬＰＰはシアカ・スティーヴンズ率いる対抗勢力の全人民会議（ＡＰＣ）に僅差で敗れた。スティーヴンズは北部のリンバ族だった。ＡＰＣはリンバ族、テムネ族、ロコ族といった北部部族のほぼすべての支持を取りつけた。

　当初、南部への鉄道はイギリスがシエラレオネを支配するために設計されたが、一九六七年にはその役割は経済的なものとなり、コーヒー、ココア、ダイヤモンドという同国の輸出物の大半を輸送していた。コーヒーとココアを栽培しているのはメンデ族で、鉄道はメンデランドと世界を結ぶ窓口だった。メンデランドは、一九六七年の選挙でほとんどがアルバート・マルガイに投票した土地柄だった。スティーヴンズにとっては、メンデランドの輸出を促進するより、権力を維持するほうがずっと大切だった。彼の理屈は単純だった。メンデ族にとって良いことは何であれＳＬＰＰにとって良いことであり、自分にとっては悪いことなのだ。こうして、スティーヴンズはメンデランドへ向かう鉄道路線を廃止した。さらに線路と全車両を売却し、変更を決定的にした。現在、フリータウンから東に車を走らせると、ヘイスティングスとウォータールーの二つの朽ち果てた鉄道の駅を通る。もうボー行きの列車はない。もちろん、スティーヴンズの徹底的なやり口は、シエラレオネの経済でとりわけ活況を呈していた部門に致命的な打撃を与えることになった。しかし、多くのアフリカの独立後の指導者と同じく、権力を固めるか経済成長を促すかという二者択一を迫られると、スティーヴンズは権力を固めることを選び、決して後戻りしなかった。もはやボー行きの列車に乗れないのは、鉄道がロシアに革命を運び込むと恐れていたロシアのニコライ一世よろしく、スティーヴンズも鉄道によって敵の勢力が強くなると考えていたからなのだ。収奪的な制度を支配しているほかの多くの統治者と同じく、彼は自分の政治権力への挑戦を恐れ、こうした挑戦をくじくためなら経済成長を犠牲にするのも厭わなかった。

スティーヴンズの戦略は、一見イギリスの戦略と対照的だ。しかし実際には、イギリスの統治とスティーヴンズの政権にはかなりの連続性があり、そこから悪循環の論理が明らかになる。イギリスと似たような方法で、スティーヴンズは国民から資源を搾取し、シエラレオネを支配した。彼は一九八五年になっても依然として権力を握っていた。人気があって再選されたのではなく、一九六七年から暴力的な独裁体制を敷き、政敵、とくにSLPPの党員を殺したり苦しめたりしつづけたのだ。スティーヴンズは一九七一年に自分を大統領に任命し、一九七八年以降、シエラレオネにある政党はスティーヴンズ率いるAPCの一党のみとなった。こうしてスティーヴンズは権力を固めることに成功した。その代償は、内陸部の大半を貧困のふちに追いやることだったというのに。

植民地時代、イギリスはシエラレオネを統治するのに間接統治制度を取っていた。アフリカの植民地の大半でその方法を採用していた。この制度を支えていたのが大首長で、税金を徴収し、正義を行ない、秩序を保っていた。イギリスは、ココアとコーヒーの農家と取引するときには、農家を個々に相手にするのではなく、植民地政府が設置した販売委員会に生産物全量を売却させるという手法を取った。その目的は農民を助けることだとされていた。農産物の価格は長いあいだには大きく変動する。ココアの価格も、ある年は高値かもしれないが、翌年には下がるかもしれない。農民の収入もそれに連動して上下する。販売委員会の言い分では、農民ではなく販売委員会が価格変動分を吸収するという。国際価格が高いときは、委員会はシエラレオネの農民にそれより低い金額を支払うが、国際価格が低いときはそれより高い金額を支払う。このアイデアは基本的に悪くないように思われた。ところが現実は大きく違った。シエラレオネ農産物販売委員会は一九四九年に設立された。もちろん、委員会を機能させるには収入源が必要だ。それを得るための自然な方法は、豊作でも不作でも、農民が受け取るべきはずの額よりもほんの少し少ない額を支払うことだ。当時はその差額が間接費や管理費に回されていた。やがて、ほんの少し少ないが、ひどく少ないに変わった。植民地国家は販売委員会を、農民に重税を課す道具として利用していたのだ。

独立後のサハラ以南のアフリカ諸国は、植民地時代の悪しき習慣を改めるだろうし、販売委員会を使って農民に重税を課すこともやめるだろうと思っていた人は多かった。しかしそうはならなかった。それどころか、販売委員会を使った農民からの搾取はひどくなる一方だった。一九六〇年代半ばにヤシの種を採取していた農民は、販売委員会から国際価格の五六パーセントの金額を支払われていた。ココア農家は四八パーセント、コーヒー農家は四九パーセントだった。ところが、スティーヴンズが一九八五年に、みずから選んだ後継者のジョゼフ・モモに大統領の座を譲ったときには、数値はそれぞれ三七パーセント、一九パーセント、二七パーセントになっていた。気の毒に思えるかもしれないが、スティーヴンズ政権時と比べればずっとましだった。なにせ、農家は取り分の一〇パーセントしかもらえないことも珍しくなかったのだから。農家の収入の九〇パーセントはスティーヴンズの政府に搾取されていたのだ。搾取されたカネは道路や教育といった公共サービスに使われたのではなく、スティーヴンズとその取り巻きを太らせ、政治支援を買うために使われた。

イギリスはまた、間接支配の一環として大首長職を終身制と規定した。大首長になるには、社会から認められた「支配一族」のメンバーでなければならない。首長制における支配一族の身分は時間をかけて固まったが、基本的には、一九世紀後半にイギリスと協定を結んだ地域の王とエリート一族の血筋ということになる。首長は選挙で選ばれるが、民主的にではない。部族会議と呼ばれる組織があり、そのメンバーは小村の首長、もしくは大首長か村長かイギリス当局に指名された人々で、彼らが大首長となる者を決めた。この植民地時代の組織も、独立後は廃止されたか、少なくとも改革されたものと思われるかもしれない。しかし販売委員会と同じように、これもやはり廃止されず、何も変わることなく存続した。現在でも、大首長は徴税の任務を担っている。それはもはや小屋税ではなく、その近い子孫にあたる人頭税だ。二〇〇五年、サンダーの部族会議は新しい大首長を選出した。立候補できるのは、唯一の支配一族であるファスルク家の出身者だけだった。当選したシェク・ファスルクは、スルク王の玄孫《やしゃご》だった。

販売委員会の行動と従来の土地所有システムは、シエラレオネやサハラ以南のアフリカ諸国の農業生産性が非常に低いことを説明するのに大いに役立つ。政治学者のロバート・ベイツは、一九八〇年代にアフリカの農業がなぜこれほどまでに生産性が低いのか、調査に着手した。経済学の教科書によれば、農業が最も活力ある経済セクターのはずだった。地形をはじめ、本書の第二章で論じた、農業生産性を本質的に低くしている原因とされるさまざまな要因は無関係であることをベイツは悟った。販売委員会の価格方針が、農民が投資し、肥料を使い、土壌を守ろうとするインセンティヴをそいだにすぎなかったのである。

販売委員会の方針が地方を利するようになっていなかった理由は、地方の利害関係者に政治権力がなかったからだ。これらの価格方針は、土地の保有権を不安定にするほかの根本的な要因と相まって、投資のインセンティヴをさらに弱めた。シエラレオネでは、大首長は法と秩序と司法サービスを提供し、税金を徴収しているだけでなく、「土地の管理人」でもある。家族、一族、支配者層は土地の使用権と昔ながらの権利を持っている。しかし、誰がどこで農業を営むかについて最終決定権を持っているのは首長だ。土地の所有権が安全なのは、なるべく同じ支配一族出身の首長にコネがある場合に限られる。土地は売買禁止で、借金の担保にすることもできない。首長一族以外の生まれだと、コーヒー、ココア、ヤシなどの多年生作物を植えることもできない。この行為によって「事実上の」所有権が確立されるおそれがあるからだ。

シエラレオネにイギリスが設立した収奪的な制度と、オーストラリアなどほかの植民地で設立された包括的な制度の違いは、鉱物資源の管理方法に表れている。シエラレオネ東部のコノ地区でダイヤモンドが発見されたのは一九三〇年一月だった。ダイヤモンドは沖積鉱床にあった、つまりそれほど深掘りしなくてもよかったので、ダイヤモンド採掘の主な手法は川でのパンニング［訳注：底の浅い容器に土砂を入れて鉱物を選別する手法］だった。これを「民主的ダイヤモンド」と呼ぶ社会科学者もいる。この手法なら、多くの人が採掘に携われ、包括的になりうる機会を生み出すからだ。しかしシエラレオネではそうはならなかった。ダイヤモンドのパンニングの本質的に民主的な性質をまったく無視して、イギリス政府は保護領全体を管轄する独占企業であるシエラレオネ選鉱会社を設立し、南アフリカの巨大ダイヤモンド採掘企業であるデビアスに譲渡した。一九三六年、デビアスはダイヤモンド保護軍を創設する権利も与えられた。これは民間の軍隊だが、シエラレオネの植民地政府の軍隊より大きくなった。それでも、沖積鉱床のダイヤモンドは幅広い地域で手に入るために、取り締まるのが難しかった。一九五〇年代には、ダイヤモンド保護軍は、紛争と混乱の一大原因である大量の不法採掘者に圧倒されていた。一九五五年に、イギリス政府は鉱区の一部をシエラレオネ選鉱会社以外の認可採掘者に開放したが、同社は依然として、イェンゲマ鉱区、コイドゥ鉱区、トンゴ鉱区で最も採掘量豊富な地域を握っていた。独立後、事態は悪化の一途をたどった。一九七〇年、シアカ・スティーヴンズはシエラレオネ選鉱会社を事実上国有化し、国立ダイヤモンド採鉱会社（シエラレオネ）を設立した。この会社の株式の五一パーセントは政府が、つまり実質的にスティーヴンズが所有していた。これが、国のダイヤモンド採掘を支配しようというスティーヴンズの企みの始まりだった。

一九世紀のオーストラリアで注目を集めたのは、ダイヤモンドではなく金《きん》だった。金が発見されたのは一八五一年、ニューサウスウェールズ州と新しくできたヴィクトリア州でのことだった。シエラレオネのダイヤモンドのように、金も沖積鉱床にあって、どのように採掘するかを決めなければならなかった。前出（七〇─七五ページ）のスクワッターの著名なリーダーだったジョン・マッカーサーの息子であるジェームズ・マッカーサーらは、鉱区に柵を設置して占有権をオークションにかけてはどうかと提案した。彼らはシエラレオネ選鉱会社のオーストラリア版をもくろんでいた。しかし、オーストラリア人の多くは、金鉱区に自由に出入りしたがった。包括的モデルが勝利を収め、オーストラリア当局は占有権を定めるのではなく、年間鉱区使用許可料を払った者なら誰にでも金の採掘を許可した。やがて、これらの冒険者は金鉱夫として知られるようになり、オーストラリア、とくにヴィクトリア州で一大政治勢力となった。彼らは普通選挙権や無記名投票といった課題を前進させるのに重要な役割を果たした。

ヨーロッパの拡大主義とアフリカにおける植民地統治の悪影響二例については、すでに述べた。一つは、大西洋をまたぐ奴隷貿易の導入。これはアフリカの政治制度と経済制度が収奪的になるのを助長した。もう一つは、アフリカの商業的農業の発展を阻む植民地の法律と制度の適用。アフリカの農業はヨーロッパの競争相手になるおそれがあったためだ。奴隷制がシエラレオネにおける一つの力だったのは間違いない。植民地化が進んでいた当時、内陸には強力な中央集権政府はなく、たがいに急襲をかけ、相手の民を捕虜にするなどして、相互に反目している小さな王国が数多く点在しているだけだった。奴隷制はその土地固有のもので、おそらくは人口の五〇パーセントが奴隷として働いていた。疫病が蔓延していたために、南アフリカ同様、シエラレオネでは大規模な白人の入植が不可能だった。したがって、アフリカ人と競う白人はいなかった。さらに、ヨハネスバーグほどの鉱業経済がなかったこと、また白人の農園においてアフリカ人労働者の需要がなかったことから、アパルトヘイト下の南アフリカの大きな特徴となっていた収奪的な労働市場制度を創設するインセンティヴもなかった。

しかしほかのメカニズムも作用していた。シエラレオネのココア農家とコーヒー農家は白人とは競っていなかったものの、依然として政府の独占組織である販売委員会によって収入を召し上げられていた。シエラレオネは間接統治に苦しんでもいた。イギリス当局はアフリカ各地で間接統治をしたかったが、乗っ取るべき中央集権制がないことを知った。たとえば、一九世紀にイギリス人がナイジェリア東部のイボ族に遭遇したとき、首長はいなかった。そこでイギリスが首長を置き、任命首長とした。シエラレオネの場合、イギリスはすでに現地にあった制度と支配体制を間接統治の基盤とした。

それでも、一八九六年に大首長として認められていた人々の歴史的な背景とは無関係に、間接統治とそれが大首長に付与した権力は、シエラレオネの従来の政治を完全に変えた。まず、それまでまったく存在していなかった社会階層――支配一族――が導入された。世襲の特権階級が、はるかに流動的で首長が人々からの支持を必要とした状況に取って代わったのだ。そこに現れたのは、首長が終身制という硬直した体制だった。これもひとえにフリータウンやイギリスの支持者のおかげであり、首長は自分が統治する人々に対してはまったくといっていいほど説明責任がなかった。イギリスは、いそいそと体制を違う方向にひっくり返しもした。たとえば、正統な首長を従順な首長に替えた。実際、独立後のシエラレオネの初代と二代目の首相を出したマルガイ一族が権力を握ったのは、小屋税の反乱の際に当時君臨していた首長のニャマに反旗を翻してイギリスの側につき、バンタ低地の首長になってからだ。ニャンマは首長の座を追われ、マルガイ一族が二〇一〇年までその座を保持していた。

植民地としてのシエラレオネと独立後のシエラレオネの連続性の大きさには驚くばかりだ。イギリスは販売委員会を設立し、それを使って農民から税金を徴収した。独立後の政府は、それを上回る率の税金を課して同じように搾取した。イギリスは大首長を通じた間接統治制を創設した。独立後の政府は、この植民地時代の制度を拒絶しなかった。それどころか、この制度を地方の統治にも利用したのだ。イギリスはダイヤモンド産業を独占事業とし、アフリカ人の鉱夫を締め出そうとした。独立後の政府も同じことをした。イギリスはメンデランドを統治するのには鉄道を敷設すればいいと思ったが、シアカ・スティーヴンズがそうは思わなかったのは事実だ。イギリスは自国の軍隊を信頼できたので、いざ反乱が勃発したら軍隊をメンデランドに送り込めるとわかっていた。しかし、スティーヴンズにはそれができなかった。ほかの多くのアフリカ諸国同様、強力な軍隊はスティーヴンズの支配を脅かしかねなかった。このため、彼は軍隊を骨抜きにした。規模を縮小し、自分だけに忠誠を誓う特別に設立した準軍事組織によって暴力の行使を私物化した。その過程で、シエラレオネにわずかばかり残っていた国家の権限も加速度的に低下させた。軍隊に代わって、まずは国内治安部（Internal Security Unit）、略称ＩＳＵができた。長く苦しめられているシエラレオネの国民は、これは「お前を撃つ（I Shoot U）」の意味だと知っていた。次にできたのが特別治安課（Special Security Division）、略称ＳＳＤだ。人々は、これは「シアカ・スティーヴンズの犬（Siaka Stevens's Dogs）」の意味だと知っていた。最後には、政権を支える軍隊の不在が、政権の崩壊の原因ともなった。一九九二年四月二九日、ＡＰＣ政権を権力の座から引きずり下ろしたのは、ヴァレンタイン・ストラッサー隊長率いるわずか三〇名の兵士の集団だった。

シエラレオネの発展、もしくは発展の欠如は、悪循環の結果とするといちばん理解しやすい。イギリスの植民地政府がまず収奪的な制度をつくり、独立後のアフリカ人の政治家が自分たちのために喜んでバトンを引き継いだ。このパターンは、サハラ以南のアフリカ諸国でも怖いほどそっくりだ。独立後のガーナ、ケニア、ザンビアをはじめとする多くのアフリカ諸国には、よく似た希望があった。しかしすべてのケースにおいて、悪循環によって予測されるパターンに従い、収奪的な制度が再現され、時が経つにつれますますひどくなった。こうした国ではすべて、イギリスの産物である販売委員会と間接統治が維持された。

この悪循環には当然の理由がある。収奪的な政治制度から生じる収奪的な経済制度においては、多くの人を犠牲にして少数の者が富む仕組みになっている。したがって、収奪的な制度から利益を得る人々は、自分たちの（私的な）軍隊や傭兵組織を編制し、判事を買収し、選挙で不正を働いて権力に居座るための資金を手にしているのだ。彼らはまた、体制を擁護することであらゆる利益を得る。こうして、収奪的な経済制度は収奪的な政治制度が存続するための土台となる。収奪的な政治制度を持つ体制において権力が重要なのは、それが野放し状態で、経済的な富をもたらすからだ。

収奪的な政治制度ではまた、権力の乱用にいっさい歯止めがかからない。権力が腐敗するかどうかには議論の余地があるが、アクトン卿が絶対権力は絶対に腐敗するといったのはまったくもって正しかった。前の章で論じたように、フランクリン・ローズヴェルトでさえ、社会の利益になると思うことのために、最高裁による制約に阻まれることなく大統領の権限を行使したいと願ったが、包括的なアメリカの政治制度は、彼が大統領権限への制約を無効にしようとするのを阻んだ。収奪的な政治制度のもとでは、権力の行使がどんなにゆがんで反社会的になろうとも、それを抑止する力がほとんどない。一九八〇年、シエラレオネの中央銀行総裁だったサム・バングラは、シアカ・スティーヴンズの政策を不道徳だと批判した。やがて彼は殺され、中央銀行の建物の最上階から通りめがけて投げ落とされた。奇しくもその通りにはシアカ・スティーヴンズの名が冠されていた。したがって、収奪的な政治制度もまた、悪循環を発生させる傾向がある。国家権力をさらに不法行使し、乱用したがる人々に対して防御線を張ることができないからだ。

さらに、悪循環のメカニズムはもう一つ存在する。収奪的な制度は、束縛のない権力と極端な所得格差を生み出すことによって、政治ゲームで得られるであろう賞金を増やすのだ。国家を支配する者は誰でも、この強大な権力とそれが生み出す富の受益者となるので、収奪的な制度は、権力とその利益の支配をめぐる内紛へのインセンティヴを生み出す。こうした力学が、マヤの都市国家や古代ローマでも働いていたことはすでに述べた。この観点からすると、アフリカ諸国の多くで宗主国から引き継いだ収奪的な制度によって、権力闘争と内戦の種がまかれたのも驚くにはあたらない。これらの争いは、イギリスの清教徒革命や名誉革命とはまったく違う紛争だ。アフリカ諸国における争いは、政治制度を改革するとか、権力の行使を抑制するとか、社会的多元性を創造するのが目的ではなく、権力を掌握し、他者を犠牲にして特定のグループを裕福にするのが目的だった。次の章でもっと詳しく見ていくが、アンゴラ、ブルンジ、チャド、コートジボワール、コンゴ民主共和国、エチオピア、リベリア、モザンビーク、ナイジェリア、コンゴ共和国（ブラザヴィル）、ルワンダ、ソマリア、スーダン、ウガンダ、そしてもちろんシエラレオネで、紛争が血塗られた内戦になり、経済を破綻させ、国民に筆舌に尽くしがたい苦しみを与えている。そして国家をも崩壊させるのだ。

エンコミエンダから土地の収奪まで

一九九三年一月一四日、ラミロ・デ・レオン・カルピオがグアテマラ大統領に就任した。彼はリチャード・アイトケンヘッド・カスティーリョを財務相に、リカルド・カスティーリョ・シニバルディを開発相に任命した。三人には共通点があった。三人とも、一六世紀初めにグアテマラにやって来たスペインのコンキスタドールの直系の子孫だったのだ。デ・レオンの有名な祖先はファン・デ・レオン・カルドナで、カスティーリョの名を持つ二人の祖先はベルナル・ディアス・デル・カスティーリョ、有名なメキシコ征服の目撃記を書いた人物だ。エルナン・コルテスに仕えた褒美として、ディアス・デル・カスティーリョはサンティアゴ・デ・ロス・カバリェロス（現在はグアテマラのアンティグア市）の参事に任命された。カスティーリョもデ・レオンも、ペドロ・デ・アルバラードなどほかのコンキスタドールと一緒に権力者一族となった。グアテマラの社会学者マルタ・カサウス・アルスは、グアテマラの二二の一族で構成されている中核集団を割り出した。この集団のメンバーは、中核集団のすぐ外側にいる二六の別の一族のメンバーと婚姻関係によってつながっている。彼女の系図学的・政治学的な研究によって、これらの一族が一五三一年以降、グアテマラの経済と政治を支配していることがわかった。このエリートに属する一族の定義を広げても、エリート集団は一九九〇年代の人口のたった一パーセント強を占めているにすぎなかった。

シエラレオネやサハラ以南のアフリカ諸国のほとんどで、悪循環は、宗主国によって設立され、独立後の指導者に引き継がれた収奪的な制度という形を取った。グアテマラや中央アメリカ諸国のほとんどでは、悪循環の形はもっと単純で生々しい。政治的・経済的な力を握る人々が、制度を創設して権力の維持を図り、実際にそうするのだ。この種の悪循環では、収奪的な制度が存続し、同じエリートが権力の座に居座るので、いつまでも開発が進まない。

スペインによる征服当時、グアテマラは人口が密集していた。おそらくはマヤ人が二〇〇万人ほど住んでいたと思われる。アメリカ大陸のどこの国もそうだが、疫病と搾取が多くの人命を奪った。総人口がこの水準まで回復したのは一九二〇年代になってからだ。ほかのスペインの植民地同様、先住民はエンコミエンダによって、コンキスタドールに割り当てられた。メキシコとペルーの植民地化の例で見たように、エンコミエンダは強制労働の制度で、のちに別の強制労働の制度に取って代わられた。その代表例がレパルティミエントで、グアテマラではマンダミエントと呼ばれている。コンキスタドールの末裔と少数の先住民で構成されているエリート層は、このさまざまな形態の強制労働システムから利益を得ただけでなく、商業局という商人ギルドを通じて交易を支配し、独占した。グアテマラの住民のほとんどは海岸から遠く離れた山岳地帯に住んでいた。高い輸送コストが輸出経済の足かせとなり、当初は土地もそれほど価値あるものではなかった。土地の大半は依然として先住民が持っていた。彼らはエヒードという広大な共有地を所有していた。残りはほとんど誰も住んでおらず、名目としては政府の所有物ということになっていた。土地を支配するよりも、交易を支配し、課税したほうがそこそこのカネになったのだ。

メキシコのケースと同じように、グアテマラのエリートは、カディス憲法（上巻七一—七七ページ参照）を敵視していた。その結果、メキシコのエリートがそうだったように、彼らも独立を宣言することとなった。短期間ながらメキシコや中央アメリカ連邦の一部となったあとで、ラファエル・カレラの独裁政権の下、植民地のエリートが一八三九年から一八七一年までグアテマラを支配した。その間、コンキスタドールの子孫と先住民のエリートは、植民地時代の収奪的な経済制度をほぼそのまま維持した。商業局の組織さえ国が独立しても変わらなかった。それは王立の協会だったにもかかわらず、共和制政府になってもめでたく存続したのだ。

そうなると、メキシコと同じで、独立は単に前からいる現地のエリートによるクーデターというだけのことだ。彼らはそれまで存分に恩恵を被っていた収奪的な経済制度を相も変わらず利用した。皮肉なことに、この期間、商業局が国の経済成長の任を引き続き担っていた。しかし独立前と同じように、商業局は国ではなくみずからの利益のことしか考えていなかった。商業局の管轄の一部に、港湾や道路など、インフラの整備があった。しかしオーストリア・ハンガリー帝国、ロシア、シエラレオネのように、インフラが整備されると、創造的破壊がしばしば促され、体制が不安定になるおそれがあった。したがって、インフラの整備は実施に至らず、往々にして抵抗の憂き目に遭った。たとえば、太平洋に面しているスチテペケス港の開発は提案されていたプロジェクトの一つだった。当時、まともに機能している港はカリブ海沿岸部にしかなく、それを商業局が管理していた。商業局は太平洋側についてはなんの措置も取っていなかった。太平洋沿岸に港があれば、マサテナンゴとケサルテナンゴという高台の町から物資を楽に運べるし、それをほかの市場で売ることができるからだ。そうなれば、海外交易を独占している商業局の利益が損なわれる。同じ論理が道路にも当てはまる。ここでもまた商業局が国全体の道路を管轄していた。当然ながら、商業局は競争相手を強くしたり、さらには独占を阻んだりするような道路を整備することを拒んだ。グアテマラ西部とロス・アルトス地域のケサルテナンゴから、道路を整備するようふたたび圧力がかかった。しかし、ロス・アルトス地域とスチテペケス沿岸部の道路を整備すると、商人階級が誕生するおそれがあった。彼らは商業局が庇護している首都の商人の競争相手になる。その道路は整備されなかった。

こうしたエリート支配の結果、一九世紀半ば、世界のほかの地域が急速に変化しているというのに、グアテマラは時間のゆがみのなかに取り残されていた。しかし、こうした変化が最後にはグアテマラにも波及した。蒸気機関車、鉄道、高速の新型船舶といった技術革新のおかげで輸送コストが下がった。さらに、西欧と北米の国民の所得が増えたために、グアテマラのような国がつくる生産品の数々に大きな需要が生まれた。

一九世紀初めには、少量のインディゴ、続いてコチニール（どちらも天然染料）が輸出用に生産されていたが、もっと大きな利益が出るのはコーヒーの生産だった。グアテマラにはコーヒー栽培に適した土地がたくさんあり、開墾が広く行なわれるようになった。商業局の支援はいっさいなかった。コーヒーの国際価格が上がり、国際取引が拡大すると、儲けも莫大となり、グアテマラのエリートはコーヒーに興味を持つようになった。一八七一年、長期にわたって君臨していた独裁者カレラの政権が、世界各地で起きた自由主義運動の余波を受けて、自由派と称する集団によって倒された。自由主義《リベラリズム》の意味は時が経つにつれて変化した。しかし一九世紀の合衆国とヨーロッパでは、現在のリバタリアニズムとほぼ同義であり、個人の自由、小さな政府、自由貿易を意味していた。グアテマラでは事態は少々違った方向に展開した。初めはミゲル・ガルシア・グラナドスに、一八七三年以降はフスト・ルフィノ・バリオスに率いられたグアテマラ自由党のメンバーの大半は、自由主義の理想に燃えた清新な人々ではなかった。おおむね、同じ一族が相変わらず権力を握っていたのだ。彼らは収奪的な政治制度を維持し、コーヒー取引を搾取するために経済の抜本的な改革を行なった。商業局を一八七一年に廃止したが、それまでに経済環境も変わっていた。収奪的な経済制度の狙いは、今度はコーヒーの生産・輸出に移った。

コーヒー生産には土地と労働力が必要だ。コーヒー栽培用の土地を用意するため、自由党は土地の私有化を推進した。その実態は土地の収奪で、かつては共同体や政府が所有していた土地を奪い取れるというものだった。そのやり方は激しい抵抗に遭ったが、グアテマラの極端に収奪的な政治制度と集中した政治権力のせいで、最終的にはエリートが勝利を収めた。一八七一年から一八八三年にかけて、ほとんどは先住民が共有し、開拓した一〇〇万エーカー（約四〇四七平方キロメートル）近い土地がエリートの手に渡り、それからコーヒー産業が急成長した。狙いは広大な農園の形成だ。私有化された土地は、昔からのエリートか彼らにコネがある者に競売で売却された。その後、自由党国家の強制力を利用して、広大な土地の所有者が、さまざまな形態の強制労働制度を改変・強化し、労働力を手に入れた。一八七六年一一月には、バリオス大統領がグアテマラの知事全員に次のような書状を出した。

この国は広大な土地を有しているため、現在、国家の生産要素の発展に関与していない多数の労働者を使って開墾する必要がある。そこで、農産物輸出のためにできるかぎりの支援を提供してもらいたい。

一、貴殿の管轄する先住民の町から、当該区域で労働者を必要とする農園所有者に、五〇人だろうと一〇〇人だろうと必要な数の労働者を提供すること。

レパルティミエント(労働者を強制的に徴発する制度)は、独立後に廃止されなかったどころか、範囲も期間も拡大された。それは一八七七年に法令第一七七条で制度化された。それによると、地所が同一区域内にある場合、雇用者は政府に最高六〇人の労働者を一五日間労働させることを要求し、認めてもらえる。同一区域外の場合は期間は三〇日間だ。雇用主が希望すれば要請は更新可能だった。労働者は、業務記録簿で最近きちんと仕事を完了したことを自分で示さないかぎり、強制的に徴発される。また、地方の労働者は全員、リブレタと呼ばれる業務記録簿を携帯することを義務づけられていた。業務記録簿にはそれまでの雇用主の詳細、借金の記録などが記載されている。地方の労働者の多くは雇用主に借金があり、借金を負った労働者は許可なく雇用主の元を離れられなかった。法令第一七七条はさらに、レパルティミエントに徴発されるのを避ける唯一の手段は、自分は現在雇い主に借金があると示すことであると規定していた。いずれにしても労働者は逃げられないようになっていた。このような法律のほかに、さまざまな浮浪者取締法が可決され、仕事についていると証明できない者は一人残らず、レパルティミエントやほかの強制労働に路上で即刻徴発されるか、農園で強制的に働かされるかだった。一九世紀から二〇世紀の南アフリカと同じく、一八七一年以降の土地政策は先住民の自給自足経済を破壊し、彼らが低賃金で働かざるを得ないように設計されていた。レパルティミエントは一九二〇年代まで続いた。リブレタ制度とすべての浮浪者取締法は一九四五年まで実施されていた。同年、グアテマラでは初めてごく短い期間だが民主制が花開いたのだ。

一八七一年以前のように、グアテマラのエリートは軍の実力者を通じて国を支配した。彼らはコーヒー・ブームになってからもそれを続けた。一九三一年から一九四四年に大統領を務めたホルヘ・ウビコの支配が最も長かった。ウビコは一九三一年に対立候補なしで選挙に勝利した。彼に対抗して立候補しようという愚か者はいなかったのだ。商業局と同じく、彼は創造的破壊を導くおそれのあるもの、自分の政治権力や自分とエリートの利益を脅かすおそれのあるものを認めなかった。彼が産業に反対したのも、オーストリア・ハンガリー帝国のフランツ一世やロシアのニコライ一世が反対したのと同じ理由からだった。産業労働者はとかく厄介を起こす。偏執的な弾圧主義の表れた前代未聞の法律で、ウビコは労働者、労働組合、ストライキという言葉の使用を禁じた。どれか一つでも使えば投獄されるおそれがあった。ウビコの権力は絶大だったが、裏ではエリートが糸を引いていた。一九四四年、ウビコ政権への反対の声が大きくなった。先頭に立ったのは、不満を抱いていた大学生で、デモを組織しはじめていた。民衆の不満は高まり、六月二四日に、三一一名（多くはエリート）が、体制を非難する公開質問状に署名した。ウビコは七月一日に辞任した。その後、一九四五年に民主的な政権があとに続いたが、一九五四年にクーデターによって倒され、血塗られた内戦へと続いた。グアテマラがふたたび民主化されたのは、ようやく一九八六年になってからのことだった。

スペインのコンキスタドールは、収奪的な政治・経済制度を制定するのにまったく良心の呵責を感じなかった。はるばるアメリカ大陸にやって来たのもそれが目的だった。しかし彼らが創設した制度のほとんどは一時的に利用される予定だった。エンコミエンダにしても、一時的な労働使用権の許可だった。彼らには、その後四〇〇年間も存続する制度を定めるための入念に練られた計画などなかった。実際、彼らが創設した制度は時を経て大きく変化したが、一つだけ変わらないものがあった。制度の収奪的な性質で、これは悪循環の産物だ。搾取の形態は変わったが、制度の収奪的な性質も、エリートのあり方も変わらなかった。グアテマラでは、エンコミエンダ、レパルティミエント、交易の独占が、リブレタと土地の収奪に取って代わられた。しかし、先住民のマヤ族の大半は、教育をほとんど受けていない低賃金の労働者として働きつづけざるを得ず、権利もなく、公共サービスも受けられなかった。

グアテマラでも、中央アメリカのほとんどの国と同じく、典型的な悪循環のパターンが見られる。収奪的な政治制度が収奪的な経済制度を支え、それが今度は収奪的な政治制度のための、そして同じエリートが続けて権力を握るための基盤を提供したのである。

奴隷制から黒人差別へ

グアテマラでは、植民地時代から現代まで同じエリートがしっかりと権力を握り、収奪的な制度が続いてきた。制度になんらかの変化があったのは、環境の変化に適応したからであり、その良い例がコーヒー・ブームに促されたエリートによる土地の収奪だった。合衆国南部の制度も、南北戦争まではやはり収奪的だった。経済と政治は南部のエリートが牛耳っていた。彼らはプランテーションの所有者で広大な土地と奴隷を所有していた。奴隷には政治的な権利も経済的な権利もなかった。というよりは、彼らにはどんなものであれ、権利がほとんどなかったのだ。

収奪的な政治・経済制度のせいで、一九世紀半ばには南部は北部と比べて格段に貧しかった。南部にはこれといった産業もなく、インフラへの投資も比較的少なかった。一八六〇年、南部の製造業の総生産高はペンシルヴェニア州やニューヨーク州やマサチューセッツ州単独よりも少なかった。南部で都市部に住んでいるのは人口のわずか九パーセントだったのに対し、北東部では三五パーセントだった。鉄道密度（軌道の総延長を土地面積で割ったもの）は北部が南部の三倍だった。運河の総延長も同じようなものだった。

地図18（次ページ）は、一八四〇年に合衆国各地に分散していた奴隷人口の割合を区分け

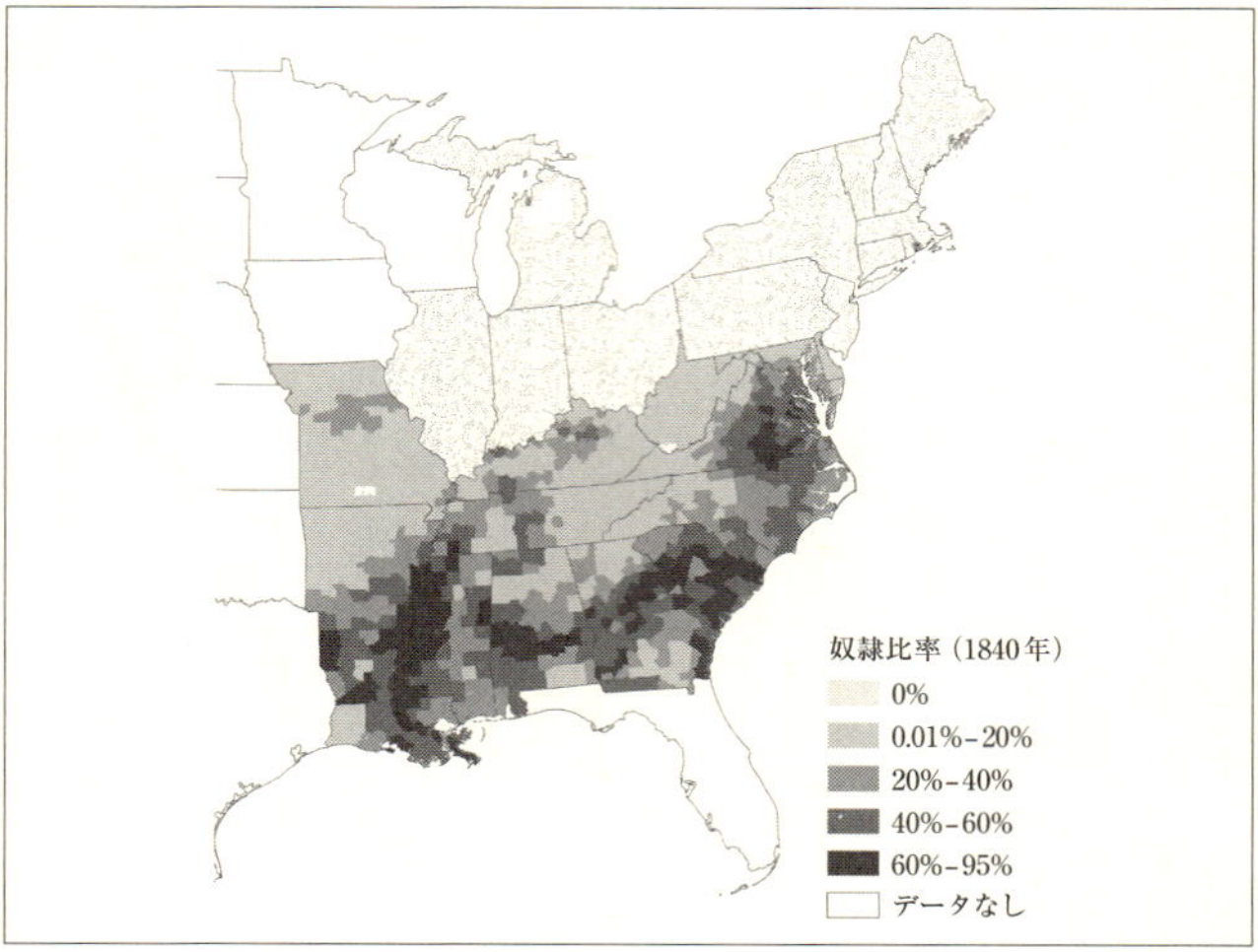

地図 18　アメリカ全土の奴隷比率（1840年）

して、地域ごとの奴隷制の普及の度合いを示している。奴隷制は南部に浸透していたことがわかる。たとえばミシシッピ川沿いでは、実に人口の九五パーセントが奴隷だった。地図19（次ページ）では、その帰結の一つとして、一八八〇年に製造業で働いていた労働人口の比率を示している。二〇世紀の基準で考えればそれほど高くはないが、北部と南部では際立った差がある。北東部の大部分で労働人口の一〇パーセント超が製造業に従事していた。反対に南部の大部分、とくに奴隷の人口密度が高い地域では、製造業に従事している労働人口は実質的にゼロだった。

　南部は、得意分野においてすらイノヴェーティヴではなかった。一八三七年から一八五九年にかけて、トウモロ

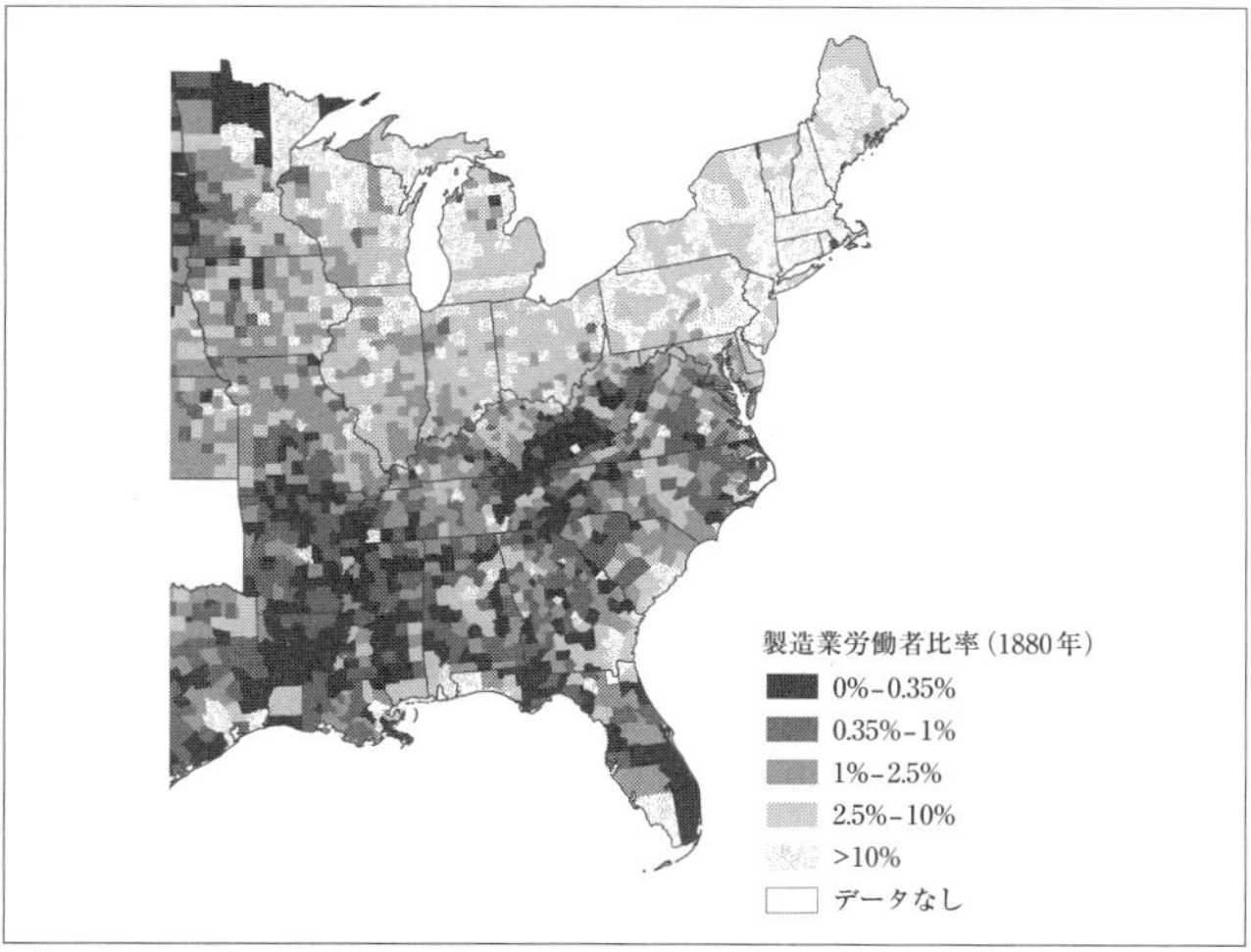

地図19　アメリカ全土の製造業従事者比率（1880年）

コシと小麦に関するイノヴェーションに対して一年間に与えられた特許の数は、平均してそれぞれ一二件と一〇件だった。最も重要な作物である綿花に関する特許にいたっては、わずか年に一件だった。工業化と経済成長がすぐに始まる気配はまったくなかった。しかし、南北戦争に敗れたあと、武力でもって経済と政治の抜本的な改革が行なわれた。奴隷制は廃止され、黒人に投票権が与えられた。

これらの主要な変化が、南部の収奪的な制度を包括的な制度へと大々的に変換するための道を開き、南部を経済的繁栄へと導くはずだった。しかしここでも別のかたちの悪循環が現れ、そのようなことは何一つ実現しなかった。南部収奪的な制度の継続形態として、南部に黒人差別《ジム・クロウ》が起こったのだ。「ジム・クロウ」という表現は、もともとは白人の芸人がメーキャップを施して黒人に扮して歌った一九世紀初めの風刺曲「ジャンプ・ジム・クロウ」に由来し、一八六五年以降に南部で施行された人種差別的な法律全般を指すようになった。こうした状況は、もう一つの大変革となる公民権運動が起こるまで、一〇〇年ほど続いた。そのあいだ、黒人はずっと権力から疎外され、抑圧されつづけた。教育をほとんど受けていない低賃金労働者に依存するプランテーション農業が存続し、南部の収入は合衆国全土の平均収入を大幅に下回った。収奪的な制度の悪循環は、当時多くの人が思っていたよりもずっと強力だったのだ。

奴隷制が廃止され、黒人に投票権が与えられたというのに、南部の政治的・経済的軌道が変わらなかった理由は、黒人の政治権力と経済的自立が弱かったところにある。南部のプランテーション所有者は、戦いには負けたが平和は勝ち取った。彼らは相変わらず団結しており、土地も所有していた。南北戦争中、解放された奴隷は、奴隷制が廃止された暁には土地四〇エーカー（約一六・二ヘクタール）とラバ一頭を与えられると約束されていて、北軍将軍のウィリアム・T・シャーマンの有名な軍事作戦の際にそう約束された者もいた。ところが一八六五年、アンドルー・ジョンソン大統領がシャーマンの指示を撤回し、待ち望まれていた土地の再分配は実行されなかった。この問題を議会で議論した際、下院議員のジョージ・ワシントン・ジュリアンは行く末を見越したかのようにこう発言している。「奴隷制を完全に廃止する議会の行為は、いったい何の役に立つというのか……昔からの上流階級の農業の基盤が変わらないのだとしたら」。これが古き南部の「贖《あがな》い」の始まりであり、古くからの南部の土地持ちエリートは存続することとなった。

社会学者のジョナサン・ウィーナーは、アラバマ南部の主な綿花の産地である黒土地帯の五つの郡で、プランテーションを所有するエリートの存続について調査した。合衆国の国勢調査を用いた追跡調査で、最低一万ドルの不動産を所有している家族について分析したところ、一八五〇年にプランテーションを所有するエリートだった二三六の家族のうち、一八七〇年に同じ地位にとどまっていたのは一〇一だった。面白いことに、この存続率は、南北戦争前の期間のそれとよく似ている。一八五〇年にプランテーションを所有していた最も裕福な二三六の家族のうち、一〇年後も同じ地位にいたのはわずか一一〇だった。それでも、一八七〇年に最も広大な敷地を持っていたプランテーション所有者の上位二五家族のうち、一八（七二パーセント）が一八六〇年でもエリート、一六が一八五〇年でもエリートだった。南北戦争で六〇万人以上が死亡したが、プランテーションを所有するエリートの死傷者はごくわずかだった。プランテーション所有者によるプランテーション所有者のための法律によって、所有している奴隷二〇人につき奴隷所有者一人が兵役を免除されたのだ。無数の兵士が南部のプランテーション経済を守るために死んでいったのに、大規模な奴隷所有者とその息子たちは、戦争に行かずにのうのうと日々暮らしていたので、プランテーション経済を確実に存続させることができた。

終戦後、土地を支配していたプランテーション所有者のエリートは、ふたたび労働力を支配することができた。奴隷制という経済制度は廃止されたが、南部には安価な労働力によるプランテーション農業に基づく経済制度が残っていたことを明確に示す証拠が残っている。この経済制度は、地元政治の支配や暴力の行使も含めたさまざまな手段によって維持されていた。その結果、アフリカ系アメリカ人の学者W・E・B・デュボイスの言葉を借りれば、南部は「黒人をおびえさせるための武装キャンプそのもの」と化したのだ。

一八六五年、アラバマ州は黒人取締法を可決した。黒人労働者の抑圧に向けた重要な事件だ。グアテマラの法令第一七七条と同じく、アラバマ州の黒人取締法も浮浪者取締法と労働者の「誘惑」を禁じる法律で構成されていた。その目的は労働者の流動性を妨げ、労働市場における競争を抑制することであり、南部のプランテーション所有者は引き続き安定した低コストの労働力を確保できた。

南北戦争のあと、再建と呼ばれる期間が一八六五年から一八七七年まで続いた。北部の政治家が、北軍の助けを借りて、南部の社会変革の実行にあたった。しかし、南部の贖いに尽力する、いわゆる贖い主への支援を装った南部エリートが組織的に反発し、旧体制を復活させた。一八七七年の大統領選で、ラザフォード・ヘイズは南部の選挙人団の支援を必要としていた。こんにちも用いられているこの選挙人団は、合衆国憲法によって定められた大統領間接選挙の核だった。一般市民は直接大統領を選ぶのではなく選挙人を選び、次に、選挙人が選挙人団の一員として大統領を選ぶのだ。南部人は選挙人団の支援と引き換えに、北軍兵士が南部から撤退し、南部は南部の自由にさせるよう要求した。ヘイズはそれに同意した。

南部の支援のおかげでヘイズは大統領に選ばれ、兵士を引き揚げさせた。一八七七年以降、南北戦争前のプランテーションを所有するエリートが完全に復活した。南部の贖いには、新しい人頭税と投票のための識字テストの導入が含まれていた。これによって黒人から、また往々にして貧しい白人からも意図的に公民権が剝奪された。これらの試みが功を奏し、民主党による一党独裁体制が誕生し、政治権力のほとんどがプランテーションを所有するエリートに与えられた。

黒人差別法によって人種別に学校が分かれ、予想どおり質の劣る学校が生まれた。たとえば、アラバマ州は一九〇一年に憲法を書き直してそれを実現した。恐ろしいことに、アラバマ州憲法の第二五六条は、もはや執行されることはないものの、現在でも次のように述べているのだ。

議会は、公立学校制度、公立学校の資金の割当制度、白人の子供用と有色人種の子供用の別々の学校を創設し、維持する責務を負う。

議会は、七歳から二一歳までの子供の利益のために、州全体において自由主義に基づく公立学校制度を制定し、組織し、維持する。公立学校の資金は、学齢に達している生徒の数に応じて複数の郡に割り当てられ、そののちに郡内の地区や郡区の学校に割り当てられる。その目的は学校がある地区や郡区において学期の長さをできるかぎり平等にすることだ。人種別の学校は、白人用と有色人種用に分かれ、どちらの人種の子供も、もう一方の人種用の学校に通ってはならない。

アラバマ州憲法から第二五六条を削除する修正案は、二〇〇四年に州議会で僅差で否決された。

公民権の剝奪、アラバマ州の黒人取締法のような浮浪者取締法、さまざまな黒人差別法、そしてクー・クラックス・クランの活動などは、しばしばエリートから資金面で支援されており、南北戦争後の南部を実質的なアパルトヘイト社会に変えた。そこでは、黒人と白人はまったく異なる生活を送った。南アフリカのように、これらの法律と習慣は、黒人人口と黒人労働力を支配することを目的としていた。

南部選出のワシントンの政治家はまた、南部の収奪的な制度が存続できるよう働いた。たとえば、黒人の労働力に対する南部エリートの支配力を危機にさらすような国家プロジェクトや公共事業が決して承認されないようにした。その結果、南部は教育水準が低く技術的にも遅れた農村社会で、ほぼまったく機械に頼らず、人力とラバの力が頼みの綱という状態で二〇世紀を迎えた。都市部人口の割合は上昇したものの、北部とは比べものにならないほど低かった。たとえば一九〇〇年、南部の人口の一三・五パーセントが都市部人口だったのに対し、北東部は六〇パーセントだった。

概して、土地持ちエリート、プランテーション農業、低賃金でほとんど教育を受けていない労働力に支えられた合衆国南部の収奪的な制度は、二〇世紀になっても消滅する気配はいっこうになかった。これらの制度が少しずつ崩壊し出したのは第二次世界大戦後のことで、それが本格化したのは公民権運動によって制度の政治基盤が破壊されたあとだった。そして、一九五〇年代から六〇年代にかけてこれらの制度が消滅してようやく、南部は北部と急速に統合しはじめたのだ。

合衆国南部は、悪循環の、より回復力のあるもう一つの側面を示す例だ。グアテマラと同じく、南部のプランテーションを所有するエリートは権力の座に居座り、権力をいつまでも握っていられるよう政治・経済制度を構築した。しかしグアテマラと違うのは、南北戦争に負けたのちに大きな問題に直面したことだった。その結果、南部は奴隷制を廃止し、法律的に黒人を政治参加させていなかった状態を一八〇度転換させた。しかし、ちゃんと抜け道はある。プランテーションを所有するエリートが広大な土地を支配し、結束しているかぎり、奴隷制の代わりに黒人差別法などの別の法律一式を策定し、同じ目的を達することができた。悪循環は、エイブラハム・リンカーンを含めた多くの人間が思っていたよりもずっと強力だった。悪循環は、収奪的な経済制度を生み出す収奪的な政治制度に基づいており、収奪的な経済制度は収奪的な政治制度を支えている。経済的な富と力が政治権力の資力となるからだ。土地四〇エーカーとラバ一頭の提案が引っ込められると、南部のプランテーションを所有するエリートの経済力は無傷のまま残った。そして、意外ではないが残念なことに、南部の黒人人口と南部の経済発展への影響もそのまま変わらなかったのだ。

寡頭制の鉄則

エチオピアのソロモン王朝は、一九七四年に軍事クーデターで倒されるまで続いた。クーデターを率いていたのは軍事調整委員会《デルグ》と呼ばれるマルクス主義の軍人の一団だった。デルグが権力の座から引きずり下ろした政権は、数百年前で時が止まっているかのように時代錯誤だった。ハイレ・セラシエ皇帝の一日は、メネリク二世が一九世紀後半に建造した宮殿の中庭にお出ましになるところから始まる。宮殿の外側には、政府高官が列をなして皇帝の到着を待ち構え、お辞儀をし、必死に皇帝の注意を引こうとしている。皇帝は謁見の間で玉座に座ると、人々に取り囲まれる（セラシエは小柄だったので、座ったときに足が宙に浮かないように、皇帝の行き先に必ずお供して、椅子に座った皇帝の足の下にクッションを入れる専門の係がいた。この係はどんな状況にも対応できるよう五二種類ものクッションを用意していた）。セラシエは、収奪的な一連の制度を支配しており、あたかも国を自分の所有物のように運営していた。支援者をえこひいきしたり、彼らに恩恵を与えたりする一方で、忠誠心がない者は容赦なく罰した。ソロモン王朝時代、エチオピアにはこれといった経済発展がなかった。

デルグは当初、全国各地の部隊の代表者一〇八名で構成されていた。ハラール第三師団の代表者は、メンギストゥ・ハイレ・マリアムという名の少佐だった。一九七四年七月四日の当初の宣言で、デルグの軍人は皇帝に忠誠を誓ったにもかかわらず、まもなく政府高官を逮捕しはじめ、どの程度の抵抗が起こるかを試してみた。セラシエ政権を支持する者がほとんどいないことに自信を持ったデルグは、ついに皇帝その人をターゲットにし、九月一二日に逮捕した。それから処刑が始まった。旧政権の中核だった政治家は即座に殺された。一二月までに、デルグはエチオピアは社会主義国家であると宣言していた。一九七五年八月二七日、セラシエも死んだ（おそらくは殺されたのだろう）。一九七五年、デルグは資産の国有化に着手した。都市と地方の土地はすべて、そして大半の種類の私有財産が対象だった。政権の独裁的な行動がエスカレートすると、各地で抵抗運動に火がついた。エチオピアの大部分は、一九世紀の終わりから二〇世紀初めにかけて、ヨーロッパの植民地拡大の際に、アドワの戦いの勝者であるエチオピア皇帝のメネリク二世の政策によって一つにまとめられたものだ（上巻三七七―三七八ページ参照）。そこには北部のエリトリアとティグレ、東部のオガデンも含まれていた。デルグの非情な政権に反発して、エリトリアとティグレで独立運動が勃発する一方、ソマリア軍がソマリ語圏のオガデンを侵略した。デルグ自体も分解し、派閥に分かれはじめた。そうしたなかでも、メンギストゥ少佐が最も非情で抜け目なかった。一九七七年半ばには、主要な政敵を抹殺し、事実上政権を握った。政権がかろうじて崩壊を免れたのは、同年一一月末にソ連とキューバが大量の武器と兵士を投入したおかげだった。

一九七八年、政権はハイレ・セラシエ打倒四周年記念の国家祝賀行事を開催した。この頃には、メンギストゥはデルグの無敵のリーダーだった。住まいとして、エチオピアを統治する場所として、彼はセラシエの宮殿を選んだ。王政が廃止されてから無人状態だったのだ。

祝賀行事で、彼は昔の皇帝のように金メッキの肘掛け椅子に座り、パレードを眺めた。公務はふたたび宮殿で執り行なわれることになった。メンギストゥが、ハイレ・セラシエのかつての玉座を占めていた。メンギストゥは自分を皇帝テオドロスになぞらえるようになった。テオドロスは、衰退の時代を経て一九世紀半ばにソロモン王朝を復活させた人物だ。

メンギストゥ政権の国務大臣の一人、ダウィット・ウォルデ・ギオルギスは自伝でこう回顧している。

革命の最初のうちは、私たちは全員、過去とつながりのあるものをいっさい拒絶した。自動車も運転せず、スーツも着なかった。ネクタイなど犯罪だと見なされた。裕福に見えたり、ブルジョアに見えたりするもの、富裕と洗練の雰囲気がにじみ出ているものは、旧体制の遺物として嘲笑の対象になった。ところが、一九七八年あたりから状況が一変した。しだいに物質主義が受け入れられ、のちに望まれるようになった。ヨーロッパで最高の仕立屋がつくるブランドの服が政府高官や臨時軍事評議会のメンバー全員の制服になった。何でも最高のものを選んだ。最高の家、最高の車、最高のウィスキー、シャンパン、食べ物。革命の理想とは正反対だった。

ギオルギスは、メンギストゥが唯一の支配者になったあと、どう変貌していったかもありありと描いている。

メンギストゥの正体が現れた。執念深く、残酷で、独裁的で……私たちの多くは、昔は仲間に話すのと同じように、彼と話すときは両手をポケットに突っ込んだままだったが、いまでは直立不動で、彼の前で失礼がないように慎重にふるまっている。昔は彼に呼びかけるときには、くだけた「君」を使っていたが、もっとあらたまった「閣下」を使うようになった。彼はメネリクが建造した宮殿内の広くて豪奢《ごうしゃ》な執務室に移った……そして皇帝専用車を使いはじめた……私たちは平等を目指して革命を起こしたはずだったが、いまや彼は新しい皇帝になっていた。

ハイレ・セラシエからメンギストゥへ、もしくはシエラレオネにおけるイギリスの植民地支配者からシアカ・スティーヴンズへと、為政者の移行によって生まれる悪循環のパターンはあまりに極端で、ある段階ではあまりに奇妙なので、専用の名前をつけるに値する。第四章で述べたように、ドイツの社会学者ロベルト・ミヒェルスはこれを寡頭制の鉄則と名づけた。寡頭制、そして実際にはすべての階層的組織の内部論理によれば、同じグループが権力を維持するときだけではなく、まったく新しいグループが権力を握るときでさえも寡頭制や階層的組織が再現される、とミヒェルスは論じた。おそらくミヒェルスは思ってもいなかったろうが、マルクスのこんな言葉がこだまのように蘇った。歴史は繰り返す——一度目は悲劇として、二度目は喜劇として。

独立後のアフリカ諸国のリーダーは、自分たちが追い払った植民地政府や皇帝と同じ場所に居を構え、同じ後援者のネットワークを利用し、同じ方法を用いて市場を操作し資源を搾取しただけではない。彼らは事態をもっと悪化させた。筋金入りの反植民地主義者だったスティーヴンズが、イギリスが支配しようとしたメンデ族を支配することに注力したこと、イギリスが権力を与え、内陸部を支配するのに利用した同じ首長を頼りとしたこと、販売委員会を通じて農民を搾取したり、同じような独占によってダイヤモンドを支配しようとしたりして経済を運営したことは、喜劇以外のなにものでもなかった。モブツ時代のザイールで、人々を解放し、国の貧困の原因である腐敗と抑圧をなくすという約束でモブツの独裁を倒すべく軍隊を動員したローラン・カビラが、同じように腐敗した、もしかしたらもっとひどいかもしれない政権を樹立したのは、喜劇、実に悲しい喜劇以外のなにものでもなかった。カビラがモブツ風の個人崇拝を強要しようとしたのは実にお笑いぐさだった。これを裏でけしかけ、助長していたのが、モブツ政権の情報相だったドミニク・サコンビ・イノンゴだった。そもそも、モブツ政権自体が一〇〇年以上も前にコンゴ自由国の国王レオポルド二世が始めた大衆搾取のパターンを踏襲していた。マルクス主義者のメンギストゥが、宮殿に住み、自分を皇帝と見なし、彼の前の為政者であるハイレ・セラシエをはじめとする皇帝のように、自分と取り巻きの懐を肥やしはじめたのは、喜劇以外のなにものでもなかった。

どれもこれも喜劇だが、同時にそもそもの悲劇よりもさらに悲劇的だった。それは、望みが打ち砕かれたためばかりではなかった。スティーヴンズとカビラは、ほかのアフリカの為政者と同じく、まず政敵を、続いて無辜《むこ》の国民を殺しはじめた。メンギストゥとデルグの政策は、エチオピアの肥沃な土地に繰り返し飢饉をもたらした。歴史は繰り返された、しかもひどくゆがんだ形で。一九七三年にウェロ地方で飢饉が発生したが、ハイレ・セラシエが無関心だったので、政権に対抗する反対勢力が結束する結果となった。しかし、セラシエはせいぜい無関心なだけだったが、メンギストゥは飢饉を政敵の力をそぐ政治的な道具と見なした。エチオピアの国民にとって、そしてサハラ以南のアフリカ諸国の国民にとって、歴史は喜劇にして悲劇というだけではなく、残酷なものだった。

寡頭制の鉄則の核心であり、悪循環でもとくに目立つ一面は、劇的な変化を約束して旧体制を打倒した新しいリーダーは、何の変化ももたらさないということだ。こうした寡頭制の鉄則は悪循環のほかの形態よりも少しばかりわかりにくい。合衆国南部やグアテマラの収奪的な制度が存続するのには明確な論理がある。同じグループが何世紀にもわたって経済と政治を支配しつづけたのだ。南北戦争後の合衆国南部のプランテーション所有者がいい例だが、彼らの権力は脅かされそうになっても結局は無傷で、彼らは同じような一連の収奪的な制度を保持したり再現したりして、また利益を得た。しかし、根本的な変革という旗印のもとに権力の座に就いた者が同じ体制をふたたび敷くのを、どう理解すればいいのだろう。この問いへの答えが、またもや悪循環は見かけよりも強力であることを明らかにする。

根本的な変革はどれも失敗する運命だというわけではない。名誉革命は根本的な変革であり、おそらくは過去二〇〇〇年のあいだで最も重要な政治革命につながった。フランス革命は、混乱と過剰な暴力とナポレオン・ボナパルトの台頭もあり、さらに根本的な変革だったが、アンシャンレジームが再現されることはなかった。

名誉革命やフランス革命後により包括的な政治制度の出現を大きく促した要因が三つあった。まず、新たな商人・実業家階級の台頭だ。彼らは創造的破壊の力を解放して、自分たちも恩恵を得たいと願っていた。こうした新興勢力は革命的な同盟の主要メンバーであり、自分たちが餌食となる別の収奪的な制度がふたたび発展するのは願い下げだと思っていた。

次に、名誉革命やフランス革命で形成された広範な同盟の性質だ。名誉革命は特定の限られた利害関係者や限定的なグループのクーデターではなく、商人、産業資本家、ジェントリー、幅広い政治グループが支援した運動だった。ほぼ同じことがフランス革命にも当てはまる。

最後の要因は、イギリスとフランスの政治制度の歴史に関係がある。それらの制度によって、新しい、より包括的な統治体制が発達する背景が育まれたのだ。イングランドはマグナ・カルタ、フランスは名士会にまでさかのぼるが、両国とも議会および権力分担という伝統があった。さらに、どちらの革命もすでに絶対主義政権やそれを目指す政権の支配力が弱っていたさなかに発生した。いずれのケースでも、これらの政治制度のおかげで、新しい支配者や限定的なグループが国家を支配し、既存の経済的富を奪い、野放図で永続的な政治権力を築くことは容易ではなかった。フランス革命の余波で、ロベスピエールとサン＝ジュスト率いる限られたグループが権力を握り、破滅的な結末が訪れた。だが、これは一時的なことであり、より包括的な制度へと向かう道のりを逸脱するものではなかった。こうした革命に比べ、極端に収奪的な政治・経済制度の長い歴史を有し、支配者の権力を抑止する手だてがない社会の状況は実に対照的だ。これらの社会では、より包括的な経済制度の確立を一つの目的として、既存の体制への反対勢力を支持し、資金を提供する強力な商人や実業家が現れることはなかった。各メンバーの権力に制約を課す広範な同盟もなかった。権力を強奪したり乱用したりすることをもくろむ新しい支配者を抑止する政治制度もなかった。

その結果、シエラレオネ、エチオピア、コンゴでは、悪循環に抵抗するのははるかに困難で、包括的な制度への移行が進む可能性は限りなく低かった。また、国家の支配者の権力に歯止めをかける伝統的・歴史的制度もなかった。こうした制度はアフリカの一部には存在していて、ボツワナなどでは植民地時代以降も残っていたほどだ。しかし、シエラレオネの歴史を通じてこれらの制度はほとんど目立たなかったし、あったとしても間接統治によってゆがめられていた。同じことがケニアやナイジェリアなど、イギリスの植民地だったほかのアフリカ諸国にもあてはまる。こうした制度は絶対君主制だったエチオピアには一度も存在しなかった。コンゴでは、先住民による制度はベルギーの植民地支配とモブツの専制的な政策によって骨抜きにされた。こうしたすべての社会で、新しい体制を支持し、所有権の確保と収奪的制度の撤廃を要求する商人、実業家、起業家が台頭することもなかった。もっと言えば、植民地時代の収奪的な経済制度のもとでは、起業や商売の余地はほとんどなかったのだ。

国際社会は、植民地独立後のアフリカが、国家計画の推進と民間セクターの開拓によって経済成長を実現するものと思っていた。しかしそこには民間セクターなどなかった——農村地域を除いては。農村地域は新しい政府に代表を派遣できなかったため、真っ先に餌食となったのだ。いちばん大事なことは、こうした例の大半で、権力にしがみついていれば莫大な利益が得られたということだろう。このような利益は、権力を独り占めしたいと思ったスティーヴンズのような節操のない人間を引き寄せ、彼らが権力の座に就くやいなやその最悪の部分を引き出した。悪循環を断ち切るものは何もなかったのである。

負のフィードバックと悪循環

富裕国が豊かなのは、主として、過去三〇〇年のいずれかの時点で包括的な制度を発展させることができたからだ。こういった制度は好循環のプロセスを経て生き残ってきた。そもそも非常に限られた意味で包括的であっても、またそれがときとして脆《もろ》いものであっても、これらの制度は正のフィードバックのプロセスをつくる原動力となり、制度の包括性を徐々に高める。イングランドは一六八八年の名誉革命後に民主主義国になったわけではない。それとは程遠かった。正式な議員は国民のごく一部にすぎなかったが、それでもイングランドはきわめて多元的だった。多元主義が貴いものとして大切にされると、制度もしだいに包括的になる傾向があった。たとえそれが困難で不確かなプロセスであったとしても。

この点でイングランドは好循環の典型例だ。包括的な政治制度が、権力の行使や強奪に制約を課すからである。また、包括的な政治制度は包括的な経済制度を生み出す傾向もあり、それが今度は包括的な政治制度を継続させる可能性を広げるのだ。

包括的な経済制度の下では、経済的な力を使って政治権力を過度に高めようとする一握りの人々に、富が集中することはない。さらに、包括的な経済制度の下では、政治権力にしがみついてもうまみが少ないため、国家を支配しようともくろむ集団や野心満々の成り上がり者にとってはインセンティヴが弱い。一般に、決定的な岐路で到来したチャンスやピンチが既存の制度と相互作用するなど、決定的な岐路でさまざまな要因が重なって、包括的な制度が生まれる。それは、イングランドの事例から明らかなとおりだ。しかしいったん包括的な制度が誕生すると、その存続のために同じような要因が重なる必要はない。依然として大きな偶然性に左右されるにせよ、好循環によって制度が継続し、往々にして社会により大きな包括性をもたらす力が解き放たれることとさえあるのだ。

好循環が包括的な制度を存続させるように、悪循環は収奪的な制度の存続へ向けて強い力を発生させる。しかし歴史は運命ではないので、悪循環は断ち切れないものではない。これについては第一四章で詳しく見ていく。とはいえ、悪循環はなかなかしぶとい。負のフィードバックの強烈なプロセスをもたらし、収奪的な政治制度が収奪的な経済制度をつくりあげる。すると今度は、収奪的な経済制度が収奪的な政治制度が生き残るための基盤を整える。これが顕著だったのがグアテマラだ。同じ種類のエリートが、最初は植民地統治下で、次に独立後のグアテマラで、実に四〇〇年以上も権力を握っていた。収奪的な制度はそうしたエリートを豊かにし、彼らの富が支配の継続の土台となった。

悪循環の同じプロセスは、合衆国南部のプランテーション経済の存続においても明らかだ。ただし、これは難局に直面した際の悪循環のしぶとさの格好の例でもある。合衆国南部のプランテーション所有者は、南北戦争敗北後、公には政治・経済制度の支配力を失った。プランテーション経済を支えていた奴隷制は廃止され、黒人は平等な政治的・経済的権利を与えられた。しかし、南北戦争はプランテーションを所有するエリートの政治権力やその経済基盤を破壊しなかったので、彼らはシステムを再構築することができた。表面は変わったように見えたが、それは相変わらず地元の政治権力の支配下にあり、同じ目的を達成するためのものだった。つまり、プランテーション向けに低コストの労働力を豊富に用意することだ。

収奪的な制度を支配し、そこから利益を得ているエリートが存続するがゆえにその制度も存続するというこの悪循環の形態は、唯一の形態ではない。最初はいっそう不可解に思えるが、同じように現実的で堕落した形態の負のフィードバックが、多くの国家の政治的・経済的発展を形成したのだ。その顕著な例がサハラ以南の大半のアフリカ諸国、とくにシエラレオネとエチオピアだった。社会学者のロベルト・ミヒェルスが寡頭制の鉄則として理解していた形態では、収奪的な制度を支配している政権を転覆させても、同じく悪質な一連の収奪的制度を利用する新しい主人が登場するだけなのだ。

この種の悪循環の論理は、あとから考えるとわかりやすい。収奪的な政治制度のもとでは権力の行使に対する抑制がほとんどないため、前の独裁者を打倒し、国家の統治を引き継いだ人々による権力の行使と乱用を抑える制度は事実上皆無だ。また収奪的な経済制度のもとでは、権力を掌握し、他人の資産を搾取し、独占事業を設立するだけで、莫大な利益と富が得られることになる。

もちろん、寡頭制の鉄則は本物の法則ではない。物理学の法則とは意味が違う。イングランドの名誉革命や日本の明治維新のケースのように、必然的な経路を示すわけではないのだ。包括的な制度への大きな転機となったこれらの事例のカギは、広範な連合が力を得たことだった。この連合が専制政治に立ち向かい、絶対君主制を包括的で多元的な制度に転換したのだ。広範な連合による革命のほうが、多元的な政治制度を登場させる可能性が高い。シエラレオネとエチオピアでは、寡頭制の鉄則が実現する可能性のほうが高かった。既存の制度がきわめて収奪的だったからだけでなく、シエラレオネでは独立運動、エチオピアではデルグによるクーデターが、こうした広範な連合に率いられた革命ではなく、自分たちが搾取できるよう権力を欲しがった個人やグループによる革命だったからだ。

さらに、悪循環にはもっと破壊力の強い一面がある。これについては第五章のマヤの都市国家についての議論ですでに述べた。収奪的な制度が社会に大きな格差を生じさせ、支配者に莫大な富と制約のない権力をもたらす場合、国家と制度を支配するために戦おうとする者が多数現れる。そうなると、収奪的な制度はいっそう収奪的な次なる政権への道筋をつけるだけでなく、たえまない内紛と内戦を引き起こす。するとこれらの内戦が人々にさらなる苦しみを与え、社会が勝ち取ったなけなしの中央集権制さえも破壊する。これが往々にして、無法状態、国家の破綻、政治の混迷への扉を開き、次章で示すように経済的繁栄の希望を粉々に打ち砕くことになるのだ。

第一三章

こんにち
国家はなぜ衰退するのか

ジンバブエで宝くじを当てる方法

二〇〇〇年一月、ジンバブエのハラレ。一部国有のジンバブエ銀行（通称ジンバンク）が運営する国営宝くじの抽選会で、司会者のファロット・チャワワは当選くじを引く役を任されていた。一九九九年一二月の時点で同行の口座に五〇〇〇ジンバブエ・ドル以上を預金していた顧客全員に、この宝くじに当たる可能性があった。くじを引いたチャワワは啞然とした。銀行の公式声明によれば、「司会のファロット・チャワワは、わが目を疑った。一〇万ジンバブエ・ドルの当たりくじが手渡されると、そこにはR・G・ムガベ大統領閣下と記されていた」からだ。

ロバート・ムガベ大統領は一九八〇年以来、あらゆる手段を駆使し、たいがい鉄拳によってジンバブエを統治してきた。その大統領が、国民一人あたりの年収の五倍に相当する一〇万ジンバブエ・ドルの賞金を当てたのだ。ジンバブエ銀行によれば、抽選の対象となる何千人もの顧客のなかからムガベ氏の名が引き当てられたという。なんと運のいい男だろう！

言うまでもないが、大統領は本当にそんな金を必要としていたわけではない。何しろ自分と閣僚たちの給与を最高で二〇〇パーセント引き上げるという大盤振る舞いをしたばかりだったからだ。

宝くじは、ジンバブエの収奪的制度を物語るほんの一例にすぎない。腐敗とも呼べるこうした例は、ジンバブエの制度に巣くう病理の一症状にすぎない。ムガベが望めば宝くじさえ当てられるという事実は、彼がジンバブエ国内の諸事にどれだけ支配力を振るっているかを物語り、この国の収奪的制度のひどさを世界に示した。

国家がこんにち衰退する理由で最も一般的なのは、収奪的制度の存在だ。ムガベ体制下のジンバブエにはそうした制度の経済的・社会的影響が如実に表れている。ジンバブエの国家統計の信頼性はきわめて低いが、二〇〇八年の国民一人あたりの年収は多めに見積もっても、同国が独立を勝ち取った一九八〇年のせいぜい半分ほどだ。そう聞いただけで驚くが、それでもこの国の生活水準がどれほど低下したかはとうてい伝わらない。国家は崩壊し、基本的公共サービスの供給はいずれもほとんど休止状態だ。二〇〇八年から二〇〇九年には、保健衛生システムの衰退がコレラの全国的な流行を招いた。二〇一〇年一月一〇日の時点で報告されている患者数は九万八七四一人、死者数は四二九三人で、死者数からすれば過去一五年間のアフリカのコレラの流行で最悪となった。一方、大量失業も前例のない水準に達している。二〇〇九年前半の国連人道問題調整事務所の報告によれば、同国の失業率は九四パーセントという信じがたい数字だった。

ジンバブエの政治的・経済的制度の多くはサハラ以南のアフリカの国家の例に漏れず、ルーツを植民地時代にたどることができる。一八九〇年、セシル・ローズのイギリス南アフリカ会社は、マタベレランドにあった当時のンデベレ王国と、隣接するマショナランドに軍事遠征隊を派遣した。軍備で勝る南アフリカ会社はアフリカ側の抵抗をすばやく封じ、一九〇一年にはローズの名にちなんだ植民地、南ローデシアが現在のジンバブエにつくられた。イギリス南アフリカ会社の私有する居留地となったこの植民地で、ローズは貴重な鉱物の試掘・採掘による金儲けをもくろんだ。このヴェンチャービジネスは結局、軌道には乗らなかったものの、非常に肥沃な農地に引かれて白人が入植しはじめた。そうした入植者たちはほどなく国土のかなりの部分を手に入れる。一九二三年にはイギリス南アフリカ会社の支配から抜け出し、イギリス政府に働きかけて自治権を認めさせた。その後の展開は、その一〇年ほど前に南アフリカで起こったこととそっくりだ。一九一三年の先住民土地法（四七―四八ページ）が、南アフリカに二重経済をつくりだした。ローデシアもほぼ同様の法律を制定し、南アフリカのモデルにならった白人だけのアパルトヘイト国家が一九二三年から時を経ずして建設された。

一九五〇年代後半から一九六〇年代前半にヨーロッパの植民地帝国が崩壊すると、ローデシアの人口の五パーセントを占めていたと見られる白人エリートは、イアン・スミスの指揮の下、一九六五年にイギリスからの独立を宣言した。ローデシアは国際社会のほとんどの政府から独立を認められず、国連の政治的・経済的制裁を受けた。ローデシアの黒人は隣国モザンビークやザンビアに拠点を置いてゲリラ戦を展開した。国際的圧力と、ムガベのZANU（ジンバブエ・アフリカ民族同盟）およびジョシュア・ンコモ率いるZAPU（ジンバブエ・アフリカ人民同盟）という二大勢力による反乱の結果、交渉により白人支配は終結に至る。一九八〇年、ジンバブエが建国された。

独立するや、ムガベはすばやく個人支配を確立する。対立する相手は暴力で排除するか味方に引き入れるかのいずれかだった。最も非道な暴力行為が行なわれたのはZAPUの支持地域の中心、マタベレランドで、一九八〇年代前半に二万人もの人々が殺された。一九八七年にはZAPUとZANUが統合されてZANU―PF（愛国戦線）が誕生し、ジョシュア・ンコモは政治の傍流に追いやられた。ムガベは独立交渉の条件の一つとして引き継いだ憲法さえ改正する力を持ち、（当初は首相だったにもかかわらず）大統領の座に納まって、独立時に合意した白人の選挙人名簿を無効としたあと、一九九〇年には上院を完全に廃止し、自身が任命できる役職を立法府に設ける。こうして、ムガベが率いる事実上の一党支配国家ができあがった。

独立と同時に、ムガベは白人統治時代につくられた一連の収奪的経済制度を引き継いだ。そうした制度に含まれていたのが、価格と国際貿易に関する多数の規制、国営企業、強制加入の農産物販売委員会だ。国家による雇用が急速に拡大し、ZANU―PFの支持者に職が与えられた。政府による厳しい経済統制はZANU―PFのエリートの思うつぼだった。なぜなら、ZANU―PFの政治的独占体制に異議を唱えかねないアフリカの実業家たちが、独立した階級として台頭しにくくなったからだ。そうした状況は第二章（上巻一二五―一二九ページ）で見た一九六〇年代のガーナとそっくりだった。もちろん、皮肉なことに、そのおかげで白人は主要な実業家階級にとどまりつづけた。当時、白人経済の主力分野、とりわけ生産性の高い農業輸出分野は放任されていた。だが、それもムガベの人気が落ちるまでのことだった。

規制と市場介入のモデルは徐々に維持不能になっていき、深刻な財政危機を経て、世界銀行と国際通貨基金の支援による制度改革が一九九一年から開始された。経済状況の悪化が続いたため、ついにＺＡＮＵ―ＰＦの一党独裁に真っ向から対立する政党、民主改革運動（ＭＤＣ）が生まれた。一九九五年の議会選挙は競争からは程遠かった。ＺＡＮＵ―ＰＦの得票率は八一パーセントで、一二〇議席のうち一一八を占めた。そうした議員のうち五五人は対立候補なしで当選した。翌年の大統領選挙ではさらに異常で不正な兆候がうかがわれた。ムガベは票の九三パーセントを獲得したが、二人の対立候補、アベル・ムゾレワとンダバニンギ・シトレは政府による弾圧と不正を非難しつつ、選挙前に立候補を取り消した。

二〇〇〇年以降、蔓延する腐敗にもかかわらず、ＺＡＮＵ―ＰＦの支配力は弱まってきた。一般投票での得票率は四九パーセントで、六三議席を獲得しただけだった。すべての候補にＭＤＣの対立候補が対抗し、首都ハラレでは全議席をＭＤＣが占めた。二〇〇二年の大統領選では、ムガベはわずか五六パーセントの得票率で辛勝した。いずれの選挙もＺＡＮＵ―ＰＦに有利な結果となったのは、暴力と威嚇に選挙違反が組み合わされたおかげにすぎない。

みずからの政治的統率力の弱体化に直面したムガベは、抑圧と政府の政策の実施をともに強化することで支持を得ようとした。そして、白人の土地所有者への徹底的な実力行使を始める。二〇〇〇年から、広範かつ長期にわたる土地の占拠と収用を奨励、支援した。陣頭指揮を執ったのはたいがい退役兵士の組織で、おそらく独立戦争のかつての闘士の団体と見られる。収用された土地の一部はそうした団体に与えられたものの、大半はZANU―PFのエリートの手に渡った。ムガベとZANU―PFが所有権の安定性を揺るがしたせいで、農産物の収穫量と生産性は大きく低下した。経済は破綻し、残る唯一の手だては紙幣の印刷による支持の取りつけだったが、それが桁外れのハイパーインフレーションを引き起こした。二〇〇九年一月には南アフリカのランドをはじめとする他国の通貨の使用が合法化され、ジンバブエ・ドルはまったく流通しなくなり、無価値な紙切れと化した。

一九八〇年以降のジンバブエのような状況は、サハラ以南のアフリカで独立後によく見られる。ジンバブエは一連のきわめて収奪的な政治・経済制度を一九八〇年に引き継いだ。最初の一五年間、それらはおおむね放任状態で維持された。選挙が実施されはしたが、政治制度は包括的とはとても言えなかった。経済制度にはいくらか変化があった。たとえば、黒人に対するあからさまな差別はなくなった。だが、全体として制度は収奪的なままで、イアン・スミスと白人が搾取する代わりにロバート・ムガベとZANU―PFのエリートが私腹を肥やすようになっただけだった。その間、制度はさらに収奪的になり、国庫の収入は壊滅状態に至った。ジンバブエの政治的・経済的失敗は寡頭制の鉄則を示すいま一つの例で、このケースでは、イアン・スミスの収奪的かつ抑圧的体制に、ロバート・ムガベの収奪的かつ腐敗した抑圧的体制が取って代わったのだ。つまり、二〇〇〇年のムガベの不正な宝くじの当選は、歴史の産物である腐敗しきった氷山の一角にすぎなかったのである。

現代において国家が衰退するのは、国民が貯蓄、投資、革新をするのに必要なインセンティヴが収奪的経済制度のせいで生み出されないからだ。収奪的な政治制度が、搾取の恩恵を受ける者の力を強固にすることで、そうした経済制度を支える。状況によって詳細は異なるものの、国家の衰退の根底には、つねに収奪的な政治・経済制度がある。たとえば、これからアルゼンチン、コロンビア、エジプトについて見ていくように、多くの場合、そうした衰退は十分な経済活動の欠如という形をとる。なぜなら、政治家たちが喜々として資源や財源を搾取したり、自分たちや財界エリートを脅かすあらゆる種類の独立した経済活動を抑圧したりするからだ。次節で論ずるジンバブエやシエラレオネのような極端な例では、収奪的制度が、法と秩序のみならず最も基本的な経済的インセンティヴをも破壊し、国家の完全な破綻への道筋をつけた。その結果が経済の停滞であり、アンゴラ、カメルーン、チャド、コンゴ民主共和国、ハイチ、リベリア、ネパール、シエラレオネ、スーダン、ジンバブエの近年の歴史に見られるような内戦、大規模な強制移動、飢餓、疫病だ。それらのせいで、こんにち、そうした国々の多くは一九六〇年代よりも貧しくなっている。

少年十字軍？

一九九一年三月二三日、フォデイ・サンコー率いる武装集団がリベリアから国境を越えてシエラレオネに入り、南部の国境の町、カイラフンを襲撃した。サンコーは元シエラレオネ軍の伍長で、一九七一年のシアカ・スティーヴンズ政権に対するクーデター未遂事件にかかわって投獄された前歴がある。釈放後リビアにたどり着き、リビアの独裁者カダフィ大佐がアフリカの革命家のために運営していた訓練所に入った。そこでリベリア政府の転覆を企てていたチャールズ・テーラーと出会う。一九八九年のクリスマスイヴにテーラーがリベリアに侵攻した際、サンコーが同行したし、サンコーがシエラレオネに侵攻した際に同行したのはテーラー配下の一団で、大半はリベリア人とブルキナベ（ブルキナファソ国民）だった。彼らはＲＵＦ（革命統一戦線）と名乗り、腐敗したＡＰＣ（全人民会議）専制政権の転覆を目指すと表明した。

前章で見たように、シアカ・スティーヴンズと彼の率いるＡＰＣは、ジンバブエのムガベとＺＡＮＵ—ＰＦと同様に、シエラレオネの植民地統治時代の収奪的制度を受け継ぎ、強化した。一九八五年、がんに冒されたスティーヴンズに任命されてジョゼフ・モモが政権を継いだとき、経済は破綻しかけていた。スティーヴンズはどうやら皮肉ではなく「牛はつながれた場所で草を食みたがる」という格言を好んで引用した。そして、スティーヴンズがかつて草を食んだ場所で、いまやモモが草をむさぼっていた。道路は途切れ途切れになり、校舎は朽ちていた。国営テレビの放送は、情報相が送信装置を売却したため一九八七年に停止し、一九八九年には首都フリータウンの外へ電波信号を中継していたラジオ塔が倒壊したため、首都以外ではラジオ放送もなくなった。一九九五年にフリータウンの新聞に掲載された分析記事は実に的を射ていた。

政権の末期には、モモは公務員と教師のみならず大首長の給与さえ、支払いを止めていた。中央政府は瓦解し、その結果、当然ながらわれわれの国境は侵犯され、「反逆者」とともに大量の自動小銃がリベリア国境を越えて流入した。NPRC（国家暫定統治会議）と「反逆者」と「反逆兵」（反逆者に転じた兵士）が結果的に混乱状態をつくりだしたのは、政府が消滅した以上、当然の成り行きだった。それらはすべて、わが国の問題の原因ではなく症状だ。

モモ政権下での国家の破綻は、やはりスティーヴンズ政権下の極端な収奪的制度が引き起こした悪循環の結果であり、とりもなおさず、一九九一年にRUFが国境を越えてやって来るのを阻むものは何もないことを意味した。国家はRUFに対抗する力を持たなかった。スティーヴンズは軍部が政権を転覆させるのを恐れて、すでに軍を弱体化していた。そうした状況では、比較的少数の武装勢力によって国土の大半を混乱状態に陥らせるのはたやすかった。RUFは「民主化への道」と称するマニフェストまでつくり、冒頭に黒人知識人フランツ・ファノンの言葉「それぞれの世代が、比較的あいまいな状況のなかから使命を見つけなければならない。あとはそれを遂行するか、あるいは裏切るかだ」を掲げた。「われわれは何のために闘うのか？」という節はこんなふうに始まる。

われわれが闘いを続けるのは、国家がつくりだす貧困および長年にわたる独裁体制と軍国主義による人間性蔑視の犠牲者でありつづけることにうんざりしているからだ。だが、われわれは節度をわきまえ、平和が実現する場所で辛抱強く待つ。そこではわれわれ全員が勝者となる。われわれは必要なあらゆる策を講じて平和の実現を目指すが、平和の犠牲者になることを目指してはいない。みずからの大義が正しいこと、新しいシエラレオネを建設するための闘いにおいて神／アラーが決して自分たちを見捨てないことを、われわれは知っている。

サンコーをはじめとするRUFの指導者たちは政治的不満から行動を起こしたのだろうし、当初はAPCの収奪的制度の下で苦しむ人々の不満を目の当たりにして運動に駆り立てられたのだろうが、状況はたちまち変わり、制御不能な展開をした。RUFの「使命」によってシエラレオネが苦難に陥ったことは、南部のジオマ出身の十代の少年の以下の証言からもわかる。

彼らは僕たちのなかから何人かを集めました……友達のなかから二人を選んで殺しました。二人ともお父さんは族長で、家に兵士の靴と持ち物がありました。ただ兵士をかくまっていたというだけの理由で撃たれたのです。族長たちも殺されました――政府の一員だから。彼らは新しい族長を選びました。僕たちをAPCから解放しに来たと、まだ言っていました。あるときから、殺す相手を選ばず、ただ銃で人を撃つようになりました。

侵攻の一年目には、RUFが多少は持っていたはずの知的な根幹は跡形もなく消えうせていた。サンコーは増えつづける残虐行為を批判する者を処刑した。まもなく、RUFへの志願者はほとんどいなくなった。そこで、志願ではなく強制的な徴用に頼るようになり、ことに子供が利用された。実際にすべての勢力がそうしていたし、軍も例外ではなかった。シエラレオネの内戦がより良い社会を築くための十字軍だったにしても、それはしまいには少年十字軍になっていた。紛争は激化し、大量虐殺と、集団レイプや、手や耳の切り落としといったひどい人権侵害が横行した。RUFはある地域を制圧すると、そこで経済的搾取にも手を染めた。最もあからさまだったのはRUFが人々を強制的に徴用したダイヤモンド鉱山地帯だったが、ほかの地域でもそうした徴用は広まった。

残虐行為、大量虐殺、組織的強制労働に関与したのはRUFだけではない。政府も関与していた。法と秩序がそこまで崩壊すると、誰が兵士で誰が反乱者か見分けるのは市民にとって至難の業となる。軍の規律はすっかり失われていた。二〇〇一年に内戦が終結した時点で死者数は推定八万人で、国土全体が荒廃していた。道路、家屋、建物は破壊し尽くされていた。いまでも東部のダイヤモンドの大生産地、コイドゥを訪れると、弾痕の残る焼け焦げた家並みが続くのが見られる。

一九九一年、シエラレオネでは国家が完全に破綻していた。シャーム王がブショング族にまず何をしたか（上巻二二六―二三一ページ）、思い出してみよう。収奪的制度をつくりあげて権力を確立し、社会全体から生み出されるものを搾り取ろうとした。とはいえ、カサイ川対岸のレレ族の社会のように、法と秩序も、中央権力も、所有権もない状態に比べれば、中央権力を王の手に集中させた収奪的制度でさえ、一歩前進だった。そうした秩序と中央権力の欠如は、ここ数十年、多くのアフリカの国家がたどった道だった。そうなったのは、政治的中央集権化の過程が歴史的にサハラ以南のアフリカの大半で遅れていたせいもあるが、多少なりとも存在した中央集権を収奪的制度が後退させ、国家の破綻への道を開くという悪循環のせいでもある。

流血の内戦が一〇年間続いた、一九九一年から二〇〇一年までのシエラレオネは、破綻国家の典型だ。シエラレオネの制度はとりわけ悪質で非効率的だったとはいえ、当初は収奪的制度に苦しむほかの国と大差なかった。国家が破綻するのは地理的、文化的原因のせいではなく、収奪的制度を受け継ぐせいであり、そうした制度によって権力と富が国家の指導者の手に集まるために騒乱と闘争と内戦へ向かうせいだ。収奪的制度は、最も基本的な公共サービスへの投資を怠ることによって、国家が徐々に衰退する直接の原因にもなる。シエラレオネもまさにその道をたどった。

人々を搾取して困窮させ、経済発展を阻む収奪的制度は、アフリカ、アジア、南米では珍しくない。チャールズ・テーラーはシエラレオネの内戦の火ぶたを切る手助けをすると同時に、リベリアでも熾烈な紛争を開始した。リベリアもまた破綻の道をたどった。収奪的制度が崩れて内戦と国家破綻に至る図式はアフリカのほかの国々でも見られた。アンゴラ、コートジボワール、コンゴ民主共和国、モザンビーク、コンゴ共和国、ソマリア、スーダン、ウガンダなどがその例だ。搾取は紛争への道を開く。一〇〇〇年近く前にマヤの都市国家の高度に収奪的な制度から紛争が生じたのとまったく変わらない。紛争は国家の破綻に拍車をかける。つまり、こんにち国が破綻するいま一つの理由は、国家体制の破綻にある。それはまた、収奪的な政治・経済制度のもとでの何十年にもわたる支配の結果なのだ。

国家とは何物か

ジンバブエ、ソマリア、シエラレオネはアフリカの貧困国の典型とはいえ極端な印象があるし、アジアの数カ国でさえ、そうした印象がある。きっとラテンアメリカには破綻国家はないのではないだろうか？　自分の宝くじを当てるほど恥知らずな大統領はいないのではないか？

コロンビアのアンデス山脈は北へ延びるにつれ、カリブ海に沿った広大な海岸平野に飲み込まれていく。そのあたりをコロンビア人は「ティエラ・カリエンテ（暑い土地）」と呼び、アンデス地帯の「ティエラ・フリア（寒い土地）」と区別する。過去五〇年間、ほとんどの政治学者と政府はコロンビアを民主主義国と見なしてきた。合衆国はコロンビアとの自由貿易協定の交渉に乗り気で、あらゆる種類の援助を同国につぎ込み、ことに軍事援助に力を入れている。コロンビアでは一九五八年に短命だった軍事政権が倒れた後、選挙が定期的に実施されてきた。とはいえ、一九七四年までは協定によって、保守党と自由党という伝統的二大政党が交代で政権と大統領職を担っていた。それでも、この「国民戦線」という協定自体、国民投票を通じてコロンビア国民によって承認されており、すべてが十分に民主的であるように見える。

だが、コロンビアには民主的選挙の長い歴史はあっても、包括的制度がない。一方で、同国の歴史には市民の自由の侵害、法的手続きを経ない処刑、一般市民に対する暴力、内戦といった汚点が刻まれてきた。民主主義がそんな結果を生むとは意外だ。コロンビアの内戦はシエラレオネのそれとは違う。シエラレオネでは国家と社会が崩壊し、混乱状態に陥った。とはいえ、コロンビアもやはり内戦状態にあり、シエラレオネよりもはるかに多くの犠牲者を出している。一九五〇年代の軍事政権自体、スペイン語でたんに「ラ・ビオレンシア（暴力）」と呼ばれる内戦への対抗措置でもあった。当時からこんにちにいたるまで、おもに共産主義革命派の多種多様な反政府集団が地方で跋扈《ばっこ》し、誘拐や殺人を重ねてきた。コロンビアの地方でそうした不快な選択肢のどちらも避けるには「バクーナ」、直訳すれば「ワクチン」代を支払わなくてはいけない。つまり、殺されたり誘拐されたりしないために、毎月、武装集団のどれかに金を払わなくてはいけないのだ。

コロンビアの武装集団がすべて共産主義というわけではない。一九八一年、コロンビア最大の共産ゲリラ集団であるコロンビア革命軍（FARC）のメンバーが、アンティオキア県北東部の「暑い土地」にある小さな町アマルフィの酪農家、ヘスス・カスターニョを誘拐した。FARCが要求した身代金は七五〇〇ドル。コロンビアの地方ではひと財産だ。家族が農場を担保に金を調達したにもかかわらず、父親は鎖で木に縛りつけられた遺体となって発見された。カスターニョの三人の息子、カルロス、フィデル、ビセンテは黙っていなかった。ロス・タンゲーロスという民兵集団を結成し、FARCのメンバーを突き止めて父の仇をとろうとした。兄弟はすぐれた組織力によってたちまち集団を大きくし、同様の動機から生まれた同様の民兵集団と利害が一致することに気づきはじめた。国内の多くの地域で人々は左翼ゲリラに苦しめられていたため、対抗勢力として右翼の民兵組織が結成された。民兵は地主がゲリラから身を守るのに利用される一方、麻薬の密売やゆすり、市民の誘拐と殺害にもかかわった。

一九九七年には、カスターニョ兄弟率いる民兵集団はコロンビア自警軍連合（AUC）と称する全国組織を構成するに至った。AUCは国内の広範囲に進出し、ことに「暑い土地」であるコルドバ県、スクレ県、マグダレナ県、セサル県に勢力を広げた。二〇〇一年にはA

UCは推定三万人もの武装した男たちを配下に置き、ブロックごとに組織されていたようだ。コルドバ県では民兵集団ブロケ・カタトゥンボをサルバトーレ・マンクソが率いた。AUCは力を増すにつれ、戦略上、政治に関与することを決めた。民兵組織と政治家はたがいにすり寄った。AUCの司令官数人が、コルドバ県の町サンタフェデラリトで有力政治家たちとの会談を実現させた。「国の再建」を提唱する共同文書すなわち協定が発表され、AUCの幹部である「ホルへ40」（ロドリゴ・トバル・プポのあだ名）、アドルフォ・パス（ディエゴ・フェルナンド・「ドン・ベルナ」・ムリージョの別名）、ディエゴ・ベシノ（本名はエドワル・コボ・テレス）らと、上院議員のウィリアム・モンテスとミゲル・デ・ラ・エスプリエージャをはじめとする政治家たちが署名した。そのころ、AUCはすでにコロンビア国内の広範な地域に勢力を伸ばしており、二〇〇二年の上院・下院選挙の当選者を仕立て上げるのはたやすかった。たとえば、スクレ県のサンオノフレ市では、選挙は民兵の司令官カデナ（スペイン語で「鎖」の意）によって操作された。目撃者の証言によれば、以下のように事が運んだ。

カデナが手配したトラックがサンオノフレ一帯のコレヒミエント（行政区）や郊外を回り、人々を乗せた。住民の話では……二〇〇二年の選挙では、何百人もの農民がプラン・パレホ区に連れていかれ、議会選挙で投票すべき候補者の顔を見せられた。上院はハイロ・メルラノ、下院はムリエル・ベニト・レボジョに投票しろというのだ。

カデナは地方議会の議員の名を袋に入れ、二つを取り出して、もしもムリエルが当選しなければ、その二人と、そのほかにも当てずっぽうに選んだ人たちを殺すと言った。

脅しの効き目はあったようだ。両候補ともスクレ県全体で四万票を得た。驚くにはあたらないが、サンオノフレ市長はサンタフェデラリトでの協定に署名していた。おそらく、下院と上院の議員の三分の一は、民兵組織の支援と、地図20（二一八ページ）のような状況に二〇〇二年の当選を負っている。この地図は民兵が支配するコロンビア国内の地域を示し、支配がいかに広範にわたっていたかを物語る。そうした支配について、サルバトーレ・マンクソ自身があるインタビューでこう語っている。

下院の三五パーセントは自警組織が支配する州のある地域から選出された。そうした州では、われわれが税を徴収し、われわれが法を執行し、軍事面でも領土面でも、われわれが地域の支配権を握っていた。政界入りしたい人はみな、われわれがその地域に配置する代議士と取引をする必要があった。

民兵組織が政治と社会にこれほどの支配力を振るったことが、経済制度と公共政策にどんな影響をおよぼしたかは、想像に難くない。AUCの拡大は平和的に進んだわけではなかった。AUCはFARCと戦ったのみならず、無辜の市民を殺害し、テロ行為によって何十万という人々を居住地から追い出した。ノルウェー難民委員会（NRC）の国内避難民モニタリングセンター（IDMC）によれば、二〇一〇年前半にはコロンビア国民のおよそ一〇パーセントにあたる四五〇万人弱が国内で移動を余儀なくされていた。マンクソが示唆したように、民兵組織は政府とそのあらゆる機能を受け継いだが、徴収した税金は、たんに組織の懐に入れただけだった。民兵の司令官、マルティン・リャノス（本名エクトル・ヘルマン・ブイトラゴ）と、東部カサナーレ県のタウラメナ市、アグアスル市、マニ市、ビジャヌエバ市、モンテレイ市、サバナラルガ市の市長たちのあいだに驚くべき協定が結ばれた。市長たちは「カサナーレ農民兵団」の命令により以下のような規則に従わなければならないとされたのだ。

九　市の予算の五〇パーセントを供与し、「カサナーレ農民兵団」の管理下に置く。
一〇　市の結ぶあらゆる契約の一〇パーセント［をカサナーレ農民兵団に供与する］。
一一　カサナーレ農民兵団が招集するあらゆる会合を援助する義務。
一二　あらゆるインフラ計画へのカサナーレ農民兵団の関与。
一三　カサナーレ農民兵団により結成される新たな政党との提携。
一四　統治計画の遂行。

カサナーレは貧しい県ではない。それどころか、コロンビア国内で一人あたりの収入水準が最も高い県だ。石油の埋蔵量が豊富なためだが、まさにそれが民兵組織を惹きつける資源なのだ。実際、民兵組織はひとたび実権を握ると、地所の組織的強制収用に力を入れた。マンクソ自身、総計二五〇〇万ドル相当の土地を都市部や地方で手に入れたと言われている。コロンビアで民兵組織に強制収用された土地は地方全体の一〇パーセントにも上ると見積もられている。

コロンビアは崩壊の危機にひんした破綻国家ではない。とはいえ、中央集権化は不十分だし、国の権限が国土全体に行き渡っているとはとても言えない国家だ。ボゴタやバランキージャといった大都市圏では国家が治安と公共サービスを提供できているが、国土のかなりの部分で公共サービスがほとんどなく、法と秩序もないに等しい。そして、マンクソの例のように、政府以外の集団や人間が政治と資源を支配している。一部の地域では経済制度が非常にうまく機能し、人的資本と起業能力のレベルが高いものの、ほかの地域では制度がきわめて収奪的で、国家の最低限の権限さえ行使されていない。

このような状況が何十年どころか何世紀にもわたりどうやって維持されているのか、理解に苦しむかもしれない。だが実際には、この状況は一種の悪循環として、それなりの必然性を持っている。暴力と、中央集権的国家制度のこのような欠如は、社会機能を司る政治家たちとのあいだに共生関係を生む。共生関係が生まれるのは、国政を担う政治家は遠隔地域の無法状態から利益を得るし、民兵組織は中央政府からやりたい放題を黙認されるからだ。

そうした図式は二〇〇〇年代にとりわけ顕著になった。二〇〇二年の大統領選挙ではアル

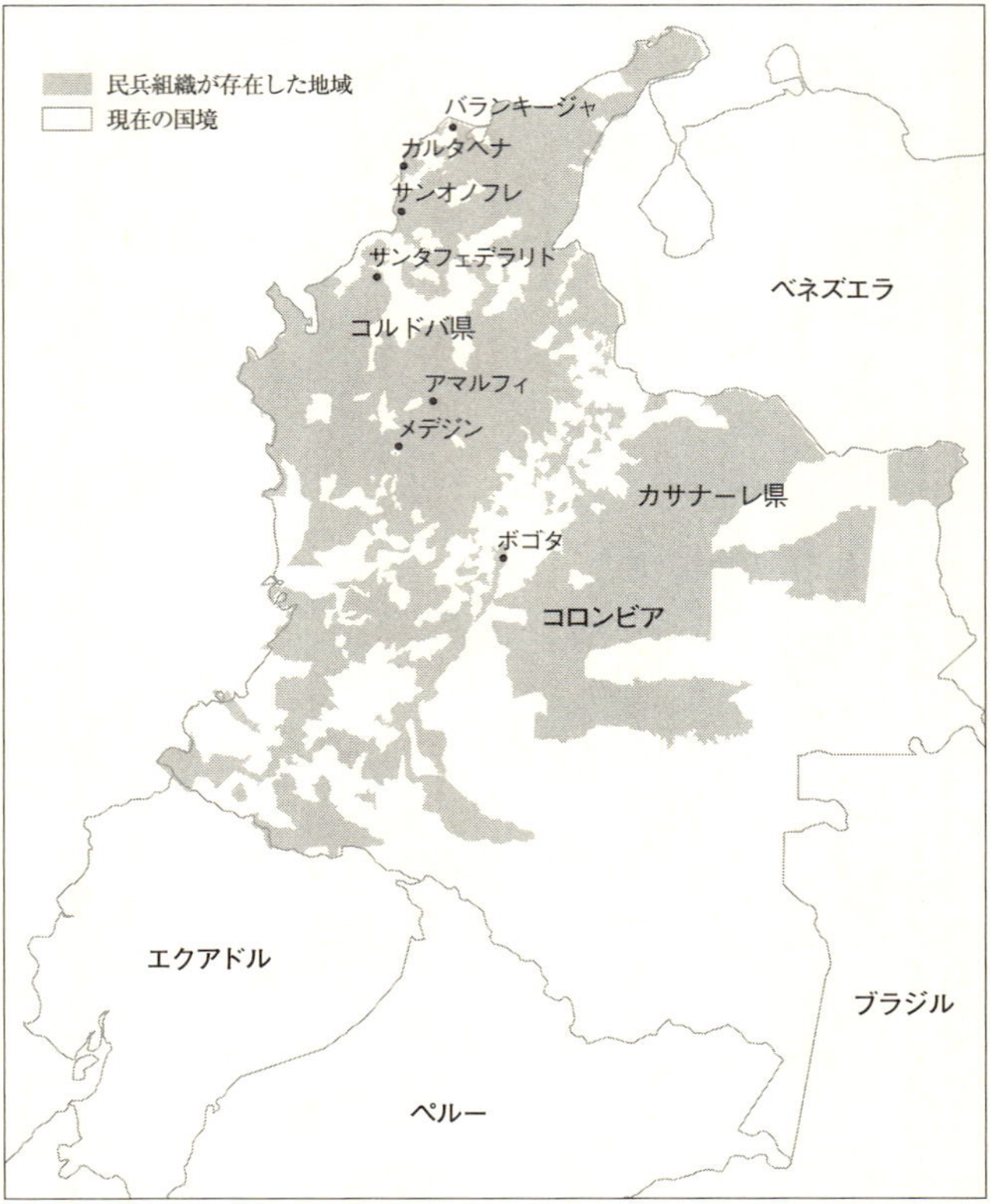

地図 20　コロンビア国内の民兵組織の存在（1997年－2005年）

バロ・ウリベが当選した。ウリベにはカスターニョ兄弟との共通点があった。FARCに父親を殺されていたのだ。ウリベは選挙運動中、前政権がFARCとの講和を目指した試みの実効性のなさを訴えた。二〇〇二年のウリベの得票率は、民兵がいない地域よりもいる地域で三パーセント高かった。二〇〇六年に再選された際は、民兵がいる地域での得票率が一一パーセント高かった。マンクソと彼のパートナーが下院と上院の選挙で票を操ることができたなら、大統領選挙でも同じことができたはずだ。ことに、世界観がぴったり一致し、寛大に扱ってくれそうな大統領のためならば。サルバトーレ・マンクソの右腕でAUCのシヌーとサンホルヘ・ブロックの元司令官、ハイロ・アンガリータは二〇〇五年九月、「史上最高の大統領の再選」のために尽力できて光栄だと明言した。

民兵出身の上院議員と下院議員は当選するやウリベの望むとおりに票を投じた。なかでも二〇〇六年には、彼の再選を可能にするよう憲法を改めた。ウリベが初当選した二〇〇二年には再選は禁じられていたのだ。その見返りに、ウリベ大統領は民兵組織の動員解除を許可するきわめて寛大な法律をつくった。動員解除が意味するのは民兵組織の廃止ではなく、コロンビアをすでに掌中に収めて維持することを許されていた民兵組織を、国土と国家の大半において組織化することだった。

コロンビアでは、政治と経済の制度の多くの面が時とともにより包括的になってきている。だが、いくつかの大きな収奪的要素は残ったままだ。無法状態と所有権の不確実性がこの国の大部分にはびこっている。その原因は国土のかなりの部分が国民国家による統治を欠いていることと、コロンビアという国家における中央集権化の欠如の特殊な形態にある。だが、そうした事態は避けられなかったわけではない。それ自体、以下のような悪循環を反映した力学の結果なのだ。すなわち、コロンビアの政治制度では、政治家が公共サービスや法と秩序を国土の大半で提供することに意欲を持つようなインセンティヴが生まれないし、政治家が民兵組織や暴力的団体と陰に陽に手を結ぶのを阻止する十分な規制を適用することもできないのである。

エル・コラリート（預金封鎖）

二〇〇一年後半、アルゼンチンは経済危機に陥っていた。それまでの三年間で所得は下がり、失業率は上がり、多額の国際債務が累積していた。こうした事態を招いたのは、一九八九年以来、カルロス・メネム政権がハイパーインフレーションに歯止めをかけ、経済を安定化させるためにとった政策だった。当初は、それが奏功した。

一九九一年、メネム大統領はアルゼンチン・ペソを米ドルと連動させた。法律によって一ペソは一ドルに相当すると決められた。為替レートの変動がなくなるということだ。話はこれで終わり。いや、そのはずだった。政府はこの法律を徹底的に順守する意向を示すために、米ドル預金口座の開設を国民に呼びかけた。ドルは首都ブエノスアイレスの商店で使えたし、市内全域で現金自動支払機から引き出せた。この政策は経済の安定化に役立ったかもしれないが、大きな弊害が一つあった。アルゼンチンの輸出品がきわめて高価になり、外国からの輸入品がきわめて安価になったのだ。輸出は途切れがちになってとうとう停止し、輸入品がどっと入ってきた。その代金を支払うには、借金するしかなかった。維持不能な状況だ。ペソの維持可能性を不安視する人が増え、そうした人たちは資産に銀行のドル預金が占める割合を高めた。結局のところ、政府が法を改めてペソの切り下げをしても、ドル預金なら安全のはずではないだろうか？　ペソに不安を抱いたのは正しかった。だが、ドル預金に関しては楽観的すぎた。

二〇〇一年一二月一日、政府はあらゆる銀行預金口座をまずは九〇日間、凍結した。週単位で少額の現金の引き出しが許されただけだった。引出限度額は当初、まだ二五〇ドルに相当した二五〇ペソで、後に三〇〇ペソになった。だが、引き出しが許されたのはペソ預金だけだった。ドル預金口座からの引き出しは、ドルのペソへの交換に同意しないかぎり誰にも許されなかった。交換したい人は誰もいなかった。アルゼンチン人はこの状況を「狭い囲い」を意味するエル・コラリートと名づけた。預金者が牛のように囲い込まれ、どこにも出られなかったからだ。翌年一月、ついに切り下げが実施され、もはや一ペソは一ドルではなく、まもなく四ペソが一ドルとなった。ドルで預金すべきだと考えた人の正しさが、これで証明されるはずだった。ところが、そうはならなかった。政府が銀行のドル預金をすべて強制的にペソに換えたものの、交換レートを旧来の一対一としたからだ。一〇〇〇ドルを貯めていた人は、ふいに預金額が二五〇ドルになってしまったわけだ。政府が国民の預金の四分の三を取り上げたのだ。

経済学者にとって、アルゼンチンは不思議な国だ。ノーベル賞を受賞した経済学者、サイモン・クズネッツは、アルゼンチンを理解するのがいかに難しいかを表す有名な言葉を残している。「世界には四種類の国がある。先進国、発展途上国、日本、アルゼンチンだ」。クズネッツがそう考えたのは、アルゼンチンが第一次世界大戦前後には世界で最も富裕な国の一つだったにもかかわらず、その後、西欧や北米のほかの富裕国に比べると衰退の一途をたどりはじめ、一九七〇年代と八〇年代にはそれが絶対的衰退に転じたからだ。表面だけを見れば、アルゼンチンの経済パフォーマンスは奇妙だが、包括的・収奪的制度というレンズを通せば、衰退の原因がより明確に見えてくる。

たしかに一九一四年以前、アルゼンチンは五〇年ほどの経済成長の時代を経験したが、それは収奪的制度下での成長の典型例だった。当時のアルゼンチンは一握りのエリートに牛耳られ、農産物の輸出経済に重点が置かれていた。牛肉、皮革、穀物といった世界的に相場が高騰していた商品の輸出により経済が成長した。収奪的制度下のそうした成長体験の例に漏れず、創造的破壊もイノヴェーションもない成長だった。また、持続可能な成長ではなかった。第一次世界大戦前後、アルゼンチンのエリートは政情不安の高まりと武装蜂起の増加に対処すべく政治機構を拡大しようとしたが、結果的に軍の動員を招いて状況は制御不能となり、一九三〇年に最初の軍事クーデターが起きた。それから一九八三年まで、アルゼンチンは独裁主義と民主主義のあいだ、さまざまな収奪的制度のあいだを行ったり来たりしてきた。

軍政下では大規模な弾圧が行なわれ、最も厳しかった一九七〇年代には少なくとも九〇〇〇人、おそらくはそれをはるかに上回る数の国民が非合法的に処刑された。投獄されたり拷問を受けたりした人は何十万人にも上る。

民政下では選挙が行なわれた。一応の民主主義だ。だが、政治制度は包括的とはとても言えなかった。一九四〇年代にペロンが台頭して以来、民主的アルゼンチンを支配したのは彼が創設した正義党だった。この党はたんにペロン党と呼ばれることが多い。選挙でのペロン党の勝利は巨大な集票組織のたまもので、票の買収、利益供与、腐敗への関与による成功であり、政治的支援と引き換えに政府との契約や職を斡旋したおかげだった。ある意味では民主主義だったが、多元的ではなかった。権力が著しく集中していたペロン党は、ほぼ無制限にどんなことでもできた。少なくとも軍がペロン党を権力の座から引きずり下ろすのを控えていたあいだは。前述したように（一四四―一四七ページ）、最高裁判所が政策に異議を唱えれば、悪いのは最高裁判所ということにされた。

一九四〇年代、ペロンは労働運動を政治基盤として育てた。一九七〇年代と八〇年代に軍の弾圧によって労働運動が勢いをそがれても、ペロン党は買収する相手を替えただけだった。経済の政策も制度も、平等な機会ではなく支援者の収入を生み出すためにつくられた。一九九〇年代にメネム大統領の再選が任期制限の壁に阻まれると、相変わらずの手が使われた。憲法を書き換えて任期制限をなくすだけでよかったのだ。エル・コラリートが示すように、アルゼンチンには選挙と国民が選んだ政府があるとはいえ、政府はやすやすと、咎《とが》められもせずに所有権を侵害して国民の財産を収用できる。アルゼンチンには大統領と政界エリートたちの歯止めになるものはほとんどなく、多元主義が存在しないのは間違いない。

クズネッツのみならず、ブエノスアイレスを訪れる多くの人がおそらく不思議に感じるのは、この都市の風景がリマや、グアテマラシティや、メキシコシティとさえ大きく異なることだ。先住民の姿も、かつての奴隷の子孫の姿も見かけない。目に入るのは、収奪的制度下で成長を遂げた時代であるベル・エポックにつくられた壮麗な建築ばかりだ。だが、ブエノスアイレスで見るものはアルゼンチンの一部でしかない。たとえば、メネムはブエノスアイレス出身ではなかった。ブエノスアイレスから北西に遠く離れた山岳地帯、ラリオハ州のアニジャコの生まれで、同州の知事を三期務めた。スペイン人がアメリカ大陸を征服した時代、アルゼンチンのこの地域はインカ帝国の端に位置し、先住民族が密集して住んでいた（上巻五六ページ地図1参照）。スペイン人はそこでエンコミエンダをつくりだすと、きわめて収奪的な経済制度によって、北方に位置するポトシの鉱山労働者のために食糧になるものを栽培し、ラバを飼育した。実際、ラリオハ州はブエノスアイレスよりもペルーやボリビアのポトシ地域にはるかに似ていた。一九世紀、ラリオハ州はファクンド・キロガという名高い武将を生んだ。彼は同州一帯を無法に支配し、軍隊をブエノスアイレスまで進めた。アルゼンチンの政治制度の発展の物語は、ラリオハのような内陸の州がいかにしてブエノスアイレスと合意に至ったかの物語だ。ここで言う合意とは停戦を意味する。ラリオハの武将たちは、ブエノスアイレスが金を稼げるように、この都市には手を出さないことに同意した。見返りとして、ブエノスアイレスのエリートは「内陸」の制度改革をあきらめた。そのため、アルゼンチンは一見、ペルーやボリビアとは別世界に見えても、ひとたびブエノスアイレスの優美な大通りを離れれば実情はさほど違わない。内陸の嗜好と政治がアルゼンチンの制度に根を下ろしているせいで、この国はほかの収奪的なラテンアメリカの国々とよく似た制度に至る道をたどってきた。

選挙が政治にも経済にも包括的な制度をもたらさないのは、ラテンアメリカの典型的症例だ。コロンビアでは民兵組織が国政選挙の三分の一を操作できる。こんにちのベネズエラではアルゼンチンと同様に、民主的選挙で選ばれたウゴ・チャベス政権が敵対勢力を攻撃して公職から追放し、社説が気に入らなければ新聞を廃刊させ、地所を収用している。チャベスは何をするにも一七二〇年代のイギリスのロバート・ウォルポール卿より強引で、かつ制約を受けない。ウォルポールはブラック法（一〇五―一一二ページ）の下でジョン・ハントリッジを有罪にできなかった。ハントリッジが現在のベネズエラやアルゼンチンにいたら、もっと苦境に立たされただろう。

ラテンアメリカに誕生した民主主義は、原理上はエリート支配の対極にあり、名実ともに権利と機会を少なくとも一部のエリートから再分配しようとするものだが、二つの意味で収奪的体制にしっかりと根差している。第一に、収奪的体制下で何世紀も不公正が続いたせいで、新たに誕生した民主主義体制の下で、有権者は極端な政策の政治家を支持するようになる。アルゼンチン人がだまされやすくて、ファン・ペロンや、メネムやキルチネルといった最近のペロン党の政治家が無私で国民の利益を追求すると思い込んでいるわけではないし、ベネズエラ人がチャベスを救世主と見ているわけでもない。それどころか、多くのアルゼンチン人とベネズエラ人が認めているのは、ほかのあらゆる政治家と政党が長年にわたり国民の声を封じ、道路や教育といった最も基本的な公共サービスを提供せず、地方のエリートの搾取から国民を守りもしなかったことだ。多くのベネズエラ人がこんにちチャベスの腐敗と無駄だらけの政策を支持するのは、一九四〇年代と一九七〇年代にアルゼンチン人がペロンの政策を支持したのと同じ理由からなのである。第二に、ペロンやチャベスといった有力者にとって政治がこれほど魅力的で甘い汁に満ちているのは、またしても根底に収奪的制度があるせいであり、社会にとって望ましい選択肢をつくる有効な政党の仕組みがないせいだ。ペロン、チャベスをはじめとするラテンアメリカの何十人もの独裁者は寡頭制の鉄則の一面にすぎず、その鉄則は、寡頭の名が示すとおり少数のエリートが支配する体制に根差しているのだ。

新たな専制政治

二〇〇九年一一月、北朝鮮政府は経済学者が言うところの通貨改革を実施した。そうした改革の理由は、たいがい急激なインフレだ。一九六〇年一月、フランスの通貨改革によって、それまでの一〇〇フランに相当する新フランが導入された。旧フランも流通しつづけ、旧フランで値段がつけられることさえあったものの、しだいに新フランへの切り替えが進んだ。結局、旧フランが法定通貨でなくなったのは二〇〇二年一月にフランスがユーロを導入したときだった。北朝鮮の通貨改革も表面上は同じように見えた。一九六〇年のフランスと同じく、北朝鮮政府も通貨からゼロを二つ取り除くことに決めた。一〇〇旧ウォン（北朝鮮の通貨）は一新ウォンに相当するはずだった。国民は古い通貨を新しく印刷された通貨に交換することが許されたものの、交換できる期間は一週間だけで、フランスのように四二年間ではなかった。さて、ここからが落とし穴だ。何人《なんぴと》も一〇万ウォンを超える金額の交換はできないと、政府が発表した。ただし、上限額はその後、五〇万ウォンに緩和された。一〇万ウォンは闇市場の為替レートではおよそ四〇ドルだった。北朝鮮政府は国民の私有資産のかなりの部分を一気に消し去った。正確な額はわからないが、二〇〇二年にアルゼンチン政府が収用した額よりもおそらく大きいだろう。

北朝鮮政府は共産党の独裁政権で、私有財産と市場に反対している。だが、闇市場を統制するのは難しい。そして、闇市場では現金で取引が行なわれる。もちろん、かなりの額の外貨、とりわけ中国の通貨も使用されるものの、多くの取引ではウォンが使われる。通貨改革はそうした市場の利用者を罰するために、もっと正確には、彼らが裕福になりすぎたり力を持ちすぎたりして体制を脅かすのを阻止するために行なわれた。国民を貧しいままにしておくほうが安全だからだ。闇市場だけの話ではない。北朝鮮には銀行が非常に少なく、すべて政府の所有であるため、北朝鮮国民はウォンで貯金をしている。実際、政府は通貨改革を利用して国民の貯蓄の多くを収用したのである。

北朝鮮政府は市場を悪と見なすと言っているものの、エリートはむしろ、市場が生み出してくれるものが好きなようだ。最高指導者の金正日《キム・ジョンイル》は七階建ての喜びの殿堂を所有し、そこにはバー、カラオケ設備、小型映画館があった。一階には人工波発生装置つきの巨大なプールがあって、金総書記は小型モーターつきボディーボードを使うのがお気に入りだった。アメリカは二〇〇六年に北朝鮮に経済制裁を加えた際、どうすれば痛いところを突いて体制に打撃を与えられるかを心得ていた。六〇品目あまりの贅沢品の北朝鮮への輸出を違法としたのだ。そのなかにはヨット、水上スクーター、レーシングカー、オートバイ、DVDプレイヤー、二九インチより大型のテレビなどがあった。絹のスカーフも、ブランドものの万年筆も、毛皮も、皮革製のかばんも輸出されなくなるはずだった。それらはまさに金総書記と共産党幹部が集めていた品々だ。ある学者はフランスのヘネシー社の販売額を用いて、経済制裁前に金総書記がコニャックに充てた予算は年間八〇万ドルを下らなかったと試算した。

二〇世紀末の世界最貧地域の多くについて理解するためには、二〇世紀の新たな絶対主義、すなわち共産主義を理解することが不可欠だ。マルクスが構想したのは、より人間的で不平等のない状況で繁栄を生む機構だった。レーニンと彼の率いる共産党はマルクスに触発されていたが、実践は理論とはかけ離れたものだった。一九一七年のボリシェヴィキ革命(十月革命)は流血沙汰であり、人間的側面はまったくなかった。そこには平等のかけらもなかった。レーニンと取り巻きたちが真っ先にしたのは、自分たちを新たなエリートとしてボリシェヴィキの上層部に据えることだったからだ。その過程で、反共分子のみならず、みずからの権力を脅かす共産党員をも粛清し殺害した。だが、真の悲劇が起きるのはその後だ。まず内戦、次にスターリンの集産主義化とあまりに頻繁な粛清によって、一説には四〇〇〇万人もの死者が出たとされる。ロシアの共産主義は残忍かつ抑圧的で血にまみれていたが、特異だったわけではない。経済への影響と人的被害はほかの国々とまったく同じで、一九七〇年代のクメール・ルージュ支配下のカンボジア、中国、北朝鮮などにも見られた。いずれの場合も共産主義が悪質な独裁政治と広範な人権侵害をもたらした。人的被害と殺戮以外にも、共産主義体制はさまざまな形の収奪的制度をつくりあげた。経済制度は市場の有無にかかわらず、資源を人々から搾取するように組み立てられ、所有権の全面的否定によって、たいがいは繁栄ではなく貧困が生み出された。第五章で見たとおり、ソ連の場合、共産主義の機構は当初、急速な成長を生み出したものの、その後、成長は止まって停滞に至った。はるかに悲惨な結果に至ったのが毛沢東の中国、クメール・ルージュのカンボジア、北朝鮮で、共産主義の経済制度が経済破綻と飢餓をもたらした。

共産主義の経済制度もまた、収奪的な政治制度に支えられていた。その制度ではすべての権力が共産党に集中し、権力の行使にまったく制約が設けられていなかった。そうした制度は形こそ異なれ、ジンバブエやシエラレオネの収奪的制度と同じ影響を人々の生活に及ぼしたのだ。

綿花王

綿花はウズベキスタンの輸出品のおよそ四五パーセントを占め、一九九一年にソ連が崩壊して同国が独立して以来、最も重要な作物となっている。ソ連の共産主義体制下では、ウズベキスタンのすべての農地は二〇四八カ所の国有農場の管理下にあった。一九九一年以後、そうした農場は廃止されて農地が分配された。だが、だからといって農民が独立してやっていけたわけではない。ウズベキスタンの初代にしてこれまで唯一の大統領、イスラム・カリモフの新政府にとって、綿花の価値はあまりに大きかった。そのため、農民が作付けできる作物とその売却価格を厳密に定める法令が導入された。綿花は貴重な輸出品で、農民には収穫物の世界市場価格のほんの一部しか支払われず、政府が残りを懐に入れた。政府の支払価格では誰も綿花栽培をしたがらなかったため、政府が栽培を強制した。現在、あらゆる農民は農地の三五パーセントを綿花に充てなくてはいけない。そのため多くの問題が生じたが、そのうちの一つが機械化の難しさだ。独立当時は全収量のおよそ四〇パーセントがコンバインハーヴェスタで摘み取られていた。一九九一年以降、カリモフ大統領の政権が農民向けにひねり出したインセンティヴからすれば当然ながら、農民はそうした機械の購入と維持に消極的になった。この問題に気づいたカリモフは解決策を思いつく。しかもコンバインハーヴェスタよりも安上がりな代替法だ。学童である。

綿の実が熟しはじめ、収穫できるようになるのは九月前半で、子供たちの新学期とほぼ同じ時期だ。カリモフは州知事に、綿花の納入割り当てを各学校に送付するよう命じた。九月前半、学校から二七〇〇万人（二〇〇六年の数字）の子供たちがいなくなる。教師の仕事は教育ではなく労働者の斡旋になる。そうした学童二人の母であるグルナスは実態をこう語っている。

新しい学年が始まる九月初旬ころ、学校の授業は停止し、子供たちは勉強する代わりに綿花の収穫にかり出されます。親の同意など求められません。［収穫期のあいだは］週末も休みなしです。どんな理由にせよ子供が家に残っていると、担任の教師か主任がやって来て、親を非難します。子供の年齢に応じて、一人一人に一日二〇キログラムから六〇キログラムの目標が与えられます。目標が達成できなかった子は、翌朝、クラス全員の目の前で叱りつけられるのです。

収穫は二カ月続く。地方に住み、運よく家から近い農場に割り当てられた子は徒歩かバスで働きに行ける。家が遠いか、都市部に住む子は、農機具や動物と共に納屋や倉庫に寝泊まりしなくてはいけない。トイレも台所もない。子供たちは昼食用の食物を持参しなくてはいけない。

この大規模な強制労働の主な受益者はカリモフ率いる政界のエリート、すなわち事実上の全ウズベキスタンの綿花王だ。学童は賃金を支払われるのが建前だが、それはあくまでも建前だ。二〇〇六年には世界の綿花相場は一キロあたり一・四〇米ドル前後だったが、子供たちが一日のノルマである二〇キロから六〇キロの収穫に対して受け取るのはおよそ〇・〇三ドルだった。いまでは綿花の七五パーセントが子供たちによって摘み取られると見られる。春には学校を休校にして、土の掘り起こし、草取り、植えつけが強制的に行なわれる。

どうしてこんなことになったのだろうか？　ウズベキスタンは旧ソ連のほかの社会主義共和国と同じく、ソ連崩壊後に独立を獲得し、市場経済と民主主義を発展させるはずだった。だが、旧ソ連のほかの共和国の大半と同じく、そうはいかなかった。カリモフ大統領は旧ソ連共産党で政治家の道を歩みはじめ、ベルリンの壁が崩壊した一九八九年という絶好の時期にウズベキスタン第一書記の地位に上り詰め、民族主義者に転身してのけた。治安部隊の支援が決め手となって一九九一年一二月、ウズベキスタン史上初の大統領選挙で当選した。権力を握ると、政党に属さない対立勢力を弾圧した。政敵は現在、獄中か亡命中のどちらかだ。ウズベキスタンには自由な報道機関はなく、NGOも許可されていない。弾圧の強化が頂点に達したのは二〇〇五年で、アンディジャン［訳注：ウズベキスタン東部の都市］で推定七五〇人、おそらくはそれ以上のデモ参加者が警察と軍に殺された。

そのように治安部隊の指揮権やメディアの完全な統制を利用し、カリモフはまず、みずからの大統領任期を国民投票によって五年間延長し、その後、二〇〇〇年には新たに任期を七年とし、九一・二パーセントの票を得て再選された。唯一の政敵もカリモフに投票したと明言したのだ！　二〇〇七年の再選では不正が行なわれたと広く見られているものの、得票率は八八パーセントだった。ウズベキスタンの選挙はヨシフ・スターリンがソ連の最盛期に組織した選挙と似ている。一九三七年の選挙が『ニューヨーク・タイムズ』紙のハロルド・デニー特派員によって報じられたのはよく知られている。デニーが翻訳した共産党機関紙『プラウダ』の以下の記事は、本来はソ連の選挙の緊迫感と高揚感を伝えようとするものだった。

深夜一二時になった。一二月一二日、最高会議初の普通・平等・直接選挙の日は幕を閉じた。投票の結果がまさに発表されようとしている。

室内には委員だけが残っている。静寂のなか、ランプが厳かに輝く。一同がかしこまり、じっと待つなかで、委員長が票の集計前に必要なすべての手続きをとる。名簿で有権者数と投票数を照合すると、投票率は一〇〇パーセントだ。一〇〇パーセント！ これまでにどこの国のどの選挙、どの候補者が一〇〇パーセントの反応を得ただろうか？

肝心な作業はここからだ。委員長は胸を高鳴らせながら箱の封印を調べる。次に、委員たちが調べる。封印に損傷はなく、封が切られる。箱が開けられる。

静かだ。選挙監視員たちと役員たちはかしこまり、襟を正して座っている。

いよいよ封筒を開けるときが来た。三人の委員がはさみを取る。委員長が立ち上がる。集計係はみな、控え帳を用意して待っている。最初の封筒の封が切られた。全員の視線が集まる。委員長は二枚の紙――白（連邦会議の候補者用）と青（民族会議の候補者用）――を取り出し、大きな声ではっきりと読み上げる。「スターリン同志」

たちまち、厳粛な空気がほぐれる。室内の誰もが跳び上がり、喜びを込めて割れんばかりに拍手し、スターリン憲法下での最初の普通・秘密（無記名）選挙の最初の投票用紙に憲法の作者の名が記されていたことを称えた。

この雰囲気は、カリモフの再選前後の張りつめた場面にもあてはまっただろう。カリモフは弾圧と政治的支配に関してはスターリンの優秀な弟子のようだし、超現実的という点でスターリンの選挙に匹敵する選挙を組織しているようだ。

カリモフ政権下のウズベキスタンはきわめて収奪的な政治・経済制度を持つ国だ。しかも、貧しい。国民のおよそ三分の一が貧困層と見られ、平均年収は一〇〇〇ドル前後だ。開発指標のすべてが悪いわけではない。世界銀行のデータによれば、就学率は一〇〇パーセント……ただし、綿花の摘み取り時期は除いての数字だろう。識字率も非常に高いものの、政権はあらゆるメディアを統制するのみならず、書物の発禁やインターネットの検閲もしている。国民の大半が綿花の摘み取りで日給わずか数セントしか得ていない反面、カリモフ家とかつての共産党幹部は一九八九年以降、ウズベキスタンの新たな政治的・経済的エリートに転身し、途方もない富を築いた。

カリモフ家の経済的利権を管理するのは大統領の娘、グルナラで、彼女が父親の大統領職を継ぐと予想されている。これほど不透明で秘密主義の国では、カリモフ家が何を支配しているか、どれだけ儲けているかは誰も正確に知らないものの、合衆国の企業であるインタースパンの経験から、過去二〇年間にウズベキスタン経済に起きたことが垣間見える。農産物は綿花だけではない。この国には茶の栽培に最適な地域があるため、インタースパンは投資を決定した。二〇〇五年には同社のシェアが国内市場の三〇パーセント強に及んだが、そのころから厄介な事態が生じた。グルナラが、製茶業は経済的に有望だと判断したのだ。まもなく、インタースパンの現地社員が逮捕されたり、暴行や拷問を受けたりするようになった。同社は操業不能となり、二〇〇六年八月に撤退した。同社の資産を引き継いだのはカリモフ家の急成長中の製茶企業で、その時点で市場占有率を二年前の二パーセントから六七パーセントに伸ばした。

ウズベキスタンは多くの点で忘れられた過去の時代の遺物のように見える。ある一族とその取り巻きの専制政治に苦しむ国であり、経済は強制労働に基づいている――しかも、学童の強制労働に。ところが、この国は過去の遺物ではない。収奪的制度の下で破綻しつつある現代の多様な社会の一部であり、残念ながら旧ソ連のほかの国々であるアルメニア、アゼルバイジャン、キルギス、タジキスタン、トルクメニスタンなどと多くの共通点を持つ。そして、二一世紀にもなお、収奪的な政治・経済制度が恥知らずで残虐な搾取の形をとりうることを私たちに思い知らせるのだ。

平等な機会の排除

エジプトにとって一九九〇年代は改革の時代だった。君主制廃止につながった一九五二年の軍事クーデター以来、エジプトは政府が経済の中心的役割を担う、ほとんど社会主義の国として運営されてきた。経済の多くの部門は国有企業に支配されていた。年を経るにつれて社会主義の美辞麗句は色あせ、市場が開かれ、民間部門が成長した。とはいえ、市場は包括的ではなく、国家と一握りの実業家が支配していた。そうした実業家は一九七八年にアンワル・サダト大統領が創設した政党、国民民主党（NDP）とつながりがあった。実業家はNDPとの関係をしだいに強化し、NDPもホスニ・ムバラク政権の下、ますます実業家との関係を強化した。ムバラクは一九八一年、アンワル・サダトの暗殺後に大統領に就任し、NDPとともに統治を続けたが、二〇一一年二月、市民の抗議行動と軍によって権力の座から追われたのは序文（上巻三一ページ）で述べたとおりだ。

実業界の大物はそれぞれの経済的利権と密接にかかわる政府の要職に任命された。ユニリーバAMET（アフリカ、中東、トルコ）の元社長、ラシード・ムハンマド・ラシードは通商産業相に、エジプト最大手の旅行会社、ガラーナ・トラベル・カンパニーのオーナー兼最高経営責任者、ムハンマド・ゾヘイル・ワヒド・ガラーナは観光相に、エジプト最大の綿輸出企業、ナイル・コットン・トレード・カンパニーの創業者、アミン・アハメド・ムハンマド・オスマン・アバーザは農業相になった。

経済の多くの分野で実業家たちが政府に働きかけ、国の規制を通じて参入を制限させた。マスメディア、鉄鋼、自動車、アルコール飲料、セメント業界がその代表例だ。それらの業界は集中度が高く、政界とつながる実業家と企業を保護するための参入障壁も高かった。政権に近い実業界の大物であるアハメド・エッズ（鉄鋼）、サウィリス家（マルチメディア、飲料、通信）、ムハンマド・ノッセイル（飲料、通信）らは国家の保護だけでなく政府との契約と、銀行から担保不要の多額の融資も得ていた。アハメド・エッズは国内の鉄鋼最大手でエジプトの鉄鋼の七〇パーセントを生産するエッズの会長であると同時に、NDP幹部、国民議会予算・計画委員会の委員長でもあり、ムバラク大統領の息子、ガマル・ムバラクの側近でもあった。

国際的金融機関と経済学者たちが進めた一九九〇年代の経済改革の目的は、市場の開放と、国家が経済に果たす役割の縮小だった。どの国でも、そうした改革の大きな柱は国有財産の民有化だった。メキシコの民営化（上巻八六―八九ページ）は競争を増すどころか、たんに国有独占体制を民間独占体制に転換し、その過程でカルロス・スリムのような政界とつながる実業家の懐を豊かにしただけだった。まったく同じことがエジプトでも起こった。政権とつながりのある実業家はエジプトの民営化計画に多大な影響力を振るい、エジプトで「鯨」と呼ばれる金持ちの財界エリートたちに有利に事を運ぶことができた。民営化が始まった当時、経済はそうした「鯨」たちのうち三二人に支配されていた。

その一人がルクソール・グループ総帥、アハメド・ザヤトだった。一九九六年、エジプト政府は同国のビール独占メーカー、アル・アハラム・べヴァレッジ（ABC）の民営化を決めた。入札したのは不動産開発業者ファリド・サアド率いるエジプシャン・ファイナンス・

カンパニーと一九九五年に設立されたエジプト初のヴェンチャー・キャピタルのコンソーシアムだった。このコンソーシアムには元観光相のファド・スルタンとムハンマド・ノッセイル、やはり財界の大物であるムハンマド・ラガブも参加していた。このグループは政界とのつながりがかなり強かったが、それでも十分ではなかった。入札額の四億エジプト・ポンドは低すぎるとして退けられた。ザヤトのコネのほうが強かったのだ。ザヤトはABCを買収するほどの資金がなかったため、カルロス・スリムばりに知恵をめぐらし、策を講じた。ABC株はまずロンドン証券取引所に上場され、ルクソール・グループはその七四・九パーセントを一株六八・五エジプト・ポンドで買った。三カ月後、同社の株は二分割され、ルクソール・グループは一株五二・五エジプト・ポンドですべての株を売却、三六パーセントの利益を得て、ザヤトは翌月、ABCを二億三一〇〇万エジプト・ポンドで購入する資金を調達できた。当時、ABCはおよそ四一三〇万エジプト・ポンドの年間収益を上げ、現金準備は九三〇〇万エジプト・ポンドだった。大変な掘り出し物である。一九九九年、民営化されたばかりのABCはやはり民営化された国有のワイン独占企業、ジアナクリスを買収、独占販売をビールだけからワインにも広げた。ジアナクリスは輸入ワインに課される三〇〇〇パーセントの関税のおかげできわめて利益性の高い会社で、利鞘《りざや》は売り上げの七〇パーセントだった。二〇〇二年にこの独占企業の経営者はふたたび代わった。ザヤトがABCを一三億エジプト・ポンドでハイネケンに売却したのだ。五年間で五六三パーセントの利益が出た。

ムハンマド・ノッセイルはいつも敗者の側にいたわけではない。一九九三年には民営化されたエル・ナスル・ボトリング・カンパニーを買収した。同社はエジプト国内でのコカ・コーラのびん詰めと販売の独占権を持つ。当時の公共事業部門の大臣、アテフ・エベイドとノッセイルの関係のおかげで、ほぼ競争なしに購入できたのだ。そして、ノッセイルはその二年後に、買収額の三倍以上の価格で同社を売った。もう一つの例は、一九九〇年代後半の、国の映画産業に民間部門を参入させる動きだ。またもや政界との結びつきがものを言い、映画館の入札と運営を許されたのは二家族だけで、その一つがサウィリス家だった。

現在のエジプトは貧しい国家だ。サハラ以南のアフリカ諸国の大半ほど貧しくはないにしても、国民の約四〇パーセントは一日二ドル未満で暮らす貧困層だ。皮肉なことに、前述したとおり（上巻一二一ページ）、一九世紀のエジプトでは制度改革と経済の近代化の試みがひとまず成功を収めた。そうした試みを指揮したのがムハンマド・アリーだったが、彼が収奪的経済成長の時期を生んだのも束の間、エジプトはその後、実質的に大英帝国に併合されてしまう。イギリス植民地時代から一連の収奪的制度が出現し、一九五四年以降は軍によって維持されてきた。ある程度の経済成長と教育への投資はあったものの、国民の大半が経済的機会にほとんど恵まれない反面、新たなエリートたちは政府とのつながりから恩恵を得てきた。

そうした収奪的経済制度は、例によって収奪的政治制度に支えられていた。ムバラク大統領は政治的王朝を開こうともくろみ、息子のガマルを後継者として育てた。彼のもくろみが潰えたのは、二〇一一年前半、いわゆるアラブの春の大規模な騒乱とデモにさらされ、みずからの収奪的体制が崩壊したためだ。ナセル大統領の時代には経済制度にいくらか包括的な側面が見られ、国家は教育制度の門戸を広げ、それ以前のファルーク一世の治世にはなかった機会の提供に踏み出した。だが、それは収奪的政治制度といくらか包括的な経済制度との不安定な結びつきの一例だった。

避けようのない結果はムバラク体制下であらわになる。政治権力の社会への配分を反映して経済制度がより収奪的になったのだ。ある意味で、アラブの春はその反動だった。それはエジプトだけでなくチュニジアにも言える。チュニジアの収奪的政治制度下での三〇年間の成長は、ベン・アリー大統領とその親族が経済をますます食い物にしはじめると、後退を始めたのである。

国家はなぜ衰退するのか

国家が経済的に衰退する原因は、収奪的制度にある。そうした制度のせいで貧しい国は貧しいまま、経済成長に向かって歩み出すことができない。それがこんにち当てはまるのはアフリカのジンバブエやシエラレオネ、南米のコロンビアやアルゼンチン、アジアの北朝鮮やウズベキスタン、中東のエジプトといった国々だ。それらの国々には明らかな違いがある。熱帯に位置する国もあれば、温帯に位置する国もある。イギリスの植民地だった国もあれば、日本、スペイン、ロシアの植民地だった国もある。歴史も言語も文化も大きく異なる。すべてに共通するのが、収奪的制度だ。すべての事例で、そうした制度の土台をなすエリートは、一般国民の大多数の犠牲のうえに私腹を肥やすため、そしてみずからの権力を維持するために、経済制度を構築する。国によって歴史と社会制度が違うので、エリートの性質と収奪的制度の細部も違ってくる。だが、そうした収奪的制度がなくならない理由にはつねに悪循環が絡み、そうした制度が国民の貧困に果たす役割は、程度の差こそあれ似通っている。

たとえば、ジンバブエでは、一九七〇年代に反植民地運動の先頭に立ったロバート・ムガベとZANU―PFの中核メンバーがエリートだ。北朝鮮では金正日と共産党を中心とするグループがエリートだった。ウズベキスタンのエリートはイスラム・カリモフ大統領とその家族、および転身したソ連時代の取り巻きたちだ。そうしたエリートのグループに大きな違いがあるのは一目瞭然であり、そうした違いと、彼らが支配する政治と経済のさまざまな形態から、収奪的制度が多様な形をとることがわかる。たとえば、北朝鮮は共産主義革命によって建国されたため、共産党の一党独裁を政治的モデルとする。ムガベは一九八〇年代に北朝鮮軍をジンバブエに招いてマタベレランドの反対派を虐殺させたが、そうした収奪的政治制度のモデルはジンバブエには適用できなかった。その代わり、ムガベは反植民地闘争を通じて権力を握ったため、憲法にのっとった一党支配国家を一時的に取り繕いはしたものの、選挙を独裁の隠れみのにせざるを得なかった。

それとは対照的に、コロンビアには選挙の長い伝統がある。歴史上、選挙は、スペインからの独立直後に自由党と保守党とのあいだで権力を共有する手法として誕生した。国によってエリートの性質が異なるだけでなく、人数も異なる。ウズベキスタンでは、カリモフはソ連時代の国家の残骸を乗っ取ることができたため、対立するエリートを弾圧して虐殺する強力な道具を手に入れた。コロンビアでは地方における中央政府の権威の欠如から、必然的にエリートがさらに分裂していき、そのために殺し合いに至ることさえあった。だが、エリートや政治制度がそのように多様であるにもかかわらず、そうした制度はたいていの場合、それらをつくりだしたエリートの力の強化と再生産につながる。だが、シエラレオネのように、そうした制度から生じる内紛が国家の崩壊につながることもある。

歴史と機構が違えばエリートの陣容と収奪的政治制度の細部も違うように、エリートがつくりあげる収奪的経済制度の細部も違う。北朝鮮の搾取の手段は、やはり共産党の得意技である私有財産の廃止、国営の農場と産業だった。

エジプトでも、一九五二年以降、ナセル大佐が打ち出した明らかに社会主義的な軍事政権の下、状況はまったく同じだった。冷戦中、ナセルはソ連に与《くみ》し、イギリス所有のスエズ運河といった外国からの資本を収用し、経済の大部分を国有化した。しかし、一九五〇年代と六〇年代のエジプトの状況は一九四〇年代の北朝鮮とはかなり違っていた。北朝鮮はより徹底した共産主義型経済をずっと容易につくりだすことができた。なぜなら、日本統治時代の遺産を手に入れたうえで中国革命の経済モデルを手本にできたからだ。

それとは対照的に、エジプト革命は軍の将校グループによるクーデターだった。そのため、エジプトが冷戦中に転向して西側についた際、搾取の方法を中央司令型から縁故資本主義へ転換するのはエジプト軍にとって好都合なだけでなく、比較的容易でもあった。それでもエジプトで北朝鮮よりも経済が成長した原因は、エジプトの搾取制度の性格がより限定的だったことだ。一つには、エジプトの政権は北朝鮮共産党ほど厳格な統制を敷かなかったため、北朝鮮政府には不要だったやり方で国民を懐柔せざるを得なかった。また、縁故資本主義でさえ、少なくとも政権の取り巻きに対しては投資へのインセンティヴが多少は生み出されるのに、そうしたインセンティヴが北朝鮮にはまったく存在しない。

そうした細部はすべて重要で興味深いとはいえ、より肝心な教訓は全体像にある。全体像を見れば、そうしたケースの一つ一つで収奪的政治制度が収奪的経済制度を生み出し、富と権力をエリートの手に渡してきたことがわかる。

各国の搾取の度合いには明らかな差異があり、その差異が繁栄に大きく影響する。たとえば、アルゼンチンでは憲法と民主的選挙があまりうまく機能しないために多元主義が促進されないとはいえ、コロンビアよりは機能している。アルゼンチンでは少なくとも国家が暴力を独り占めできている。そのせいもあって、アルゼンチンの国民一人あたりの収入はコロンビアの二倍だ。両国の政治制度は、エリートの抑制に関してはジンバブエとシエラレオネよりもずっとうまく機能している。その結果、ジンバブエとシエラレオネはアルゼンチンとコロンビアよりもはるかに貧しい。

また、悪循環があるかぎり、たとえジンバブエとシエラレオネのように収奪的制度が国家を破綻させても、その制度の支配が完全に終わることはない。すでに見てきたように、内戦や革命は決定的な岐路に起こりうるが、必ずしも制度の変化をもたらさない。二〇〇二年に内戦が終結した後のシエラレオネの状況は、その可能性を如実に表している。

二〇〇七年の民主的選挙ではシアカ・スティーヴンズの旧与党、APC（全人民会議）が権力の座に返り咲いた。大統領選の勝者、アーネスト・バイ・コロマはかつてのAPC政権とは無関係だったものの、閣僚の多くはかかわりがあった。スティーヴンズの息子の二人、ボッカリとジェンゴは、合衆国とドイツの大使にさえなった。ある意味で、これは前述したコロンビアの状況の、より不安定な類型だ。コロンビアでは国内の多くの地方で国家の権威が不在の状態が長期間続いている。そうしておくほうが国政のエリートの一部の利益にかなうからだが、国家の中核となる制度が十分に強固なため、無秩序が完全な無法状態と化すのは免れている。シエラレオネでは、経済制度のより収奪的性質や、歴史的に非常に収奪的な政治制度などが相まって、社会が経済的苦境に陥ったのみならず、完全な無秩序とある種の秩序のあいだで揺れ動いてきた。と言っても、長期的に見れば状況はコロンビアと同じで、相変わらず国家は存在しないに等しく、制度は収奪的だ。

そうしたすべてのケースに、少なくとも一九世紀から続く収奪的制度の長い歴史がある。どの国も悪循環に陥っている。コロンビアとアルゼンチンでは、そうした制度の根源はスペイン植民地時代（上巻四四―五八ページ）の制度にある。ジンバブエとシエラレオネは一九世紀後半に打ち立てられたイギリスの植民地統治から生まれた。シエラレオネでは白人入植者がいなかったため、植民地以前の政治権力の収奪的制度を拡大、強化して植民地統治体制がつくられた。旧来の構造自体、政治的中央集権化の欠如と奴隷貿易の悲惨な影響に特徴づけられた長い悪循環の産物だ。ジンバブエでは、イギリス南アフリカ会社が二重経済をつくりだしたことにより、むしろ新たな形の収奪的制度がつくられた。ウズベキスタンはソ連の収奪的制度を受け継ぎ、エジプトと同様に、それを縁故資本主義に改めることができた。ソ連の収奪的制度はそもそも多くの面で帝政ロシアの体制の延長であり、やはり寡頭制の鉄則に基づくパターンだ。そうしたさまざまな悪循環が世界各地で過去二五〇年余にわたり繰り返され、世界に不平等が生まれ、存続している。

こんにちの国家の政治的・経済的衰退の解決策は、収奪的制度を包括的制度に変えることだ。悪循環があるために、それは容易ではない。だが、不可能ではないし、寡頭制の鉄則は不可避ではない。制度のなかにすでに存在するなんらかの包括的要素か、既存の体制への闘いを率いる幅広い連携の存在か、はたまた、たんなる歴史の偶発性が悪循環を断ち切ることもありえる。シエラレオネの内戦とまったく同じように、一六八八年の名誉革命は権力をめぐる闘争だった。とはいえ、シエラレオネの内戦とは性格が大きく異なる闘争だった。名誉革命後にジェームズ二世を排除しようと闘った議員のなかには、清教徒革命後のオリヴァー・クロムウェルと同様に、新たな絶対主義者の役を演じているつもりの者もいたかもしれない。だが、議会がすでに力を持ち、さまざまな経済的利害関係と考え方からなる幅広い連携によって構成されていたという事実のおかげで、一六八八年の名誉革命には寡頭制の鉄則が当てはまりにくかったのだ。また、ジェームズ二世ではなく議会側につきがあったという事実も、この革命に味方した。次章では、収奪的制度の長い歴史があったにもかかわらず、旧弊を打破して制度をより良い形に改めることができた国々の例を見ていこう。

第一四章

旧弊を打破する

アフリカの三人の首長

一八九五年九月六日、遠洋定期船タンタロン・キャッスル号がイングランド南岸のプリマス港に入港した。アフリカの三人の首長、ングワト族のカーマと、ングワケツェ族のバトエンと、クウェナ族のセベレは下船し、八時一〇分発のロンドン・パディントン駅行き急行列車に乗り込んだ。三人の首長はある使命を帯びてイギリスにやって来た。それぞれの領土とツワナ系のほかの五部族の首長国をセシル・ローズから救うという使命だ。ングワト、ングワケツェ、クウェナはツワナ系八首長国のうちの三国で、ツワナ八国は当時ベチュアナランドと呼ばれ、一九六六年の独立以降はボツワナとなる地域である。

ツワナ系部族は一九世紀の大半を通じてヨーロッパ人と交易していた。一八四〇年代にはスコットランド出身の著名な宣教師、デーヴィッド・リヴィングストンがベチュアナランドを広く旅し、クウェナ族のシケレ王をキリスト教に改宗させた。アフリカの言語で聖書が最初に翻訳されたのは、ツワナ人の言語、セツワナ（ツワナ語）だった。一八八五年にイギリスはベチュアナランドを保護領とすることを宣言した。ツワナ人はこの取り決めに満足していた。ヨーロッパ人、とりわけボーア人のさらなる侵攻から保護してもらえると思ったからだ。一八三五年に多数のボーア人がイギリスの植民地支配から逃れるため内陸に集団移動した「グレート・トレック」以来、ツワナ人はボーア人と衝突を繰り返していた。一方、イギリス人がこの地域を支配したがったのは、ボーア人勢力のさらなる拡大（四〇—四二ページ）を阻止するとともに、ドイツの勢力拡大の可能性も断ち切るためだった。ドイツは現在のナミビアにあたるアフリカ南西部をすでに併合していた。イギリスの見るところ、ツワナ人の土地は本格的な植民地化には値しなかった。高等弁務官のレイは一八八五年にイギリス政府の姿勢を明確に要約している。「内陸への通行路とする以外、モロポ川以北の土地［保護領ベチュアナランド］に興味はない。したがって、当面はその地域が不法戦士や外国勢力に占領されるのを防ぐにとどめ、管理や入植は可能なかぎり控えるべきだろう」

だが、一八八九年にセシル・ローズのイギリス南アフリカ会社が南アフリカから北へ勢力を広げ、後の南北ローデシア、現在のザンビアとジンバブエで広大な土地を収用しはじめると、ツワナ人にとって状況は一変する。三人の首長がロンドンを訪れた一八九五年には、ローズはローデシアの南西の土地、ベチュアナランドに目をつけていた。ローズの手に落ちたが最後、その土地の行く手には災厄と搾取が待っていることを首長たちは知っていた。軍事力でローズを負かすのは無理にしても、可能なかぎりあらゆる手段でローズと闘う覚悟だった。彼らは二つの悪のうち、ましなほうを選ぶことにした。つまり、ローズによる併合よりもイギリスによる支配の強化を選んだのだ。ロンドン宣教協会の助力を得て三人はロンドンへ赴き、ヴィクトリア女王と当時の植民相、ジョゼフ・チェンバレンにベチュアナランドの支配の強化とローズからの保護を訴えるつもりだった。

一八九五年九月一一日、三人はチェンバレンと初めて面会した。最初にセベレが、次にバトエンが、最後にカーマが話した。チェンバレンは「イギリスの支配力を振るってツワナの部族をローズから守ることを検討する」と明言した。一方、首長たちはただちにイングランド全土を股にかけた遊説の旅に出かけ、彼らの要求に対する一般民衆の支援を募った。ロンドン近郊のウィンザーとレディング、南岸のサウサンプトン、レスターとバーミンガム、チェンバレンの政治的支持基盤である中部地方を訪れ、演説した。北部の産業都市ヨークシャー、シェフィールド、リーズ、ハリファックス、ブラッドフォードを回り、西部のブリストルから北上してマンチェスターとリヴァプールも訪れた。

そのころ南アフリカでは、セシル・ローズがジェームソンの侵攻の準備をしていた。チェンバレンの強い反対にもかかわらずボーア人のトランスヴァール共和国に加えられたこの武力攻撃は、多大な被害をもたらした。おそらくそうした出来事のせいもあって、チェンバレンは首長たちの嘆願に意外なほど心を動かされたのだろう。一一月六日、三人はふたたびロンドンで彼と会見した。首長たちは通訳を通じて話した。

チェンバレン：首長のみなさんの土地と鉄道、それに、首長の領土で守られるべき法律の話をします……さあ、地図をご覧ください……われわれは鉄道に必要な土地を取りますが、それ以外には手を出しません。
カーマ：　私は、もしもチェンバレンさんみずからが土地を取るなら、異存はありません。
チェンバレン：　それでは、彼にこう言ってください。私みずからが人を派遣して監督させ、鉄道をつくります。必要なだけ取り、取ったものに価値があれば補償します、と。
カーマ：　鉄道がどのように［「どこを」の意］通るか、知りたいのです。
チェンバレン：　彼の領土を通り抜けますが、フェンスで囲むことになるし、土地は取りません。
カーマ：　私としては、あなたがこの事業を手がけ、この件に関して公平な処遇をしてくださると信じています。
チェンバレン：　あなたの利益は守ります。

翌日、エドワード・フェアフィールドは植民省でチェンバレンの調停案について、より詳細にこう説明した。
三人の首長、カーマ、セベレ、バトエンの各人は女王の庇護下でこれまでどおり国を所有し、そこに住む。女王は彼らとともに居住する役人を任命する。首長たちはそれぞれの民を現在と同様に統治する。

三人のアフリカの首長に作戦負けしたローズがどんな反応をするかは、予想できた。ローズは従業員の一人にこんな電報を打っている。「三人の口達者な現地人にしてやられたことに、断固、抗議する」

首長たちは実際に価値あるものを所有し、それをローズから守ってきたし、その後もイギリスの間接的統治から守っていくことになる。一九世紀には、ツワナ首長国は核となる一連の政治制度をすでに構築していた。その制度はサハラ以南のアフリカでは稀有《けう》なほどの政治の中央集権化と集団意思決定の手続きを含み、多元主義の原初的形態の萌芽にさえ見える。マグナ・カルタによって諸侯が政治的意思決定の過程に参加し、イングランド国王の行為を多少牽制《けんせい》することができるようになったのと同じように、ツワナの政治制度、ことにコットゥラ［訳注：評議会およびその会場となる集会所のこと］も政治参加を促し、首長を牽制した。南アフリカの人類学者、アイザック・シャペラはコットゥラの仕組みを以下のように述べている。

部族の政策にまつわるあらゆる事柄は最終的には首長のコットゥラ（集会所）での成人男子の総会に諮《はか》られる。そうした会議は非常に頻繁に開かれる……話し合われる議題のなかには……部族間の紛争、首長と親戚連中との争い、新税の課税、新たな公共事業への着手、首長による新しい法令の発布……があり、部族会議で首長の意向が覆されることも皆無ではない。誰でも発言してよいため、こうした会議によって首長は領民の全体的な感情を把握できるし、領民は苦情を述べる機会が得られる。場合によっては、首長とその側近に辛辣な非難が浴びせられる。人々はあけすけに包み隠さず話すのをめったに恐れないからだ。

コットゥラ以外にも、ツワナの首長は厳密な世襲制で決まるのではなく、相当の才能と能力を示せば誰でもなることができた。人類学者のジョン・コマロフはツワナの別の首長国、ロロングの政治史を詳細に調べた。一見、ツワナ人は首長の世襲の仕方を明確に規定しているように見えたが、実際には悪い統治者を排除して才覚ある候補者が首長になれるように規則を解釈していたと、コマロフは述べている。彼によれば、首長の地位を獲得できるかどうかは実績次第だが、後継者の地位を勝ち取った者が地位にふさわしく見えるような正当化が行なわれていた。ツワナ人はこの考え方を、立憲君主制を思わせる次のようなことわざで表現している。「kgosi ke kgosi ka morafe（王が王であるのは民の恩寵による）」

ツワナの首長たちはロンドンの旅から戻った後も、引き続きイギリスからの独立の維持と部族に伝わる制度の保存に努めた。ベチュアナランドへの鉄道の敷設では譲歩したものの、政治と経済のその他の面ではイギリスの干渉を抑制した。首長たちが鉄道の敷設に反対しなかったのは、オーストリア・ハンガリー帝国とロシアの君主が鉄道の導入を阻んだのと同じ理由からでなかったのは確かだ。植民地支配を受けているかぎり、鉄道はイギリスのほかの政策と同じく、ベチュアナランドに発展をもたらさないことに気づいていたにすぎない。独立したボツワナの大統領を一九八〇年から一九九八年まで務めたクエット・マシーレの若き日の体験が、その理由を物語っている。一九五〇年代、マシーレは進取の気性に富む農民で、モロコシの新たな栽培法を開発し、取引先として国境を越えた南アフリカにある製粉会社、フライバーグ・ミリングに目をつけた。ベチュアナランドのロバツェで鉄道駅の駅長のところへ行き、収穫した穀物をフライバーグへ運ぶために貨車二両を賃借したいと申し出た。駅長は断った。そこで、マシーレは白人の友人を仲介に立てた。駅長はしぶしぶ同意したが、マシーレに提示した金額は白人の料金の四倍だった。マシーレはあきらめ、こう結論づけた。「黒人がベチュアナランドで事業を発展させられなかったのは、土地の自由保有権や通商許可をアフリカ人に与えない法律のせいだけでなく、白人の慣行のせいでもあった」

概して、首長たちとツワナ人はそれまで幸運に恵まれてきた。おそらく大方の予想に反し、彼らはローズの支配を首尾よく免れた。ベチュアナランドはイギリス人にとってはまだ辺境にすぎなかったため、間接統治が確立されてもシエラレオネ（一五三─一六六ページ）で生じたような悪循環が起こらなかった。南アフリカ内陸部のように、白人の鉱業と農業のための安価な労働力の供給源として植民地が拡大することも避けられた。植民地化プロセスの初期段階はほとんどの社会にとって決定的な岐路であり、政治・経済の発展にとって重要な長期的影響をおよぼす出来事が起こる重大な時期だ。第九章で論じたように、サハラ以南のアフリカの社会の大半は、南米および南アジアの社会とまったく同じように、植民地時代に収奪的制度の確立か強化を経験している。それに反して、ツワナは強力な間接統治を免れたし、ローズに土地を併合されていたら降りかかったはずのもっと悲惨な運命も免れた。だが、それは偶然の幸運ではなかった。やはりツワナ人の社会機構の特性によって形成された既存の制度と、植民地化がもたらした決定的な岐路との相互作用の産物なのだ。三人の首長は先手を打ってロンドンへ赴くことでみずから幸運を引き寄せたし、それができたのは、サハラ以南の他部族のリーダーに比べると並外れて強い権威を持っていたからだ。それはツワナ諸族が政治の中央集権化を達成していたおかげだし、おそらく部族の社会制度に多元主義が芽生えていたゆえに、きわめて強い正当性を持っていたせいでもあるだろう。

決定的な岐路は植民地時代末期にもあり、この時期に包括的制度の構築が可能になったことが、ボツワナの成功にとってより重要だった。一九六六年にベチュアナランドが独立してボツワナと称したとき、首長セベレ、バトエン、カーマの幸運な成功ははるか昔の話になっていた。その間、イギリスはベチュアナランドにほとんど投資しなかった。独立時のボツワナは世界最貧国の一つだった。舗装道路は合計一二キロメートルしかなく、大学を卒業した国民は二二人、中等教育を修了した国民は一〇〇人しかいなかった。そのうえ、周囲を南アフリカ、ナミビア、ローデシアという白人統治国にほぼ完全に囲まれ、そうした国々のすべてが、黒人が治める独立アフリカ国家に敵意を抱いていた。発展が見込まれる国のリストにボツワナを入れる人はほとんどいなかっただろう。ところが、その後四五年間で、ボツワナは世界で最も急速に発展した国の一つになった。こんにちボツワナの一人あたりの収入はサハラ以南のアフリカで最も高く、エストニアやハンガリーなど東欧の発展を遂げた国や、コスタリカなどのラテンアメリカで最も発展した国と同レベルにある。

ボツワナはどうやって旧弊を打破したのか？　独立後の包括的な政治・経済制度のすばやい構築によってだ。この国は独立以来、民主主義を守り、競合的選挙を定期的に実施し、内戦も軍事介入も一度も経験しなかった。政府がつくりあげた経済制度によって所有権が認められ、マクロ経済の安定が確保され、包括的な市場経済の発展が促された。だが、当然ながらもっと手強い疑問は、なぜ大半のアフリカの国家とは逆に、ボツワナが安定した民主的・多元的制度を確立し、包括的経済制度を選ぶことができたかだ。この疑問に答えるためには、植民地時代末期という決定的な岐路と、ボツワナの既存の機構の相互作用を理解する必要がある。

シエラレオネやジンバブエなど、サハラ以南のアフリカ諸国の大半では独立の好機は活かされず、植民地時代に存在したのと同種の収奪的制度がふたたびつくられていった。独立の初期段階の状況がボツワナでは大きく異なり、その理由の大半はやはりツワナの伝統的制度が培った背景にある。そうした点で、ボツワナと名誉革命直前のイングランドとのあいだには多くの共通点が見られた。イングランドではテューダー朝の下、急速な政治の中央集権化が成し遂げられたし、マグナ・カルタと議会の伝統があったため、少なくとも君主の抑制と多少の多元主義は期待できた。ボツワナでも、首長国はある程度中央集権化され、比較的多元的な部族社会制度があり、植民地時代を経てもそうした制度は維持された。イングランドでは大西洋貿易業者、実業家、商売気のあるジェントリーが新たに幅広い連合をつくり、強制力を伴う財産権を支持した。ボツワナにも独自の連合があり、それが、安全な手続きの権利、ツワナの首長たち、経済上の主要な資産である畜牛を所有するエリートたちに有利に働いた。ツワナ首長国では土地は共有だったが畜牛は私有財産で、エリートたちはやはり強制力を伴う財産権を支持した。もちろん、だからといって歴史のいたずらに翻弄されるのを免れるわけではない。もしイングランドで議会のリーダーと新しい君主が名誉革命を利用して権力の強奪を企てていたら、事情は大きく変わっていただろう。同じようにボツワナでも、ことにセレツェ・カーマやクエット・マシーレといった指導者に恵まれる幸運がなければ、事情は大きく変わっていただろう。彼らはサハラ以南のアフリカで独立後の指導者たちの多くがしたように選挙制度を覆すのではなく、選挙での競い合いによって権力を手にする道を選んだのだ。

独立当時のツワナ人がすでに手にしていた伝統的制度では、首長の権限の抑制と、領民に対するある程度の説明責任が尊重された。もちろん、アフリカでそうした制度を持つのはツワナ人だけではなかったが、植民地時代を経てその制度をこれほど無傷で維持してきたのは彼らだけだった。イギリスの支配はほとんど及んでいなかった。ベチュアナランドの管理は南アフリカのマフェキングから行なわれ、一九六〇年代の独立に向けた移行期に入るまで、首都ハボローネの都市計画もつくられなかった。首都とそこに生まれる新たな組織は、伝統的な機構を破壊するのではなくその上に構築するよう意図された。ハボローネの建設とともに、新たなコットゥラが構想された。

また、独立は比較的秩序正しく達成された。独立運動を牽引したのは、一九六〇年にクエット・マシーレとセレツェ・カーマが結党したボツワナ民主党（BDP）だった。カーマは国王カーマ三世の孫である。セレツェという名は「くっつける粘土」を意味する。まさにうってつけの名だ。カーマはングワト族の世襲の首長で、ツワナの首長とエリートたちはほとんどがボツワナ民主党に入党した。ボツワナには販売委員会がなかった。ことほどさように、イギリス人はこの植民地に関心を持っていなかったのだ。ボツワナ民主党はさっそく一九六七年に、販売委員会としてボツワナ食肉委員会を設立した。といっても、この食肉委員会は牧場主と畜牛所有者から搾取するどころか、畜産経済の発展に中心的役割を果たした。口蹄疫を防ぐためにフェンスを設置し、輸出を促進したのが奏功し、経済は発展し、包括的経済制度への支持が増大した。

ボツワナの初期の成長は食肉の輸出に依存していたが、ダイヤモンドが発見されるや、状況は激変した。ボツワナでは天然資源の管理の仕方も、アフリカのほかの国々とははっきりと異なっていた。植民地時代、ツワナの首長たちはベチュアナランドでの鉱物の試掘を禁じようとした。ヨーロッパ人に貴金属や貴石を発見されたらツワナの自治はおしまいだと知っていたからだ。ダイヤモンドが初めて大量に発見されたのはセレツェ・カーマの父祖の地、ングワトの地下だった。発見を公表する前にカーマは法律の改正に着手し、あらゆる地下鉱物の鉱業権は部族ではなく国家に付与されるとした。そうしておけば、ダイヤモンドの富がボツワナ国内に不平等を生み出すこともないからだ。また、ダイヤモンドからの収入が国家の官僚機構とインフラの整備や教育への投資に使えるようになったため、国家の集権化の過程がさらに促進された。シエラレオネをはじめとするサハラ以南のアフリカの多くの国家では、ダイヤモンドが部族間の紛争の激化と、内戦の継続の一因となったため、支配をめぐる闘いで流された血にちなんで「血塗られたダイヤモンド」と呼ばれるに至った。ボツワナでは、ダイヤモンドによる収入を国家のために使うことができた。

セレツェ・カーマ政権が実施した建国政策は、地下鉱物の鉱業権の改正だけではなかった。とりわけ、独立に先立つ一九六五年に立法議会を通過した首長権法と一九七〇年の改正首長権法によって政治の中央集権化がさらに進められ、国家の権力と、選挙で選ばれた大統領の権力が明文化されて、首長は土地分配権を失い、大統領は必要に応じて首長を解任できることになった。政治の中央集権化のもう一つの側面として、国の統一をさらに進める努力があった。たとえば、学校で教える言語はツワナ語と英語のみと法律で定められた。こんにちのボツワナは均質的な国に見え、ほかの多くのアフリカの国家のように民族と言語が細分されていないかのようだ。だが、これは英語のほかにツワナ語のみを唯一の国語として学校で教えることにより、社会のなかの異なる部族・グループ間の摩擦を最小限に抑えようとする政策のたまものだ。民族を問う項目があった最後の国勢調査は一九四六年に行なわれ、ボツワナがかなり不均質的であることが明らかになった。たとえば、ングワト居留地では、自分は純粋なングワト人だと答えたのは人口のわずか二〇パーセントだった。ツワナ系のほかの部族も住んでいたが、第一言語がツワナ語でない非ツワナ系のグループも多かった。こうした潜在的不均質性が、独立後の政府の政策とツワナ系部族の比較的包括的な社会制度によって緩和されてきた。ちょうど、イングランド人とウェールズ人のあいだにあった不均質性がイギリスという国家によって緩和されたように。ボツワナの国家も同じことをしたわけだ。独立以来、ボツワナの国勢調査で民族の不均質性が問われたことはない。ボツワナでは誰もがツワナ人だからだ。

ボツワナが独立後にめざましい成長率を達成したのは、セレツェ・カーマ、クエット・マシーレおよびボツワナ民主党が包括的な政治・経済制度への道筋をつけたからだ。ダイヤモンドは一九七〇年代に採掘されはじめても内戦の火種にはならず、政府に強い財政基盤をもたらしたため、政府はその収入を利用して公共サービスに投資した。政府への攻撃、政権の転覆、国家の支配などの企ての誘因は激減した。包括的政治制度が政治の安定を育み、包括的経済制度を支えた。第一一章で述べた好循環でおなじみのパターンで、包括的経済制度が包括的政治制度の実現と維持の可能性を高めた。

ボツワナが旧弊を打破したのは、植民地後の独立という決定的な岐路をとらえて包括的制度を打ち立てることができたおかげだ。カーマ自身をはじめ、ボツワナ民主党と伝統的エリートたちは、独裁体制をつくろうとも、社会を食い物にして私腹を肥やすために収奪的制度を打ち立てようともしなかった。それもまた、決定的な岐路と既存の制度の相互作用のたまものだった。これまで見てきたように、サハラ以南のアフリカの大半の国々と異なり、ボツワナにはすでに部族制度ができており、その制度がある程度中央集権化された権力を確立し、かなりの多元的性質を備えていた。そのうえ、国内に経済エリートが存在し、彼ら自身、財産権の保証から得るものが多かった。

同じくらい重要なのが、偶然に左右される歴史の成り行きがボツワナに有利に働いたことだ。ボツワナがとても幸運だったのは、セレツェ・カーマとクエット・マシーレがシアカ・スティーヴンズとロバート・ムガベとは違ったからだ。カーマとマシーレは包括的制度をツワナの部族制度の基盤の上に築こうと、懸命かつ誠実に努めた。それらすべてのおかげで、ボツワナはうまく包括的制度へ向かったようだ。一方、サハラ以南のアフリカ諸国の多くはそうした努力さえ怠ったり、完全に失敗したりしている。

南部の搾取の終焉

一九五五年一二月一日。アラバマ州モントゴメリー市の逮捕状によれば、違法行為が行なわれたのは午後六時六分のことだった。バス運転手のジェームズ・ブレイクが困って警察を呼び、デイ巡査とミクソン巡査が現場に到着した。二人は報告書にこう記している。

通報を受けて到着すると、バス運転手が、有色人女性が白人用座席に座ったまま後ろへ移ろうとしないと言った。われわれ……も彼女を見た。バス運転手が彼女の逮捕令状に署名した。ローザ・パークス（有色人女性）はモントゴメリー市条例第六章第一一節に違反したとして告発された。

ローザ・パークスの違法行為とはクリーヴランド・アヴェニュー線のバスで白人用座席に座ったことだった。アラバマ州の黒人差別法の下ではそれが犯罪だったのだ。彼女は一〇ドルの罰金に加えて訴訟費用四ドルを請求された。ローザ・パークスはただ者ではなかった。全米黒人地位向上協会（NAACP）モントゴメリー支部の書記をすでに務めていたのだ。NAACPはアメリカ南部の制度を変えるべく長年闘ってきた組織だ。彼女の逮捕が引き金となり、大規模なモントゴメリー・バス・ボイコット運動が、マーティン・ルーサー・キング・ジュニア牧師の後ろ盾を得て始まる。一二月三日にはキング牧師をはじめとする黒人指導者たちが組織的バス・ボイコット運動を計画し、すべての黒人にモントゴメリーではいっさいバスに乗らないよう呼びかけた。ボイコットは成功し、一九五六年一二月二〇日まで続いた。これをきっかけに運動は盛り上がり、ついには連邦最高裁判所がアラバマ州とモントゴメリー市のバス車内の人種分離は違憲であるとの判決を下した。

モントゴメリー・バス・ボイコット運動はアメリカ南部の公民権運動の決め手となった。この運動を含む一連の出来事と変化が、最終的に南部の旧弊を打破し、制度の抜本的変革を引き起こした。第一二章で見たように、南北戦争後、南部の地主エリートたちは戦前の南部を支配していた収奪的な政治・経済制度をどうにか再構築した。こうした制度の細部には奴隷制度の廃止といった変化があったものの、南部の経済的インセンティヴと発展に及ぼすマイナスの影響は変わらなかった。南部はアメリカのほかの地方よりも明らかに貧しかった。

一九五〇年代以降、南部の制度は、この地方をきわめて急速な成長の軌道に乗せる役割を果たしはじめた。アメリカ南部から最終的に排除された収奪的制度のタイプは、独立以前のボツワナの植民地制度とは違っていた。南部の制度の崩壊過程の端緒となった決定的な岐路のタイプも違っていたが、共通点はいくつかあった。南部の人種差別と収奪的制度の犠牲となってきたローザ・パークスのような人々は、一九四〇年代から、そうした差別や制度との闘いにおいてそれまでよりもはるかに組織立った態勢をとりはじめた。同時に、連邦最高裁判所と連邦政府がついに南部の収奪的制度の改革に組織的介入を始めた。このように、南部の変革への決定的な岐路が生み出された主な原因は、合衆国南部の黒人の力が増したことと、南部のエリートの絶対的支配に終止符が打たれたことだった。

南北戦争以前にも以後にも、南部の政治制度には明確な経済的論理があり、それは南アフリカのアパルトヘイト体制とほぼ同様に、プランテーション用の安い労働力の確保だった。だが、一九五〇年代に入ると、この論理の必然性は薄れていく。第一の理由は、大恐慌と第二次世界大戦の双方に起因する南部からの黒人の大量流出がすでに始まっていたことだった。一九四〇年代と五〇年代にはその数は年間平均一〇万人に達していた。一方、農業の技術革新が徐々にではあったが導入され、プランテーション所有者が安い労働力に依存する度合いは減りつつあった。プランテーションでは労働力の大半が綿花の摘み取りに費やされた。一九五〇年には南部の綿花のほとんどがまだ手で摘まれていた。だが、綿花摘み取りの機械化によって、この種の労働の需要は減っていく。一九六〇年には、主産地のアラバマ州、ルイジアナ州、ミシシッピ州で綿花生産のほぼ半分が機械化されていた。黒人を南部に封じ込めるのが難しくなったちょうど同じ時期に、プランテーション所有者にとって黒人はもはや必要不可欠ではなくなった。したがって、エリートが古い収奪的経済制度の維持のために闘う理由は減っていた。だが、だからといって彼らが制度の変化を唯々諾々と受け入れたわけではない。それどころか、長く続いた闘争はさらに尾を引いた。南部の黒人と、合衆国という連邦の包括的制度のあいだに珍しくも連携が結ばれ、そこから生じた強い力が、南部の搾取を排して黒人にも平等な政治的・市民的権利を与えようとする方向へ働き、アメリカ南部の経済成長を阻む強固な障壁がついに取り除かれることになった。

変化へ向かう最大のきっかけは公民権運動によってもたらされた。モントゴメリーの例のように、その道筋をつけたのは南部の黒人の権力拡大だった。それは、黒人をめぐる収奪的制度への異議申し立て、黒人の権利の要求、権利を勝ち取るための抗議運動と動員によって実現された。ただ、そうした動きのなかで黒人は孤立無援ではなかった。アメリカ南部は独立国家ではなかったし、南部のエリートはグアテマラのエリートなどのようにやりたい放題ではなかったからだ。合衆国の一部として、南部は憲法と連邦法の支配下にあった。南部の抜本的改革運動は最終的に合衆国の政府、議会、最高裁判所の支持を得た。公民権運動の声が南部以外にも届いて連邦政府が動いたことも、その一因となった。

連邦が南部の制度変革に介入した最初の事例は一九四四年の最高裁の判決で、白人のみが予備選挙に立候補できるのは違憲だと裁定した。これまで見てきたように、黒人は一八九〇年代には人頭税と識字テスト（一七五―一八三ページ）により政治的権限を奪われていた。そうしたテストは黒人を差別するために手が加えられるのが常だったが、一方で貧しく読み書きのできない白人は投票を許された。よく知られているのは一九六〇年代前半、ルイジアナ州で、州憲法に関する問題に白人受験者が「FRDUM FOOF SPETGH」［訳注：正しくはFREEDOM OF SPEECH［言論の自由］］と答え、読み書きができると判定された例だ。一九四四年の最高裁判決は、政治制度を黒人に開放するための長い闘いにおける先制の一撃であり、最高裁は白人による政党支配を緩めることの重要性を理解していた。

この判決に続き、一九五四年には「ブラウン対教育委員会」訴訟で、学校や公共の場での人種隔離を州が強制することを違憲とする最高裁判決が下された。一九六二年に最高裁は、やはり白人エリートの政治支配を支えていた議員定数の不均衡配分を排除した。第一次選挙法改正以前のイングランドの「腐敗選挙区」のように議員定数が不均衡配分されると、一部の地区や地域には当該する人口の割合に基づく本来の数よりも多い代議員数が割り当てられる。南部における不均衡配分とは、農園経営エリートたちの本拠地である農業地域の代議員数が都市部に比べてかなり多いことを意味した。最高裁は一九六二年、「ベイカー対カー」

訴訟の判決で「一人一票」基準を導入し、この状態に終止符を打った。

だが、いくら最高裁が裁定しても、施行が伴わなければ何もならなかっただろう。実際、一八九〇年代には、南部の黒人に参政権を与える連邦法は施行されなかった。南部での法の執行は南部エリートと民主党の支配下にあり、連邦政府はその状態を黙認していたからだ。だが、黒人が南部エリートに反旗を翻しはじめると、黒人差別法を支えるこうした砦は崩れ、民主党は南部以外の党員の主導の下、人種隔離に反対するようになった。離党した南部の民主党員は結集して州権民主党を旗揚げし、一九四八年の大統領選挙を戦った。同党が擁立したストロム・サーモンドは四州を制し、三九人の選挙人を獲得した。だが、それだけでは挙党一致の民主党が国政に振るう力にはとうてい太刀打ちできず、南部エリートが民主党を支配するのも不可能だった。ストロム・サーモンドは選挙運動の争点として、南部の制度に介入できる力が連邦政府にあるかを問うた。彼は持論をこう力説した。「紳士淑女のみなさんに申し上げます。陸軍の兵力は、南部の人々に人種隔離をやめさせるには不十分です。ニグロがわれわれの劇場、われわれのプール、われわれの家庭、われわれの教会に押しかけるよう仕向けるなどということが、軍にできるはずありません」

彼が間違っていたことは、その後証明される。最高裁判所は、南部の教育機関は人種隔離をやめるべきだと裁決した。そのなかにはミシシッピ州オックスフォードのミシシッピ大学も含まれていた。一九六二年、連邦裁判所は長い法廷闘争の果てに、空軍を除隊した黒人青年、ジェームズ・メレディスを「オール・ミス［訳注：ミシシッピ大学の愛称］」に入学させるべきだとの判決を下した。この判決の執行への反対運動を指揮したのがいわゆるシチズンズ・カウンシルズ［訳注：白人至上主義者の団体からなる組織］で、その最初の団体は一九五四年にミシシッピ州インディアノーラで南部の人種隔離廃止に反対するために結成された。ミシシッピ州知事ロス・バーネットは九月一三日、裁判所命令による人種隔離廃止をテレビで公然と拒否し、人種隔離廃止に合意するくらいなら州立大学を閉鎖すると言った。バーネットと、ワシントンのジョン・ケネディ大統領およびロバート・ケネディ司法長官のあいだで交渉が重ねられた結果、連邦政府は判決を執行するためにやむをえず介入に踏み切った。連邦保安官がメレディスに同行してオックスフォード入りする日が決まった。その日に備えて白人至上主義者が集結しはじめた。メレディスが現れる予定日の前日、九月三〇日に連邦保安官が大学構内に入り、本部棟を囲んだ。約二五〇〇人の群衆が抗議のために集結し、まもなく暴動が始まった。保安部隊は催涙ガスを使って暴徒を排除しようとしたが、すぐに銃火を浴びせられた。同日午後一〇時には秩序の回復のために連邦軍が町に入った。オックスフォードにはすぐに二万人の軍勢と一万一〇〇〇人の州兵が集まった。逮捕者は合計三〇〇人に達した。メレディスは大学にとどまる決意をし、死の脅迫を受けながらも連邦保安官と三〇〇人の兵士に護衛され、学業を全うした。

連邦法が南部の制度改革過程の要となった。一九五七年に最初の公民権法が通過する際、当時上院議員だったストロム・サーモンドは二四時間一八分間、途切れなく話しつづけて法案の通過を妨害しようとし、少なくとも遅らせた。演説の最中、サーモンドは独立宣言からさまざまな電話帳まで手当たり次第に読み上げた。だが、その甲斐はなかった。一九五七年の法律は一九六四年の公民権法に結実し、人種を隔離するあらゆる州法と慣行が違法とされた。一九六五年の投票権法では、南部の黒人から権利を奪うために利用されていた識字テストや人頭税などの方法は違法と定められた。また、州の選挙における連邦政府による監視体制が大幅に強化された。

そうしたもろもろの出来事が効果を発揮し、南部の経済と法律の制度は大きく変わった。たとえばミシシッピ州では、一九六〇年には黒人有権者のわずか五パーセントほどしか投票をしていなかった。一九七〇年にはこの数字が五〇パーセントに増えた。アラバマ州とサウスカロライナ州では、一九六〇年の約一〇パーセントから一九七〇年の五〇パーセントに伸びた。そうした伸びが、州と連邦、双方の公職選挙の性質を変えた。より重要なのは、主力政党である民主党内で、黒人差別を伴う収奪的制度への政治的支持がなし崩しになったことだ。その結果、経済制度の一連の変革への道が開かれた。一九六〇年代の制度改革以前、黒人は織物工場の職からほぼ完全に閉め出されていた。一九六〇年には南部の織物工場の従業員のうち黒人はわずか五パーセントほどだった。公民権法のおかげで、そうした差別はなくなった。一九七〇年には黒人の比率は一五パーセントに増え、一九九〇年には二五パーセントになっていた。黒人に対する経済的差別は減り、黒人が教育を受ける機会は大幅に増え、南部の労働市場はより競争的になった。包括的制度とともに、南部にはさらに急速な経済成長が訪れた。一九四〇年には南部諸州の一人あたり平均収入は合衆国全体の水準の五〇パーセントほどにすぎなかった。それが変わりはじめたのは一九四〇年代後半から一九五〇年代にかけてだ。一九九〇年には、その差はほぼなくなっていた。

ボツワナと同じようにアメリカ南部でも、カギとなったのは包括的な政治・経済制度の発達だった。それは収奪的制度の下で苦しむ黒人の不満の増大と、南部における民主党の一党支配体制の崩壊と機を同じくして起こった。ここでも、既存の制度が変革への道筋をつけた。この場合、南部の制度が合衆国連邦という包括的制度のなかに位置づけられていたことが肝要で、そのおかげで南部の黒人は最終的に連邦の政府と制度をみずからの大義のために動かすことができた。そうした過程全体を促したもう一つの原因は、南部からの黒人の大量流出と綿花生産の機械化を受けて経済状況が変わり、南部エリートが闘いつづける意欲をそがれたことだった。

中国の再生

一九四九年、共産党は毛沢東の指揮の下、ついに蔣介石《しょうかいせき》の国民党を打倒した。一〇月一日に中華人民共和国の成立が宣言された。一九四九年以降につくられた政治・経済制度はきわめて収奪的だった。政治的には中国共産党の一党独裁体制だった。以来、中国ではほかのいかなる政治団体も認可されていない。毛は一九七六年に死去するまで、共産党と政府を全面的に支配した。そうした専制的かつ収奪的政治制度に伴っていたのが、高度に収奪的な経済制度だ。毛はただちに土地を国有化し、ありとあらゆる所有権を一挙に廃止した。地主をはじめ反体制と見なした階級を処刑した。市場経済は原則的に廃止された。地方の住民は徐々に集団農場に組織されていった。金銭と賃金は「労働点数」に置き換えられ、この点数を物資と交換できた。一九五六年には国内旅券が導入され、政治的・経済的管理強化のため、適正な許可のない旅行は禁じられた。あらゆる産業が一様に国有化され、毛はソ連を手本とした「五ヵ年計画」を通じて、産業の急速な発展を促進する野心的な試みを開始した。

あらゆる収奪的制度がそうであるように、毛政権も、いまや支配下に置く広大な国土の資源を搾取しようとした。シエラレオネ政府が販売委員会を使ってしたように、中国共産党も米や穀物などの農産品の販売を独占し、農民に重税を課すのに利用した。工業化を目指す試みは一九五八年以降、第二次五ヵ年計画の開始とともに悪名高い「大躍進」政策となっていく。毛は、小規模な「裏庭」溶鉱炉によって鉄鋼の生産量を一年で倍増させると発表し、中国が一五年後にはイギリスの鉄鋼生産に追いつくだろうと公言した。唯一の問題は、そうした目標を達成できる現実的な方法がないことだった。目標達成のためには金属くずを見つけなければならず、人々は家にあった鍋やフライパン、鍬《くわ》や鋤《すき》といった農具さえ溶かすことを余儀なくされる。畑を耕すはずの労働者が鉄鋼をつくるために鋤を破壊し、それとともに自分たちと国全体の食糧をつくる能力をも破壊した。その結果、中国農村部は苛酷な飢饉に見舞われた。学者たちは毛の政策の役割と、同時期に起きた干ばつの影響の大きさを比較して論じるが、二〇〇〇万人から四〇〇〇万人を死に追いやった原因として大躍進が中心的役割を果たしたことを疑う人はいない。毛沢東の支配下にあった中国では暴虐の証しとなる数字は集計されなかったため、正確な死者数はわからない。一人あたりの収入は四分の一ほど減少した。

大躍進の産物の一つは、共産党幹部の鄧小平《とうしょうへい》の変節だった。革命闘争で多大な戦果を収めた司令官であり、「反右派」闘争を率いて多数の「革命の敵」を処刑に至らしめた鄧小平が考えを変えたのだ。一九六一年、中国南部の広州での会議の席上、鄧小平は「黒いネコであれ白いネコであれ、ネズミを獲るなら良いネコだ」と述べた。政策が共産主義に見えようが見えまいが構わないということだ。中国に必要なのは、国民が食べていけるようにするために生産を促進する政策だった。

ところが、鄧小平はまもなく、自分が新たに見いだした実利主義のせいで苦境に立たされる。一九六六年五月一六日、毛沢東は、中国の共産社会をむしばみ資本主義を蘇らせようとする「ブルジョア」の利権によって革命が脅かされていると述べた。対抗策として、毛はプロレタリア文化大革命、通称「文化大革命」を宣言した。文化大革命は一六カ条の要点に基づいていた。最初の要点は以下のように始まる。

ブルジョアジーは打倒されたとはいえ、いまだに搾取階級の古い考え、文化、慣行、習慣を利用して大衆を腐敗させ、彼らの心をとらえ、復帰を果たそうと画策している。プロレタリアートはそれとは正反対のことをしなくてはいけない。イデオロギー分野でのブルジョアジーのあらゆる挑戦を真っ向から受けて立ち、プロレタリアートの新しい考え、文化、慣行、習慣を利用し、社会全体の精神のありようを変えるべきだ。われわれの当面の目的は、資本主義の道を歩む実権派（走資派）と闘い、彼らを打破し、反動的ブルジョア・インテリ権力者とブルジョアジーを含むあらゆる搾取階級の思想を批判、拒絶し、教育、文学、芸術をはじめ、社会主義経済の基盤と相容れない上部構造のあらゆる部分を改革して、社会主義体制の確立と発展を容易にすることだ。

まもなく文化大革命は、大躍進と同じように、経済と多数の人命をむしばみはじめる。紅衛兵団が全土で結成された。紅衛兵は若く熱狂的な共産党員で、反体制者の粛清には慣れっこだった。大勢が殺され、逮捕され、国内追放された。暴力の激化への懸念に対し、毛沢東自身がこう反論した。「ヒトラーという男のほうがずっと残虐だった。残虐であるほどよい、そう思わないか？　殺せば殺すほど革命的になるのだ」

鄧小平は走資派のナンバー2というレッテルを貼られてしまい、一九六七年に投獄され、その後、一九六九年に江西省に追放されて農村部のトラクター工場で労働した。一九七四年に復権を果たすと、周恩来首相に説得された毛沢東は鄧小平を第一副総理に任命する。鄧小平は早くも一九七五年には、党の新たな方向を示す文書三篇の作成を監修したものの、その採択は見送られた。それらの文書で必要性がうたわれたのは高等教育の再生、工業と農業における物的インセンティヴへの回帰、党の「左派」の排除だった。当時、毛は健康状態が悪化し、権力はしだいに極左派の手に集中しつつあったため、鄧小平は極左派の排除を望んだ。毛沢東の妻、江青《こうせい》とその側近三人は四人組と呼ばれ、文化大革命とその産物である弾圧を強力に支持した。彼らは共産党の独裁下で国家を治めるという青写真を継承するつもりだった。一九七六年四月五日、天安門広場で、周恩来〔訳注：同年一月に死去〕の生涯を称える集会が自発的に行なわれ、政府への抗議デモに発展した。このデモを指揮したとして四人組は鄧小平を非難し、彼はまたもやすべての役職を解任されて追放される。鄧小平は極左派を排除するどころか、自身が彼らに排除されたわけだ。周恩来の死去後、毛は華国鋒《かこくほう》を鄧小平の後任の副総理に任命していた。一九七六年は権力にやや空白が生じた期間であり、華国鋒はかなりの個人的権力を蓄えることができた。

九月に決定的な岐路が訪れた。毛沢東が死去したのだ。中国共産党はそれまで毛の指揮下にあり、大躍進と文化大革命はおおむね彼が主導した。毛が世を去り、権力の真の空白が生じた結果、変革の成果について理念と信条を異にする人々の闘争が始まった。四人組は自分たちの権力と共産党の力を強化する唯一の方法として、文化大革命政策を継続するつもりだった。華国鋒は文化大革命から手を引きたかったが、自分が文革の影響によって党のトップに上り詰めたため、距離を置けなかった。そこで、よりバランスを整えた毛の理念への回帰を説き、「二つのすべて」（中国共産党機関紙『人民日報』が一九七七年につけた呼称）という方針に要約した。華は「われわれは毛主席の政治的決定をすべて強固に支持し、毛主席の指示のすべてに忠実に従う」と主張した。

鄧小平も華国鋒と同様に、共産主義体制の廃止と包括的市場への転換を望んではいなかった。鄧小平もまた、共産主義革命によって権力の座に就いた同じグループの一員だ。だが、彼も支持者たちも、みずからの政治支配を危険にさらさずとも十分な経済成長を達成できると考えていた。みずからの権力を脅かさないような収奪的政治制度下での成長モデルを掲げていたのだ。それは、中国の人民がもっと高い生活水準をぜひとも必要としたからでもあるし、また、毛沢東の治世と文化大革命期を通じ、共産党に対する有意義な抗議行動がすべて弾圧されていたからでもある。そうした成長を達成するために、彼らは文化大革命のみならず毛時代の制度の遺産の多くを否定したがった。包括的経済制度への大がかりな移行なしには経済成長は達成できないと、彼らは気づいていた。だからこそ、経済を改革し、市場の力とインセンティヴの役割を強化したいと考えた。また、個人所有の範囲を広げ、社会と行政における共産党の役割を減らすと同時に、階級闘争のような概念を排除したいと望んだ。鄧小平の一派は外国からの投資と対外貿易にも寛大で、国際経済との統合を目指す政策をさらに積極的に進めたがっていた。だが、それにも限度があり、真に包括的な経済制度の構築や共産党による経済支配の大幅な緩和は考えてもいなかった。

　中国にターニング・ポイントをもたらしたのは、華国鋒の権力と、その権力に従って四人組に対抗しようという彼の意思だった。毛の死去からひと月と経たないうち、華は四人組を打倒する政変を起こして全員を逮捕させた。そして、一九七七年三月に鄧小平を復職させた。そうした成り行きにも、華自身が鄧小平の政略に敗れたために起きた次の重要な段階にも、必然性はまったくない。鄧小平は国民が文化大革命を批判することを奨励し、彼と同様に文革時代に迫害された党員を共産党のあらゆるレベルの要職に配置しはじめた。華は文化大革命への関与を否認できなかったため、不利だった。また、権力の中枢に身を置いてから比較的日が浅かったため、鄧小平が長年培ってきたほどの人脈や私的な人間関係を持たなかった。一連の演説で、鄧小平は華の政策を批判しはじめる。一九七八年九月、鄧小平はあからさまに「二つのすべて」を攻撃し、正しい手法は毛の発言すべてに従って政策を決めるのではなく、「事実から真理を探る」ことだと指摘した。

鄧小平はまた、民衆からの圧力を巧みに華に転嫁しはじめた。そうした圧力が最も強く反映された一九七八年の「民主の壁」運動では、国家への不満を綴った壁新聞が北京で掲示された。一九七八年七月、鄧小平の支持者だった胡喬木《こきょうぼく》が経済改革の基本方針を示した。そのなかには、企業にもっと大きな主導権と権限を与え、生産にかかわる決定をみずから下させるべきだとか、政府が価格を設定するのではなく需要と供給が釣り合う価格設定が許されるべきだとか、国家による経済全般の規制を緩和すべきだ、といった意見が含まれていた。そうした提案は急進的だったが、鄧小平は影響力を強めつつあった。一九七八年一一月から一二月にかけての中国共産党第一一期中央委員会第三回全体会議が突破口を開いた。華の反対をものともせず、以後、党の綱要は階級闘争でなく経済の近代化とすることが決められた。この全体会議では、一部の省で試験的に「農家請負制」を実施することが発表された。これは集団農業を改め、農業に経済的インセンティヴを導入する試みだった。翌年には党中央委員会が「事実から得た真理」の概念を核とすることを是認し、文化大革命は中国人民にとって大きな災厄だったと明言することになる。この時期を通じて、鄧小平はみずからの支持者を党、軍、政府の要職に任命して地歩を固めた。中央委員会内の華の支持者に対抗するには時間を要したものの、同等の権力基盤を築くに至った。一九八〇年に華は首相を辞任せざるを得なくなり、趙紫陽《ちょうしよう》が後任となった。一九八二年に華国鋒は党中央委員を解任された。だが、鄧小平はそこで止まらなかった。一九八二年の第一二回中国共産党大会および一九八五年九月の中国共産党全国代表会議で党の指導陣と幹部をほぼ全面的に入れ替えた。新たな陣営にはかなり若手の改革派が入ってきた。一九八〇年と一九八五年を比べると、八五年までに二六人の共産党政治局員のうち二一人、一一人の共産党書記局員のうち八人、一八人の副総理のうち一〇人が代わっている。

政治における革命を成し遂げ、国家の実権を握った鄧小平と改革派は、経済制度のさらなる変革に次々と着手した。手はじめは農業だった。一九八三年には、胡喬木の構想に従い、農民に経済的インセンティヴを与える農家請負制（生産責任制）が一律に採用された。一九八五年には国家による穀物の強制的買い上げ制度が廃止され、自由意思による契約システムに取って代わられた。農産品価格の管理統制は一九八五年に大幅に緩和された。都市経済では、国営企業にさらに大きな自律性が与えられ、一四の「開放都市」が指定されて外国からの投資の誘致が可能になった。

先に軌道に乗ったのは農村経済だった。インセンティヴの導入が農業生産性の劇的増大につながった。一九八四年の穀物生産量は一九七八年の生産量に比べ、農業従事者が減ったにもかかわらず、三割増だった。大勢の人々が農村部の新たな産業、いわゆる郷鎮《ごうちん》企業へ転職した。そうした企業は、一九七九年に新企業の参入と国有企業との競合が認められて以来、国家産業計画の制度外で成長が許されてきた。経済的インセンティヴが徐々に工業部門、ことに国営企業の運営にも導入されたが、私有化はこの段階では論外で、一九九〇年代半ばまで待たなければならなかった。

中国の再生が実現したのは、一連の極度に収奪的な制度からの脱却と包括的制度を目指す大きな動きがあったからだ。農業と工業における市場インセンティヴと、その後の外国からの投資と技術投入によって、中国は急速な経済成長の軌道に乗った。次章でさらに論じていくように、文革時代ほどの圧制はなく経済制度の一部が包括的になりつつあったとはいえ、それは収奪的政治制度下での成長だった。全体として軽視できないのは、中国の経済制度の変化がいかに急激だったかだ。政治制度は変えなかったにせよ、中国は旧弊を打破した。ボツワナでも合衆国南部でも、カギとなる変化は決定的な岐路に際して訪れたが、中国の場合、それは毛沢東の死の直後だった。変化には成り行き任せの部分も多く、実際に偶然がきわめて大きな役割を果たした。四人組の権力闘争での敗北は不可避ではなかったし、もし彼らが敗北しなければ、この三〇年間に中国が経験したような持続的経済成長はなかっただろう。だが、大躍進と文化大革命が引き起こした荒廃と人的被害が、変化への十分なニーズを生み、そのおかげで鄧小平と盟友たちは政治闘争に勝利できたのだ。

ボツワナ、中国、合衆国南部の例は、イングランドの名誉革命、フランス革命、日本の明治維新と同じく、歴史は宿命ではないことを如実に物語っている。悪循環があるにもかかわらず、収奪的制度に包括的制度が取って代わることはある。だが、そうなるのは自動的ではないし、容易でもない。多くの場合、国家がより包括的な制度に向かって大きく前進するためにはさまざまな複合的要因が必要だ。ことに決定的な岐路と、改革や既存の好都合な制度を推進する人々の幅広い連帯が重なる必要がある。そのうえで、ある程度の幸運がカギとなる。歴史はつねに成り行き任せの展開をするからだ。

第一五章

繁栄と貧困を理解する

歴史的根源

世界各地の生活水準にはとてつもなく大きな差がある。合衆国では最も貧しい国民ですら収入があり、医療、教育、公共サービスが受けられ、経済的・社会的機会ではアフリカのサハラ以南、南アジア、中央アメリカに住む膨大な数の人々よりはるかに恵まれている。韓国と北朝鮮、二つのノガレス、合衆国とメキシコを対比させると、こうした現象は比較的近年のものであることに気づく。五〇〇年前、アステカ王国があったメキシコが大陸北部の政治体よりも裕福だったのは確かで、合衆国がメキシコを抜くのは一九世紀に入ってからだ。二つのノガレスの差が開いたのは、さらに最近のことだ。韓国と北朝鮮は、第二次世界大戦後に三八度線で分断されるまで、社会と文化はもとより、経済でもまったく違いがなかった。それと同じように、こんにち私たちの周囲で見られる激しい経済格差の大半は過去二〇〇年のあいだに生じたのだ。

それらはすべて必然だったのか？　西欧、合衆国、日本が過去二〇〇年前後にわたり、アフリカのサハラ以南、ラテンアメリカ、中国よりもこれほど裕福になることは歴史によって、あるいは地理や文化や民族によって、既定されていたのだろうか？　産業革命が一八世紀のイギリスで始まり、それから西欧へ、そして北米、オーストラリアへ渡ったヨーロッパ人の子孫へと広まったのは、必然だったのか？　ペルーで名誉革命と産業革命が起き、ペルーが西欧を植民地化して白人を奴隷にするという反事実の世界は可能だろうか？　それとも、一種の政治的ＳＦにすぎないだろうか？

そうした疑問について答える、いや考察するためにすら、なぜ繁栄する国家と破綻して貧しい国家があるのかを説明する理論が必要だ。その理論を組み立てるには、繁栄を生み出す要因と遅らせる要因だけでなく、それらの歴史的根源も把握しなくてはいけない。本書はそのような理論を提案してきた。世界中の数多《あまた》の政治体がたどるさまざまな政治的・経済的軌跡の根源のように込み入った社会現象に関しては、多数の原因が考えられる。そのため、社会科学者は単一原因に帰する単純で幅広く適用される理論を避け、代わりに、異なる時代と地域に生ずる似通った事実について、異なる説明をしようとする傾向がある。私たちはそうではなく、単純な理論を提示し、その理論を使って、新石器革命以来の世界各地の政治的・経済的発展の概要を解説してきた。私たちがこの手法を選んだのは、そうした理論ですべてが説明できるという素朴な思い込みからではなく、その理論があれば、ときには多くの興味深い細部を捨象するという犠牲のもとに、類似性に焦点を絞れると考えたからだ。そうすることにより、すぐれた理論は詳細を忠実に再生産するのではなく、広範なプロセスについて経験に裏付けられた有用な説明を提供するとともに、主にどんな力が働いているかを明らかにしてくれる。

私たちの理論は、二段階の構成をとることによってそれを達成しようとした。第一段階は、政治と経済の収奪的制度と包括的制度を区別すること。第二段階は、世界のある地域で包括的制度が生まれ、ほかの地域で生まれないのはなぜかを、私たちなりに説明すること。この理論の第一段階は制度面から歴史を解釈することを、第二段階は歴史がどのように国家制度の軌跡を形づくってきたかをテーマとする。

私たちの理論の核となるのは、包括的な政治・経済制度と繁栄のつながりだ。所有権を強化し、平等な機会を創出し、新たなテクノロジーとスキルへの投資を促す包括的経済制度は、収奪的制度よりも経済成長につながりやすい。収奪的制度は多数の持つ資源を少数が搾り取る構造で、所有権を保護しないし、経済活動へのインセンティヴも与えない。包括的経済制度は包括的政治制度に支えられ、かつそれを支える。包括的政治制度とは、政治権力を幅広く多元的に配分し、ある程度の政治的中央集権化を達成できて、その結果、法と秩序、確実な所有権の基盤、包括的市場経済が確立されるような制度だ。同様に、収奪的経済制度は収奪的政治制度と結びついて相乗効果を発揮する。収奪的政治制度は権力を少数の手に集中させるため、その少数がみずからの利益のために収奪的経済制度を維持・発展させることに意欲を燃やし、手に入れた資源を利用して自分の政治権力をより強固にする。

そうした傾向があるからといって、収奪的な政治・経済制度と経済成長が両立しないわけではない。それどころか、どのエリートも同じように、搾取するものを増やすためにできるだけ成長を促進したがる。収奪的制度が少なくとも最低限の政治的中央集権化を達成すれば、ある程度の成長が可能な場合も少なくない。だが、肝心なのは収奪的制度下の成長が持続しないことで、それには主な理由が二つある。一つ目は、持続的経済成長にはイノヴェーションが必要で、イノヴェーションは創造的破壊と切り離せないことだ。創造的破壊は経済界に新旧交代を引き起こすとともに、政界の確立された力関係を不安定にする。収奪的制度を支配するエリートたちは創造的破壊を恐れて抵抗するため、収奪的制度下で芽生えるどんな成長も、結局は短命に終わる。二つ目の理由は、収奪的制度を支配する層が社会の大部分を犠牲にして莫大な利益を得ることが可能であれば、収奪的制度下の政治権力は垂涎の的となり、それを手に入れようとして多くの集団や個人が闘うことだ。その結果、強い力が働いて、収奪的制度下の社会は政治的に不安定になっていく。

収奪的な経済制度と政治制度の連動は悪循環を生むため、そうした制度はいったんできあがると長続きしがちだ。同様に、包括的な政治・経済制度に関連した好循環もある。だが、悪循環も好循環も、絶対的ではない。実際、こんにち包括的制度下で存続している国家があるのは、有史以来、収奪的制度がごくふつうだったとはいえ、旧弊を打破して包括的制度へ移行できた社会もあったからだ。そうした移行は歴史的なものだと説明したが、歴史によって既定されていたということではない。大幅な経済改革の必須条件である大幅な制度改革が実現するのは、既存の制度と決定的な岐路が相互に作用したときだ。決定的な岐路とは、一部あるいは多くの社会で既存の政治・経済の均衡が崩されるような大きな出来事のことだ。たとえば、一四世紀にヨーロッパの大半で人口のおよそ半分を死に至らしめたペスト、西欧の多数の人々に莫大な利益の機会を生んだ大西洋貿易航路の開通、世界中で経済構造に急激かつ破壊的な変化の可能性をもたらした産業革命などである。

社会間にある既存の制度の相違そのものが、過去の制度の変化の産物だ。制度の変化の道筋が社会によって違うのはなぜだろうか？　その答えは、制度的浮動にある。二つの孤立した生物個体群の遺伝子が、いわゆる進化的浮動あるいは遺伝的浮動のプロセスにおいてランダムな突然変異のせいでゆっくりとかけ離れていくように、当初は似通っていた二つの社会は制度的浮動により、やはりゆっくりとではあるが、かけ離れていく。収入と権力をめぐる争いは、間接的には制度をめぐる争いでもあり、あらゆる社会につねに存在する。争いの結果は、たとえ機会が不平等な状況であっても、偶然に左右されることが少なくない。そうした争いの結果が制度的浮動につながる。だが、それは必ずしも累積的に進むプロセスではない。ある時点で小さな相違が生じても、必ずしも時とともに大きくなるわけではない。それどころか、ローマ帝国時代のイングランドについて第六章で論じたように、小さな相違が生じ、やがてなくなり、その後ふたたび生じるものなのだ。ところが、決定的な岐路が訪れると、制度的浮動の結果生じたその小さな相違が、最初はそっくりだった社会同士を大きく乖離させていく小さな相違となるかもしれない。

第七章と第八章で見たように、イングランド、フランス、スペインのあいだに多くの類似点があったにもかかわらず、大西洋貿易という決定的な岐路がイングランドに最も強く影響し、変化をもたらしたのは、そうした小さな相違のせいだった。つまり、一五世紀と一六世紀の経緯によりイングランド王室が海外貿易を支配できなかった一方、フランスとスペインではそうした貿易がおおむね王家に独占されていたという相違である。その結果、大西洋貿易と植民地の拡大が生んだ巨額の利益の恩恵を受けたのは、フランスとスペインではおもに君主と取り巻き集団だったが、イングランドでは、この決定的な岐路が生み出した機会の受益者は君主に激しく対抗する集団だった。制度的浮動は小さな相違につながるが、そうした浮動と決定的な岐路との相互作用が制度の乖離につながり、そして、その乖離がその後、より大きな制度上の相違を生み、その相違に次の決定的な岐路が影響するのだ。

カギを握るのは歴史である。なぜなら、制度的浮動を通じて決定的な岐路に重要な役割を果たすかもしれない相違をつくりだすのは、歴史的プロセスだからだ。決定的な岐路そのものが歴史上の転換点なのだ。また、歴史的に構築されてきた制度の相違の性質を理解するためには歴史を研究しなければならないことが、悪循環と好循環からわかる。とはいえ、私たちの理論は、歴史決定論でも、ほかのどんな種類の決定論でもない。だからこそ、本章の冒頭に掲げた問いの答えは、ノーなのだ。ペルーが西欧や合衆国よりもはるかに貧しくなってしまったのは歴史的必然ではない。

そもそもペルーが貧困にあえいでいるのは、地理的・文化的仮説とは裏腹に、地理や文化のせいではない。私たちの理論では、ペルーがこんにち西欧や合衆国よりもずっと貧しいのはペルーの制度のせいであり、その理由を理解するには、ペルーの制度が成立した歴史的プロセスを理解しなくてはいけない。第二章で見たように、五〇〇年前、現在のペルーに栄えたインカ帝国は北米に点在した小規模な政治体よりも裕福で、より高度な技術を持ち、政治的中央集権化が進んでいた。転換点は、この地域がいかにして植民地化され、それが北米の植民地化とどれほど対照的だったかという点にあった。それは歴史的に既定されたプロセスから生じた結果ではなく、決定的な岐路におけるいくつかの重要な制度的発展の偶然の帰結だった。そうした道筋を変えて長期的パターンを大きく乖離させたかもしれない要因が、少なくとも三つある。

第一に、一五世紀のアメリカ大陸における制度の違いが、この地域がどう植民地化されるかに影響した。北米の制度の変遷がペルーとは異なる道筋をたどったのは、植民地化以前は人口がまばらだった土地に引き寄せられたヨーロッパ人入植者が、ヴァージニア会社やイングランド王室などが形成しようとしたエリート層と対立して、彼らに勝ったからだ。それとは対照的に、スペインのコンキスタドールは、ペルーに中央集権化した収奪的国家を発見してその占領に成功し、豊富な人口を鉱山やプランテーションの労働力として利用できた。ヨーロッパ人がやってきたときのアメリカ大陸の状況には、地理的にはなんの決定的要因もなかった。シャーム王率いる中央集権国家がブション族を中心としてつくられたのは、大がかりな制度的革新のたまもの、もしくは政治革命の産物でさえあったことを第五章で見た。それと同じように、ペルーのインカ文明とその地域の豊富な人口は、大がかりな制度的革新のたまものだった。そうしたことは南米の代わりに北米大陸のミシシッピ川流域や合衆国北東部で起きてもおかしくなかった。もしそうなっていれば、ヨーロッパ人はアンデスでは無人の土地に、北米では中央集権国家に遭遇し、ペルーと合衆国の役割は逆になっていたはずだ。ヨーロッパ人はペルー周辺に入植し、入植者の多数派とエリートの対立は、北米ではなく南米における包括的制度の創出につながったはずだ。その結果、経済発展の道筋は変わっていたことだろう。

第二に、江戸湾にペリー提督が来航したときの日本のように、インカ帝国がヨーロッパによる植民地化に屈しなかった可能性もある。インカ帝国は日本の徳川幕府よりも収奪的だったため、明治維新のような政治革命がペルーで起こりにくかったのは確かだが、インカ帝国がヨーロッパ人の支配に完全に屈服する歴史的必然性はまったくなかった。もしインカ帝国が抵抗を貫くことができて、脅威に対抗するために制度の近代化まで達成したならば、新大陸の歴史の流れ全体とともに、世界の歴史全体も違っていたかもしれない。

第三に、これが最も根源的な要因だが、世界を植民地化したのがヨーロッパ人だったことは、歴史的、地理的、文化的に既定されていたわけではない。中国人だったかもしれないし、インカ人だった可能性さえある。もちろん、一五世紀という時点から見れば、そうした結果はありえない。そのころには西欧がアメリカ大陸よりも先を行っていたし、中国はすでに内向きになっていた。だが、一五世紀の西欧そのものが、偶然に左右され、決定的な岐路に影響を受けてきた制度的浮動プロセスの産物であり、そのプロセスのどこをとっても不可避なものはない。いくつかの歴史的転換点がなければ、西欧諸国がいち早く台頭して世界を征服することはありえなかった。そうした転換点となったのは以下のような要因だった。封建制度が独自の道筋をたどって奴隷制度に取って代わり、やがて君主の権力を弱めるに至ったこと。西暦一〇〇〇年代に入ってから数世紀間に、ヨーロッパで商業上の自治を保つ独立した都市が発展したこと。明朝の中国皇帝とは異なり、ヨーロッパの君主が海外貿易を脅威と受け取らず、その結果、妨げようとしなかったこと。封建秩序の基礎を揺るがしたペストの到来。そうした出来事が違う展開をしていれば、私たちがこんにち住むのは現在の世界とはかけ離れた世界、ペルーが西欧や合衆国より豊かな世界だったかもしれない。

当然ながら、小さな相違と偶発性がものを言う場合、理論の予測力は限られる。ローマ帝国の滅亡に続く幾多の世紀はもとより、一五世紀、いや一六世紀でさえ、包括的制度への突破口がイギリスで開かれるとは、誰が予想しただろうか。それが可能になったのは、ひとえに制度が浮動していった独自のプロセスと、大西洋貿易の開始が生み出した決定的な岐路の性格による。また、一九七〇年代の文化大革命の最中には、中国がまもなく経済制度の抜本的改革への道を歩みはじめ、やがて急速な成長の軌道に乗ると予想した人はほとんどいなかった。同じように、五〇〇年後の状況がどうなっているかを確実に予測するのは不可能だ。とはいえ、それは私たちの理論の欠陥ではない。歴史に関するこれまでの記述が示しているのは、歴史決定論に基づくどんなアプローチも――地理や文化、あるいはほかの歴史的要因に基づくものですら――不適切であることだ。小さな相違と偶発性は私たちの理論の一部であるだけではない。歴史の形態の一部なのだ。

どの社会がほかより相対的に繁栄するかを正確に予測するのは難しいにしても、本書全体を通じて、私たちの理論で世界中の国々の繁栄と貧困の大きな落差をかなり説明できることを見てきた。本章の残りのページでは、この理論によって、どんなタイプの社会が向こう数十年間に経済成長を遂げられそうかを測る指針も得られることを見ていく。

まず、悪循環と好循環はかなり根強く、変化が遅いものだ。合衆国と西欧は包括的な政治・経済制度に基づいているため、五〇年後、いや一〇〇年後ですらアフリカのサハラ以南、中東、中央アメリカ、東南アジアよりも豊かで、おそらくかなり裕福であることにはほとんど疑問の余地がない。とはいえ、そうした大まかな枠組みのなかで、来世紀には大規模な制度変革があり、旧弊を打破して貧困国から富裕国へ転じる国が出てくるだろう。

ソマリアやアフガニスタンのように政治的中央集権化をほとんど達成していない国や、ハイチが過去数十年間に――二〇一〇年の巨大地震により国内のインフラが荒廃するずっと以前から――経験したような国家の崩壊を経た国は、収奪的政治制度下で成長を達成することも、包括的制度に向かって大きな変革を遂げることもできなさそうだ。反面、向こう数十年のあいだに、おそらく収奪的制度下にもかかわらず成長しそうな国は、政治的中央集権化をある程度達成してきた国だ。アフリカのサハラ以南では、ブルンジ、エチオピア、ルワンダといった中央集権国家として長い歴史がある国々や、タンザニアのように独立以来、中央集権をどうにか構築してきたか、少なくともそれに必要な条件をいくらか整えてきた国々である。ラテンアメリカでは、ブラジル、チリ、メキシコなど、政治の中央集権化を達成したのみならず、原初的な多元主義に向かって大きく踏み出した国々だ。私たちの理論によれば、持続的経済成長はコロンビアではあまり期待できそうにない。

私たちの理論は、中国に見られるような収奪的政治制度下の成長は持続的成長をもたらさず、いずれ活力を失うことも示唆している。これらのケース以外は、不確実なことだらけだ。たとえば、キューバは包括的制度に向けて移行し、大幅な経済変革を起こすかもしれないし、収奪的な政治・経済制度の下にとどまりつづけるかもしれない。アジアの北朝鮮とビルマ（ミャンマー）にも同じことが言える。このように、私たちの理論は制度の変化とその変化がもたらす結果について考える手段とはなるものの、そうした変化の性格——小さな相違と偶発性の果たす役割——のせいで、それ以上正確な予測は困難になる。

さらに慎重を要するのは、繁栄と貧困の根源についての広範な記述から政策提言を引き出すときだ。決定的な岐路のもたらす影響が既存の制度によって異なるのと同じように、同じ政策介入に社会がどう反応するかも、その国の制度によって違う。もちろん、私たちの理論のテーマは、国家はどうすれば収奪的制度から包括的制度に移行し、それによって繁栄に向かって歩み出せるのかだ。だが、そうした移行をたやすく達成する処方はないことも、私たちの理論では最初から明らかだ。第一に、悪循環があるせいで、制度を変えるのは見た目よりもずっと難しい。ことに、収奪的制度がさまざまに形を変えて繰り返し再生されうることは、第一二章で、寡頭制の鉄則とともに見てきた。したがって、二〇一一年二月にムバラク大統領の収奪的体制が民衆の抵抗によって倒されたからといって、エジプトがより包括的な制度への道筋を歩みはじめるという保証はない。それどころか、活発で有望な民主化運動にもかかわらず、収奪的制度は復活するかもしれない。第二に、歴史の流れが偶然に左右されるせいで、決定的な岐路と既存の制度の相違との相互作用の一つ一つが、より包括的な制度につながるか、収奪的制度につながるかを知るのは難しい。そのため、包括的制度への変化を促す普遍的政策提言を策定するのは、冒険に等しい。だが、それでも私たちの理論は政策分析には役立つ。なぜなら、制度がどう変わるかについての間違った仮説や不適切な理解に基づく悪い政策的助言の見極めができるからだ。それについては、たいていの物事がそうであるように、最悪の誤りを避けることが、単純な解決策の模索と同じくらい重要であり、かつ、より現実的だ。おそらく、それが最もはっきりわかるのは、「独裁政治型の成長」を奨励するこんにちの政策提言について考えるときだろう。そうした提言は、過去数十年間に中国が成長を達成した経験に基づいている。次節で、そうした政策提言が人を誤らせる理由と、これまでに達成された中国の成長が収奪的政治制度下の成長の一形態にすぎず、持続的経済成長にはつながらない理由について述べよう。

独裁政治下の成長の抗しがたい魅力

戴国芳《たいこくほう》は、中国に都市化の波が押し寄せることに早くから気づいていた。一九九〇年代には、新しい幹線道路、ビジネス街、住宅、高層ビルが中国のいたるところで増えはじめ、戴は、そうした成長が向こう一〇年間、勢いを増すばかりだろうと考えた。そして、経営する江蘇鉄本鋼鉄有限公司が、非効率的な国営製鉄工場に比べればなおさら、低コスト生産者として大きな市場を獲得できると判断した。戴はまさに巨大な鋼鉄工場の建設を計画し、常州の党地方幹部の支援を得て、二〇〇三年に着工した。だが、二〇〇四年三月、プロジェクトは北京の中国共産党の命令で中止され、戴は逮捕されたが、理由はいまだに明示されていない。当局は、彼の口座に有罪につながる証拠を見つけられると踏んだのかもしれない。結局、戴はそれから五年間を拘置所および自宅軟禁状態で過ごし、二〇〇九年に微罪で有罪判決を下された。本当の罪状は、国が後援する企業と競合する大規模プロジェクトを開始したことと、それを共産党上層部の認可なしにしたことだ。それが、ほかの人々がこの事件から学んだにちがいない教訓である。

戴のような起業家に対する共産党の反応は、驚くにはあたらない。鄧小平の側近で初期の市場改革計画の中心的立案者とされる陳雲《ちんうん》は、経済を「籠の鳥」にたとえて、党幹部の大半の考え方を要約した。すなわち、中国経済を鳥とすれば、党の支配は籠にあたり、鳥がもっと健康で活発になるためには籠を大きくしなくてはならない。だが、鍵を開けたり籠を取り除いたりしてはいけない。鳥が飛び去ってしまうからだ。一九八九年、江沢民《こうたくみん》は中国の最高権力者である共産党総書記になってまもなく、この考えをさらに進め、起業家に対して当局が抱く疑念を要約して、彼らを「詐欺、横領、贈収賄、脱税に手を染める自営の商人や行商人」と形容した。一九九〇年代を通じて、外国からの投資が中国に流れ込み、国営企業の拡大が促進されてもなお、民間企業は疑いの目で見られ、多数の起業家が資産を没収され、投獄さえされた。民間企業に対する江沢民の見方は、弱まりつつあったものの、まだ中国全土にはびこっていた。中国のある経済学者の表現を借りれば、「国営大企業は巨大プロジェクトにかかわることができる。だが、民間企業が同じことをして、ことに国営企業と競合すると、あらゆる角度から問題が降りかかる」

すでに多数の民間企業が中国で操業し利益を上げる一方で、経済の多くの要素はいまだに党の指揮と保護の下に置かれている。ジャーナリストのリチャード・マグレガーの記事によれば、中国の国営大企業のトップの机には、必ず赤い電話が置かれている。その電話が鳴るのは党が企業に指令を出すときで、あれをしろ、ここに投資しろ、これをターゲットにしろという命令が伝えられる。そうした巨大企業はいまだに党の指揮下にある。その事実を私たちが思い出すのは、党が企業の役員の交代、解雇、昇進をほとんど説明もなく決定するときだ。

そうしたエピソードがあるからといって、もちろん、中国が包括的経済制度に向かって大きく歩み出したことは否定できない。その歩みが、過去三〇年の目を見張るばかりの成長のスピードを支えてきた。ほとんどの起業家がなんらかの安全確保の手段を持っているが、それは何よりも地元幹部と北京の共産党エリートに取り入っているおかげだ。ほとんどの国営企業は利益を追求し、国際市場で競争している。これは、毛沢東時代の中国から完全に変わった点だ。前章で見たように、中国が成長できたのは、まず、鄧小平の下で、きわめて収奪的な経済制度を脱して包括的経済制度へと向かう抜本的改革があったからだ。中国の経済制度が徐々にではあるが包括性を増す方向に向かうのに伴い、成長は持続してきた。中国は安価で豊富な労働力と、外国の市場、資本、技術を利用できたことからも多大な恩恵を受けている。

こんにちの中国の経済制度が三〇年前とは比べものにならないほど包括的であるにしても、中国の経験は収奪的政治制度下の成長の例だ。近年、中国ではイノヴェーションとテクノロジーに重点が置かれているものの、成長の基盤は創造的破壊ではなく、既存のテクノロジーの利用と急速な投資だ。一つ重要なのは、中国では所有権が全面的に保証されてはいない点だ。戴のように、起業家が没収の憂き目にあうことは珍しくない。労働者の移動は厳しく規制され、最も基本的な所有権である、みずからの労働を好きな方法で売る権利はまだ非常に不完全だ。経済制度がいまだに真の包括性からどれほどかけ離れているかは、党の地方幹部や、より重要な北京の党幹部の支援を得ずに何かしようとする実業家がごく少ないという事実からもわかる。企業と共産党のつながりは双方にとって非常にうまみがある。党が支援する企業は有利な条件の契約を与えられ、一般市民をその所有地から立ち退かせることができ、法と規制に違反してもとがめ立てされない。そうした企業の邪魔をする者は虐げられ、投獄や抹殺のおそれさえある。

中国共産党の露骨な影響力と収奪的制度から想起されるのは、ソ連の一九五〇年代から六〇年代にかけての経済成長とこんにちの中国の成長の類似点だが、明らかな違いもある。ソ連が収奪的な政治・経済制度の下で成長を遂げたのは、中央集権化された司令系統に従い、産業のなかでも軍備と重工業に資源を強制的に配分したためだ。このような成長が可能だったのは、取り戻すべき遅れが多かったからでもある。収奪的構造下での成長は、創造的破壊が不要な場合のほうが達成しやすいのだ。中国の経済制度はたしかにソ連のそれよりは包括的だが、中国の政治制度はいまだに収奪的だ。共産党は中国では絶対的な力を持ち、国家の官僚機構、軍隊、メディア、経済のかなりの部分を全面的に支配している。中国国民には政治的自由がほとんどないし、政治的プロセスへの参加も皆無に近い。

中国の成長が民主主義をもたらして多元化を進めるだろうと、多くの人が長いあいだ信じてきた。一九八九年には天安門のデモが、開放の進展のみならず共産主義体制の崩壊につながることとさえ予感させた。ところが、デモ参加者に向かって戦車が出動し、平和的革命どころか、いまでは歴史書に天安門広場虐殺と書かれる事件となった。多くの点で、中国の政治制度は天安門事件の余波により、さらに収奪的になった。共産党総書記として天安門広場の学生たちを支援した趙紫陽をはじめ改革派は粛清され、党は市民の自由と報道の自由の弾圧にさらに力を注いだ。趙紫陽は一五年以上にわたり自宅に軟禁され、彼の公的記録は徐々に抹消されていった。政治改革支持者のシンボルになることさえ許されなかったのだ。

こんにち、党によるメディアの支配は、インターネットを含め、かつてないほど厳しい。

そうした支配のかなりの部分は自己検閲を通じて達成されている。報道機関は、趙紫陽や劉暁波《りゅうぎょうは》に言及してはいけないことを心得ている。劉は民主化を求めて政府を批判し、ノーベル平和賞を受賞してもなお、獄につながれている。自己検閲を支える機構は、ジョージ・オーウェルの『一九八四年』さながら、会話の盗聴や通信の傍受、ウェブサイトの閉鎖、新聞を休刊にすることばかりか、インターネット上の個別のニュース記事を選んでアクセスを妨害することさえ可能だ。それらがすべてさらけ出されたのが、二〇〇二年から党総書記を務める胡錦濤《こきんとう》の息子の汚職の嫌疑が二〇〇九年に持ち上がったときだった。党の機関はただちに対応に乗り出し、この件に関する中国メディアの取材を阻止できただけでなく、『ニューヨーク・タイムズ』や『フィナンシャル・タイムズ』のウェブサイト上から関連する記事を選んでアクセスできないようにもした。

経済制度を党が支配しているせいで、創造的破壊の進行は強力に抑えられており、政治制度に抜本的改革がないかぎりはその状態が続きそうだ。ソ連の場合と同じように、収奪的政治制度下での中国の成長は、取り戻すべき遅れが多かったからこそ実現できた。中国の国民一人あたりの収入は合衆国、西欧にはいまだに遠く及ばない。もちろん、中国の成長はソ連の成長よりはかなり多様で、軍備と重工業のみに依存してはいないし、中国の起業家は創意工夫の才を大いに発揮している。それでも、収奪的政治制度から包括的制度への移行がなければ、この成長はいずれ活力を失うだろう。政治制度が収奪的であるかぎり、過去の同様の事例と同じく、成長は本質的に限られたものとなる。

中国の経験からはいくつかの興味深い疑問が浮かんでくる。中国の今後の成長をめぐる疑問や、より重要なのは、独裁体制下の成長は望ましいか、存続可能かといった疑問だ。中国のような成長は「ワシントン・コンセンサス」に代わる選択肢として好まれるようになってきた。ワシントン・コンセンサスは、世界の多くの発展途上地域で経済成長を刺激するために、市場と貿易の自由化と、ある種の制度改革の重要性を強調する。独裁体制下の成長が魅力的に感じられる理由の一つはワシントン・コンセンサスへの反発だが、もっと大きな理由は、ことに収奪的構造の上に君臨する統治者にとっては、権力を意のままに維持でき、強化さえできることと、搾取を合法化できることだ。

私たちの理論が明らかにしているように、ことに国家の中央集権化がある程度達成された社会では、このような収奪的制度下の成長は可能だし、多くの国では最も描きやすいシナリオでさえあるかもしれない。そうした国はカンボジアやヴェトナムから、ブルンジ、エチオピア、ルワンダにまで及ぶ。だが、収奪的政治制度下での成長のあらゆる例と同様に、その種の成長は持続しないことも、この理論によって示されている。

中国の場合、遅れの取り戻し、外国の技術の輸入、低価格の工業製品の輸出に基づいた成長のプロセスはしばらく続きそうだ。とはいえ、中国の成長は終わりに近づいているようでもあり、とくに中所得国の生活水準にいったん達したときには終わると見られる。最も可能性の高いシナリオは、中国共産党と、力を増しつつある中国の経済エリートが向こう数十年間、権力をきわめて強固に把握しつづけられるというものかもしれない。その場合、歴史と私たちの理論が示すところによれば、創造的破壊を伴う成長と真のイノヴェーションは訪れず、中国のめざましい成長率はゆっくりとしぼんでいく。だが、そうした結末は、あらかじめ運命づけられているのではない。収奪的制度下での成長が限界に達するまえに中国が包括的政治制度へ移行すれば、避けられるのだ。にもかかわらず、次節で見るように、中国がより包括的な政治制度へ移行するとか、その移行が苦もなく自然に行なわれるとか期待できる理由は、ほとんどない。

中国共産党内にさえ、行く手に危険が潜むことを認める声もあり、政治改革——私たちの用語で言い換えればより包括的な政治制度への移行——が必要だという考えがしきりに表明されている。強い力を持つ温家宝《おんかほう》首相は最近、政治改革が軌道に乗らなければ経済成長が妨げられるおそれがあると警告した。温が本気かどうか疑念を差しはさむ向きがあるにしても、私たちは彼の分析に先見の明があると考えている。だが、欧米では多くの人が温の見解に同意していない。彼らに言わせれば、持続的経済成長への道は包括的な政治・経済制度だけではなく独裁体制下にもあることが、中国の例から明らかになったという。だが、その考えは間違っている。私たちはすでに、中国の成功の重要で突出した源泉を見てきた。それは経済制度の抜本的改革であり、徹底的に共産主義的な制度から、生産性の向上と通商へのインセンティヴを生じさせる制度に移行させる変革だ。そうした観点から見ると、中国の経験と、中国と同様の収奪的政治制度下であっても収奪的経済制度から包括的制度への移行に成功した国々とのあいだに、本質的な違いはない。したがって、中国は経済成長を達成したが、それは収奪的政治制度のおかげではない。収奪的政治制度にもかかわらず成長したのであり、過去三〇年間の中国の成功体験は、収奪的経済制度からの脱却とはるかに包括的な経済制度への移行のたまものだ。そうした包括的な経済制度への移行は、きわめて独裁的で収奪的な政治制度の存在によって、容易になるどころか難しくなったのである。

独裁体制下での成長を是認する別の考え方は、そうした成長の短所を認めつつも、独裁体制はたんなる通過段階にすぎないと主張する。その発想の出所は、政治社会学の古典的理論の一つで、シーモア・マーティン・リプセットが唱えた近代化論だ。近代化論によれば、すべての社会は成長とともに近代化され、発展し、文明化したものになっていき、とりわけ民主化へと向かう。近代化論の賛同者の多くは、成長のプロセスの副産物として、民主主義と同様に包括的制度も生まれると主張する。さらに、民主主義は包括的政治制度と同じではないにせよ、通常選挙と妨害の少ない政界の競争によって、包括的政治制度が発達していく傾向があるとする。近代化論にはさまざまな型があり、教育を受けた労働者階級が民主主義とよりよい制度へ自然に導いていくとする説もある。ややポストモダン的な近代化論では、『ニューヨーク・タイムズ』紙のコラムニスト、トマス・フリードマンが、マクドナルドのハンバーガー店がある程度の数まで増えた国では、民主主義と制度が後に続くはずだとさえ述べている。どれもバラ色の未来像を描いている。過去六〇年以上にわたり、収奪的制度のある多くの国さえ含む大半の国々がいくらかの成長を経験してきたし、労働者階級の教育の顕著な向上を達成した。したがって、労働者の収入と教育水準がさまざまな形で上がりつづけるにつれ、民主主義、人権、市民の自由、所有権の保障といった良い変化が後に続くはずだというのだ。

近代化論は学界内外に幅広い支持者を持つ。たとえば、中国に対する最近の合衆国の姿勢はこの理論によって形成されてきた。ジョージ・H・W・ブッシュ（父）は中国の民主化に向けた合衆国の政策をこう要約した。「中国と自由に貿易せよ。そうすれば、時間がわれわれに味方する」。西側と自由に貿易すれば中国は成長し、近代化論が予測するように、その成長が中国に民主主義とよりよい制度をもたらすという考え方だ。ところが、一九八〇年代半ば以降の合衆国 - 中国間の貿易の急速な増加は中国の民主主義にほとんど影響しなかったし、今後一〇年間に続くと見られるより緊密な結びつきも、同様にあまり影響しないだろう。

合衆国の主導による侵攻後のイラクの社会と民主主義の動向に関しては、近代化論のせいで楽観視する人が多かった。サダム・フセイン政権下での深刻な経済不振にもかかわらず、二〇〇二年のイラクはサハラ以南のアフリカ諸国の大半ほど貧しくはなかったし、国民の教育水準も比較的高かったため、民主主義と市民の自由、それに多元主義と呼べるものさえ発展する基盤が整ったと思われた。イラク社会が混乱と内戦に見舞われると、そうした期待はたちまち打ち砕かれた。

近代化論は正しくないと同時に、破綻しつつある国家の収奪的制度という大問題にどう立ち向かうかを考える助けにもならない。近代化論の正しさを示す最も強力な証拠は、富裕な国家は民主主義体制を持つ国家であり、市民の権利と人権を尊重し、機能する市場と全般的に包括的な経済制度に恵まれているということだ。それでも、その関連性が近代化論の正しさを裏付けると解釈するのは、包括的な政治・経済制度が経済成長に与える主要な影響を無視することになる。本書を通じて論じてきたように、過去三〇〇年間に成長を遂げ、こんにち比較的裕福になった社会は、包括的制度を持つ社会だ。それによって私たちの周囲に見られる物事が説明できることとは、事実の見方を少し変えてみると、よくわかる。すなわち、過去数世紀間に包括的な政治・経済制度を構築した国家が持続的経済成長を達成した一方、過去六〇年から一〇〇年のあいだにもっと急速に発達した独裁体制では、リプセットの近代化論の主張に反し、民主化が進んではいないのである。実は、それは驚くにはあたらない。収奪的制度下で成長が可能なのは、まさに、そうした成長が収奪的制度そのものの排除を必ずしも自動的に意味するわけではないからだ。実際、そうした成長が生まれるのは、収奪的制度の支配者が経済成長を脅威と見るのではなく、みずからの体制を支えるものと見るからであることが少なくない。中国共産党も一九八〇年代以降、そのような見方をしてきた。また、ガボン、ロシア、サウジアラビア、ベネズエラのように国の天然資源の価値が上がることから生じる成長は、そうした独裁体制から包括的制度への根本的転換にはつながりにくいことも、驚くにはあたらない。

歴史的記録は、近代化論にとってさらに厳しい。比較的繁栄した多くの国家が、弾圧的独裁政権と収奪的制度に屈し、それらを支えてきたのだ。ドイツも日本も、二〇世紀前半には世界でも指折りの豊かな工業国であり、国民の教育水準は比較的高かった。それでも、国家社会主義ドイツ労働者党（ナチス）の台頭や、日本の軍国主義体制が戦争を通じた領土拡大に熱中するのを防げず、政治面でも経済面でも、収奪的制度に向かって急転回することになった。アルゼンチンも一九世紀には世界屈指の豊かな国であり、世界的な資源ブームの恩恵を受けたおかげで、イギリスと同等かそれ以上に裕福で、ラテンアメリカで最も国民の教育水準が高い国でもあった。だが、アルゼンチンの民主主義と多元主義の達成度は、ほかのラテンアメリカ諸国の大半と変わらないか、むしろ低かったと言える。クーデターが相次いだうえに、第一一章で見たように、民主的に選ばれたリーダーでさえ、強欲な独裁者のようにふるまった。近年でさえ、包括的経済制度への進歩はほとんどなく、第一三章で見たとおり、二一世紀のアルゼンチン政府はいまだにとがめ立てもされずに国民の財産を収用できる。

そうしたすべてが、いくつかの重要な考え方を浮き彫りにする。第一に、中国の独裁的かつ収奪的な政治制度下での成長はまだしばらく続きそうではあるが、真に包括的な経済制度と創造的破壊に支えられた持続的成長には転換しないだろう。第二に、近代化論の主張とは逆に、独裁体制下の成長が民主主義や包括的政治制度につながることをあてにすべきではない。中国、ロシアをはじめ、いくつかの独裁政権がこんにち経験しているある程度の成長は、政治制度をより包括的な方向へ変革するまえに、収奪的成長の限界に達するだろう。実際、エリートのあいだにそうした変革への欲求が芽生えたり、変革を余儀なくされるような強力な反対運動が起きたりする以前に限界に達するかもしれない。第三に、独裁体制下の成長は長い目で見れば望ましくないし、存続できないため、ラテンアメリカ、アジア、アフリカのサハラ以南の国々の成長のひな形として国際社会が承認すべきでない――国を牛耳る政治・経済エリートの利益に一致しがちなだけに、多くの国家がその道を選ぶにしても。

繁栄は設計できない

本書で展開してきた理論とは異なり、無知説は、貧困問題を「解決」する策をのっけから提供してくれる。無知のためにこんな事態に至ったのなら、為政者と政策立案者を教育して彼らに知識を与えれば、現状から抜け出せる。政治家に適切な助言を与え、良い経済とは何かを教え込めば、世界中で繁栄を「設計《エンジニアリング》」できるはずだというのだ。第二章でこの説を論じた際に示したように、ガーナの首相、コフィ・ブシアの一九七〇年代初頭の経験からはっきりとわかるのは、市場の失敗を減らし経済成長を促す政策を採択するうえでの最大の障害は政治家の無知ではなく、その社会の政治・経済制度から生じるインセンティヴと規制だという事実だ。それにもかかわらず、無知説は欧米の政策立案者のあいだで幅を利かせ、彼らはほかの方法はそっちのけで、繁栄をいかに設計するかにもっぱら関心を寄せている。

　そうした設計の試みには二種類ある。一つ目は、国際通貨基金のような国際機関が支持することの多いやり方で、低成長の原因は劣悪な経済政策と経済制度だと認めたうえで、国際機関が貧困国に採択させたい改善策のリストを提示する（ワシントン・コンセンサスによって、そうしたリストの一つが作成される)。そうした改善策が追求するのは、マクロ経済的安定といった理にかなった事柄や、政府部門の規模縮小、柔軟な為替レート、資本勘定の自由化など、一見魅力的なマクロ経済の目標だ。また、よりミクロ経済的な目標も追求する。民営化、公共サービス提供の効率化、そして、腐敗をなくす措置を重視して国家そのものの機能を向上させるといった提案もあるかもしれない。そうした改革の多くはそれ自体、理にかなったものかもしれないが、ワシントン、ロンドン、パリをはじめ世界各地の国際機関の手法はいまだに誤った考えに縛られ、政治制度の役割も、制度が政策策定に与える制約も、認識しないままだ。国際的学術組織がより良い政策と制度を貧困国にむりやり採択させて経済成長を設計しようとしても、うまくいかない。なぜなら、貧困国の指導者は無知だという以外、そもそもなぜ悪い政策と制度がその国にあるのかを説明する準備をしないからだ。その結果、政策が採択も実施もされないか、あるいは形だけ実施されることになる。

たとえば、一九八〇年代から九〇年代を通じて、表面上はそうした改革が行なわれた世界の多くの国、とくにラテンアメリカ諸国で経済が停滞した。実際に、そうした国々には、それまでどおりの政治が続く状況で改革が押しつけられてきた。そのため、改革が導入された場合でさえ、本来の意図が台無しにされたり、政治家がほかの手段を使って改革の矛先を鈍くしたりした。そうしたすべてを物語るのが、マクロ経済の安定を達成するための国際的学術組織の重要な勧告の一つ、中央銀行の独立の「実行」だ。この勧告は、理論上は実行されても実践が伴わなかったり、ほかの政策の利用により実効力が弱まったりした。原理としては、それはきわめて理にかなっていた。世界中の多くの政治家が税収入よりも多い額を消費し、その差を埋めるために中央銀行に紙幣を刷らせていた。そのせいで引き起こされたインフレが、不安定性と不確実性を生んだ。理論上は、ドイツ連邦銀行のように中央銀行が独立していれば、政治的圧力に屈服せずにインフレを抑えられるはずだった。ジンバブエのムガベ大統領は国際的な助言に耳を傾けようと決め、一九九五年にジンバブエ中央銀行の独立を宣言した。ジンバブエのインフレ率はそれまで、二〇パーセント前後で推移していた。それが二〇〇二年には一四〇パーセント、二〇〇三年には六〇〇パーセント弱、二〇〇七年には六万六〇〇〇パーセント、そして、二〇〇八年には二億三〇〇〇万パーセントに達した！もちろん、大統領が宝くじに当選する国（一九九―二〇五ページ）では、中央銀行を独立化する法律の成立が無意味であることに、誰も驚かない。ジンバブエ中央銀行総裁はおそらく、シエラレオネで自分と同じ立場にあった人物がシアカ・スティーヴンズと意見が対立し、中央銀行の最上階から「落ちた」（一六五ページ）経緯を知っていたのだろう。銀行が独立していようといまいと、大統領の要請に従うのが彼自身の健康を守るための賢明な選択だった――たとえそれが経済の健康のためにならなくとも。すべての国がジンバブエのようだというわけではない。アルゼンチンとコロンビアでも、中央銀行が一九九〇年代に独立し、実際にインフレを抑制する実績を上げた。だが、いずれの国でも政治は変わらなかったため、政界エリートは別の方法を使って票を買収し、利得を維持し、自分と支持者に報酬を与えることができた。そのために紙幣を印刷することはもうできなかったから、違う方法を使わざるを得なかった。両国では中央銀行の独立と同時期に政府の支出が大幅に拡大し、かなりの部分が借り入れによってまかなわれた。

繁栄を設計する二つ目のアプローチのほうが、いまではずっと時流に乗っている。そのアプローチは、国家を一夜にして、あるいは数十年で貧困から繁栄へと引き上げる簡単な解決策はないことを認めている。けれども、良い助言さえあれば修復できる「ミクロ市場の失敗」が多いのだから、政策立案者がそれらの機会を利用すれば繁栄が生み出されるはずで、そのためにはやはり、経済学者などの助力と先見の明が必要だとされる。このアプローチによれば、小さな市場の失敗は貧困国ではいたるところにあり、たとえば、教育システム、医療の提供、市場の構成などに見られる。それはまぎれもなく真実だ。だが、問題は、それらの小さな市場の失敗は氷山の一角であって、収奪的制度下で機能する社会のもっと根深い問題の症状にすぎないかもしれないことだ。貧困国のマクロ経済政策が貧弱なのは偶然の一致でないのと同じように、そうした国々の教育システムがうまく機能しないのも、偶然の一致ではない。それらの市場の失敗は無知だけのせいではないかもしれない。善意の助言に基づいて行動するはずの政策立案者と官僚も問題の一部かもしれず、そうした非効率性を正す多くの試みが裏目に出かねないのは、まさにその任にある人々がそもそも貧困の制度的原因に取り組まないからだ。

そうした問題が如実に表れた例が、インドのラージャスターン州で非政府組織（NGO）セヴァ・マンディールが医療の提供状況を改善するために設計した介入だ。インドにおける医療の提供には、根深い非効率性と失敗があふれている。政府が提供する医療は、少なくとも理論上は、広範に利用可能で低料金、職員は一般に有資格者のはずだ。だが、インドでは最貧困層でさえ政府の医療機関を利用せず、代わりにはるかに料金が高く非正規で、不十分なことさえある民間医療を選ぶ。ある種の不合理からそうするのではない。常習的欠勤が横行する公営の施設ではまったく医療が受けられないからだ。インド人が政府の運営する施設を訪れても、そこには看護師がいないだけでなく、おそらく建物に入ることさえできない。医療機関はたいがい閉まっているからだ。

二〇〇六年にセヴァ・マンディールは経済学者のグループとともに、ラージャスターンのウダイプル地区で看護師の出勤を促す奨励策を企画した。発想は単純だった。セヴァ・マンディールはタイムレコーダーを導入し、看護師が施設にいた日付と時間を記録するようにした。一日に三度、タイムカードを押させることで、看護師がきちんと定刻に出勤して施設にとどまり、定刻に退勤するよう仕向けようとした。このような奨励策がうまくいって医療の提供が質・量ともに向上すれば、発展途上の主な問題には簡単な解決策があるという理論の強力な証明になる。

結局、この介入によってわかったのは、まったく別のことだった。プログラムが実施された直後は、看護師の出勤率が著しく上がった。だが、それはほんのわずかしか続かなかった。一年あまり経つと、地区の保健管理局がセヴァ・マンディールの導入した奨励策を故意に妨害するようになった。欠勤がふたたび常習的になり、なおかつ「出勤免除日」が急激に増えた。つまり、看護師が欠勤しているだけでなく、それが地区の保健管理局から公式に許可されていたのだ。「機器の故障」も著しく増えた。タイムレコーダーが壊れたのだ。だが、保健管理局長の協力が得られなかったため、セヴァ・マンディールは壊れた機器を交換できなかった。

看護師に日に三回、タイムカードを押させるのは、さほど目新しい発想とは思えない。実際、産業界全体で（インド産業界ですら）行なわれている慣行であり、問題の解決策になるかもしれないことに保健管理局も気づいていたはずだ。したがって、そもそうした単純な奨励策を知らなかったから利用しなかった、というわけではなさそうだ。このプログラムの顚末《てんまつ》からわかったのは、単純な事実だ。保健管理局がプログラムの実施を妨害したのは、看護師とぐるで、蔓延する常習的欠勤問題の共犯だったからだ。保健管理局は、看護師の出勤を強制したり、欠勤したら賃金を減らしたりする奨励策を必要としていなかった。

このエピソードは、そもそも制度が問題の根本原因であるときに有意義な変革を行なう難しさを、ミクロな例で物語っている。この場合、セヴァ・マンディールと開発経済学者たちの奨励策を妨害できたのは、制度改革を阻む腐敗した政治家でも有力企業でもなく、地区の保健管理局と看護師たちだった。それによって気づかされるのは、ミクロ市場の失敗の多くがたやすく修復できそうに見えるのは錯覚かもしれないということだ。市場の失敗を生む制度的構造は、ミクロレベルでインセンティヴを増やそうとする介入の実践をも阻む。問題の根本原因である収奪的構造とそれを温存する政治に立ち向かわずに繁栄を設計しようとする試みは、実を結びそうにない。

対外援助の失敗

二〇〇一年九月一一日のアルカイダの襲撃を受け、合衆国率いる多国籍軍は、アフガニスタンで圧政を敷いていたタリバン政権を速やかに倒した。同政権はアルカイダの中心メンバーをかくまい、彼らの引き渡しを拒んでいた。二〇〇一年一二月、米軍に協力したアフガニスタンの元ムジャーヒディーン（イスラム戦士）各派の指導者たちと、ハーミド・カルザイをはじめとする亡命アフガニスタン人の中心メンバーのあいだでボン合意が結ばれ、民主的体制の樹立に向けた計画が策定された。その第一段階である国民大会議《ロヤジルガ》において、カルザイが暫定政府の指導者に選ばれた。アフガニスタンにとって状況は上向いていた。大多数のアフガニスタン人はタリバンの排除を望んでいた。国際社会は、いまやアフガニスタンに必要なのは莫大な対外援助の投入だけだと考えた。国連といくつかの主要なＮＧＯの代表が、すぐさま首都カブールに詰めかけた。

その後起こったことには、驚くほうがおかしい。過去五〇年間の貧困国と破綻国家への対外援助の失敗を考えればなおさらだ。驚こうが驚くまいが、お決まりのパターンが繰り返された。大勢の援助活動家とその随行団が自家用ジェット機で首都に乗り込み、あらゆる種類のＮＧＯがそれぞれの目標を達成するために殺到し、高官レベルの会議が政府や国際団体の代表のあいだで始まった。いまや何十億ドルもの金がアフガニスタンに集まってきた。だがその金は、インフラや学校をはじめ、包括的制度の整備に必要な公共サービスや、法と秩序の回復に必要なサービスにさえ、ほとんど使われなかった。インフラの大部分が荒廃したままであったにもかかわらず、最初に入ってきた金は国連などの国際官僚を輸送する航空会社の委託に使われた。官僚たちが次に必要としたのは運転手と通訳だ。そこで、英語を話す数少ない役人と現地に残っていた学校の教師を雇って車の運転と案内をさせ、当時のアフガニスタン人の給与の何倍もの金を支払った。数少ない有能な役人が対外援助団体の業務を請け負う職にとられ、流入する援助金はアフガニスタンのインフラ建設に使われるどころか、本来ならその金で建設し強化するはずのアフガニスタン人の国家をむしばみはじめた。

アフガニスタン中央部の山あいの僻地で村人たちが聞いたラジオ声明は、地域の住居再建のために数百万ドル単位の新たな計画があると告げていた。だいぶ待ってから、梁材が数本、イスマイル・ハーンの運送組合のトラックで届いた。ハーンは著名な元武将でアフガニスタン政府の一員だ。だが、届いた材木はその地域では大きすぎて使うあてがなく、村人たちは考えうる唯一の用途にそれを使った。薪にしたのだ。ところで、村人に約束された数百万ドルはどうなったのだろう？　約束された金のうち、二〇パーセントは国連機関のジュネーヴ本部が経費として取った。残りはあるNGOとの下請契約に使われ、そのNGOも二〇パーセントをブリュッセル本部の経費として取り、そんな調子でさらに三段階を経て、それぞれが残額からおよそ二〇パーセントずつを取った。アフガニスタンに届いたなにがしかの金は西のイランから木材を買うのに使われたが、大半は高騰する輸送費をまかなうため、イスマイル・ハーンの運送組合に支払われた。大きすぎる梁材が村に届いたことすら、奇跡のようなものだった。

アフガニスタン中央部の山あいの村で起きたことは、例外ではない。援助対象に届くのは援助金のおよそ一〇パーセントからせいぜい二〇パーセントにすぎないという概算が、多くの調査によって出されている。現在、国連および現地の職員による援助金流用容疑で捜査中の事件は、何十件にも上る。だが、対外援助から生まれる無駄の大半は不正ではなく、たんなる無能さの結果であり、もっとひどい場合、援助機関の通常業務の結果なのだ。

援助をめぐるアフガニスタンの経験は、実は、ほかの例と比べればある程度は成功だったのかもしれない。過去五〇年間を通じて、世界中の政府が「開発」援助に拠出した金額は何千億ドルにも及ぶ。そのうちの多くはアフガニスタンの場合と同じく経費と腐敗のために浪費された。さらに悪いことに、かなりの額がモブツのような独裁者の手に渡った。独裁者たちは、金の力で支持者の歓心を買って政権を盤石にするために、また、私腹を肥やすために、西側のパトロンからの対外援助に頼った。サハラ以南のほかのアフリカ諸国でも、たいがい状況は似たようなものだった。危機的状態下で一時的救済のために行なわれる人道援助などは、直近ではハイチとパキスタンに提供され、同様の問題で受け渡しに支障があったとはいえ、もっと役立ったのは確かだ。

「開発」援助のそうした好ましくない履歴にもかかわらず、対外援助は世界中の貧困と闘う手段として、欧米の政府、国連などの国際機関、さまざまな種類のNGOが薦める最も人気の高い政策の一つだ。そして、当然ながら、対外援助の失敗のサイクルも何度となく繰り返されている。アフリカのサハラ以南、カリブ海沿岸、中央アメリカ、南アジアの貧困問題を解決するために富裕な欧米諸国が多額の「開発援助」をすべきだという考えは、貧困の原因についての誤った理解に基づいている。アフガニスタンのような国が貧しいのは収奪的制度のせいだ。そうした制度があるせいで、所有権も、法と秩序も、まともに機能する法律制度もなく、国のエリートや、もっと多くの場合、地方のエリートが政界と財界に厳然と君臨するようになる。同じような制度上の問題のせいで、対外援助は略奪されたり、届くべきところに届かなかったりして、効果を発揮できない。最悪の場合、対外援助が、そうした社会問題のまさに根源である政権を支えることになる。持続的経済成長に包括的制度が必要だとすれば、収奪的制度の上にあぐらをかく政権に援助を与えるのは、解決策にはなり得ない。だからといって、人道支援以外であっても、学校のなかった地域に学校を建設し、支援なしでは無給になってしまう教師に給与を支払うといった個別の支援計画から多大な成果が得られることは否定できない。カブールになだれ込んだ援助団体の多くが一般のアフガニスタン人の生活向上にほとんど役立たなかったなかで、学校の建設は注目すべき成功を収めている。ことに、タリバン政権下だけでなくそれ以前ですら教育から完全に排除されていた女子の学校の建設は、大きな成果だ。

繁栄のみならず援助の到達にまで制度が関係するという認識のおかげもあって、このところ人気が出てきた解決策は、援助を「条件つき」にすることだ。この考え方では、対外援助が継続されるかどうかは、受け取る側の政府が市場の自由化や民主化の進展といった一定の条件を満たしているかどうかによる。ジョージ・W・ブッシュ政権は、「ミレニアム・チャレンジ・アカウント」の導入により、この型の条件つき援助にきわめて大きな一歩を踏み出した。この特別会計案では、将来の援助金は経済と政治の発展のいくつかの側面の数量的な改善に応じて支払われることになっている。だが、条件つき援助の有効性は無条件型と変わらないようだ。そうした条件を満たせない国が、満たしている国と同じくらい援助を受け取っている例がよく見られる。理由は単純だ。開発援助にしても人道援助にしても、前者は援助をより必要としているのである。そして、わかりきったことだが、条件つき援助は国の制度にはほとんど影響を与えないようだ。要するに、もしもシエラレオネのシアカ・スティーヴンズやコンゴのモブツのような人物が、対外援助をほんの少し増額してもらうためだけにみずからが依存する収奪的構造を急に解体しはじめたとすれば、それは驚天動地の事態だ。多くの政府の予算全体に対外援助がかなりの割合を占めるアフリカのサハラ以南でさえ、また、ミレニアム・チャレンジ・アカウントで条件の重要性が高められたあとでさえ、強権を弱めることで独裁者が得る追加支援の額は少ないし、みずからの国家支配の継続や生命を危険にさらすほどの価値はない。

だが、そうした諸事情があるからといって、人道支援以外の対外援助を停止すべきではない。対外援助をやめるのは非現実的だし、人々をさらに苦しめるだろう。なぜ非現実的かというと、欧米の多くの国の国民は世界各地の経済的・人道的災難に罪悪感と不安を抱き、対外援助をすることで、問題と闘うなんらかの策が講じられていると思うからだ。たとえその策があまり効果的でなくとも、何かしたいという欲求は維持され、対外援助も維持される。国際機関とNGOのとてつもない複雑さも一因となって、現状維持のための資源がたえず必要とされ、結集される。また、最貧国への援助を打ち切るのは冷酷だ。たしかに、援助の多くは無駄になる。だが、援助に回される金一ドルにつき一〇セントが世界で最も貧しい人々に届くならば、彼らは前よりも一〇セント多く所有し、最悪の貧しさは軽減される。それだけでも、何もないよりはましかもしれない。

ここに大切な教訓が二つある。第一に、対外援助は、こんにち世界各地で起こっている国家の破綻を処理する効果的な方法ではないということだ。効果的とはとても言えない。国家が貧困のサイクルから抜け出すには、包括的な政治・経済制度が必要だ。対外援助はその点ではほとんど役立たないことが多く、とくに現在組織されているようなやり方では絶対に役立たない。世界の格差と貧困の根源を認識するのは、偽りの約束に望みをつながないためにこそ大切だ。そうした根源は制度にあるため、対外援助は、受け入れ国の既存の制度の枠内では持続的成長を促さない。第二に、包括的な政治・経済制度の整備がカギとなるため、現在提供されている対外援助の少なくとも一部をそうした整備に使うのは有用だろう。すでに見たように、条件づけは現在の統治者に譲歩を要求するため、この場合は答えにならない。その代わり、対外援助の利用と管理によって、従来は権力から遠ざけられてきたグループや指導者が意思決定プロセスに参加できるように援助の仕組みを整え、国民の幅広い階層に権限を委譲するのがより有望なやり方だろう。

権限の委譲

一九七八年五月一二日。ブラジルのサンパウロ州サンベルナルド市のスカニア・トラック工場では、いつもと同じ一日が始まるかに見えた。だが、労働者たちは浮き足立っていた。一九六四年に軍がジョアン・グラール大統領の民主的政府を倒して以来、ブラジルではストライキは禁止されていた。だが、政府が国のインフレ率を改ざんして生活費の高騰を低く見せかけようとしていたというニュースが、たったいま伝えられたのだ。午前七時〇〇分のシフトが始まると、労働者たちは工具を置いた。午前八時〇〇分、工場で働く組合の勧誘員《オルグ》であるジウソン・メネゼスが、組合に電話した。サンベルナルド・メタルワーカーズ（金属労働者）組合委員長はルイス・イナシオ・ルーラ・ダ・シルヴァ（「ルーラ」）という三三歳の活動家だった。ルーラは正午には工場に着いた。会社側は、仕事に戻るよう従業員たちを説得してほしいと頼んだが、ルーラは断った。

スカニアのストライキはブラジルを席巻したストライキの波の第一波だった。それらは表面上、賃金をめぐるストライキだったが、ルーラはのちにこう述べている。

経済的要因と政治的要因を分けることはできないと思う……その……闘争は賃金をめぐるものだったが、賃金を求めて闘うなかで、労働者階級は政治的勝利を収めた。

ブラジルの労働運動の再燃は、一五年に及んだ軍政に対する幅広い社会の反発のごく一部にすぎなかった。ブラジルが民主主義体制を再構築したあと、ルーラはなるべくして大統領になった。それを予言するかのように、左翼知識人フェルナンド・エンリケ・カルドーゾは一九七三年に、ブラジルで民主主義体制が構築されるのは軍政に反対する多数の社会集団が結束したときだと主張した。カルドーゾによれば、必要なのは「市民社会……職業団体、労働組合、教会、学生組織、研究会、論壇、社会運動などの最活性化」で、言い換えれば、民主主義体制の再構築とブラジル社会の変革を目指す幅広い連合だ。

スカニア工場はそうした連合の形成のさきがけだった。一九七八年末には、ルーラは新たな政党、労働者党を旗揚げする構想を抱いていた。だが、労働組合員だけの党にするつもりはなかった。ルーラは、すべての賃金労働者と貧困層全般のための党でなくてはいけないと力説した。こうして、政治的基盤を組織しようとする組合指導者たちの取り組みは、相次いで誕生した社会運動の多くと連動しはじめた。一九七九年八月一八日、サンパウロで労働者党の結党を話し合う会合が開かれ、野党出身の政治家、組合指導者、学生、知識人に加えて、一九七〇年代にブラジル全土で組織されはじめた多様な社会運動の一〇〇団体の代表者が集まった。一九七九年一〇月にサンベルナルドのレストラン、サン・ジュダス・タデオで旗揚げされた労働者党は、そうした多様なグループのすべてを代表することになった。

労働者党はすぐに、軍部が不本意ながら着手した政治開放の恩恵を受けはじめた。一九八二年の地方選挙で初めて候補者を出馬させ、二つの市長選で勝利した。一九八〇年代を通じて、ブラジルで民主主義体制が徐々に再構築されるにつれ、労働者党が支配する地方政府が増えていった。一九八八年には三六の自治体の政府を支配下に置き、そのなかにはサンパウロやポルトアレグレのような大都市もあった。一九八九年、軍事クーデター以降初の自由大統領選挙で、ルーラは同党の候補として第一回投票で一六パーセントの票を得た。フェルナンド・コロルとの決選投票では四四パーセントの票を得た。

一九九〇年代にはますます多くの地方政府を支配下に置くようになり、労働者党は多数の地方社会運動との共生関係に入っていく。ポルトアレグレでは、初の労働者党政権が一九八八年以降、「参加型予算編成」を導入した。これは、一般市民が参加して市の支出の優先順位を決める仕組みだ。できあがったシステムは、地方政府の説明責任と対応の世界的モデルとなり、市の公共サービス供給と生活の質も大幅に向上させた。同党の地方レベルでのすぐれた統治機構が、国政レベルでのより大規模な政治動員と成功につながった。ルーラは一九九四年と一九九八年の大統領選挙でフェルナンド・エンリケ・カルドーゾに敗れたものの、二〇〇二年にはブラジルの大統領に選ばれた。労働者党はそれ以来、政権の座にある。

ブラジルで多様な社会運動が結集し、労働者が組織された結果、幅広い連合が形成されたことは、ブラジル経済にめざましい影響をおよぼした。一九九〇年以来、急速な経済成長が続き、国民の貧困率は四五パーセントから、二〇〇六年には三〇パーセントに低下した。軍政下で急激に拡大した格差は、とくに労働者党が政権を取ってから著しく縮小し、教育も大いに拡大して、国民の平均就学年数は一九九五年の六年から二〇〇六年には八年に延びた。ブラジルはいまやBRIC諸国（ブラジル、ロシア、インド、中国）の一員であり、国際外交の舞台で影響力を持つ最初のラテンアメリカ国家となった。

一九七〇年代以降のブラジルの台頭は、国際的学術組織の経済学者たちがブラジルの政策立案者により良い政策の策定や市場の失敗の回避法を教えてつくりだしたものではない。対外援助の注入によって達成されたのでもない。近代化が自然にもたらした産物でもない。むしろ、多様な人々の集団が果敢に包括的制度を打ち立てた結果だ。やがて、それらはより包括的な経済制度に結びついた。とはいえ、ブラジルの変革は一七世紀のイングランドの変革と同様、包括的政治制度の創出から始まった。だが、社会が包括的政治制度をつくるには、どうすればいいのだろう?

これまで見てきたように、歴史をひもとけば、改革運動が寡頭制の鉄則に屈し、一連の収奪的制度をさらに悪質なものに代える羽目になった例がいくらでもある。私たちは、一六八八年のイングランド、一七八九年のフランス、一八六八年の日本の明治維新が、政治改革とともに包括的政治制度の構築プロセスを開始したことを見てきた。だが、そうした政治改革は一般に多くの破壊と困難を生み出すし、成功確実とはとても言えない。ボリシェヴィキ革命が喧伝した目標は、帝政ロシアの収奪的経済システムをもっと公正で効果的なシステムに代え、その結果、何百万というロシア人に自由と繁栄をもたらすというものだった。ところが、残念ながら正反対の結果となり、はるかに弾圧的で収奪的な制度が、ボリシェヴィキが倒した政府の制度に取って代わった。中国、キューバ、ヴェトナムの経験も同じだった。共産主義以外の上意下達の改革も、その多くがたいした成果を上げていない。ナセルはエジプトに近代的で平等な社会をつくると約束したが、結局、ホスニ・ムバラクの腐敗体制につながっただけだったのは、第一三章で見たとおりだ。ロバート・ムガベは、イアン・スミスの人種差別的できわめて収奪的なローデシアの政権を打倒する自由の闘士と多くの人から見られていた。だが、ジンバブエの制度は似たり寄ったりの収奪的なものとなり、経済実績は独立以前よりさらに悪くなった。

より包括的な制度と漸進的制度改革への道をうまく地ならししてきた政治改革に共通する要素は何だろうか？　北米、一九世紀のイングランド、独立後のボツワナで成し遂げられ、結果的に包括的政治制度をかなり強化することにもなったそうした改革に共通するのは、社会のきわめて広範かつ多様な集団への権限委譲に成功したことだ。包括的政治制度の基盤である多元主義に必要なのは、政治権力が社会に広く行き渡ることであり、狭い範囲のエリートに権力を与える収奪的制度から出発する場合には、権限委譲のプロセスが必要だ。第七章で強調したように、名誉革命はそうしたプロセスのおかげで、あるエリートによる別のエリートの放逐とは一線を画したものとなった。名誉革命の場合、多元主義の出発点は政治革命によるジェームズ二世の排除であり、革命を率いた幅広い連合には商人、実業家、ジェントリーばかりか、王権側に与しないイングランドの貴族も多数含まれていた。これまで見てきたように、名誉革命は、それに先立つ幅広い連合の結集と権限委譲のおかげで達成されやすくなった。より重要なのは、名誉革命によって、以前よりもさらに幅広い階層に、さらに権限が委譲されたことだ。とはいえ、その階層が社会全体に比べれば狭かったのは明らかだし、イングランドはその後二〇〇年間、真の民主主義からは程遠い状態にあった。北米の植民地で包括的制度の誕生につながった要因も同じようなものだったことは、第一章で見た。ヴァージニア、カロライナ、メリーランド、マサチューセッツに始まり、独立宣言と合衆国における包括的政治制度の統合に至った道筋もまた、社会のより幅広い階層に権限が委譲されていく道筋だった。

フランス革命もまた、社会のより幅広い階層への権限委譲の一例で、そうした階層がフランスのアンシャンレジーム（旧体制）に向かって立ち上がり、より多元主義的な政治機構への道を開いた。だが、ことに革命の最中に生じたロベスピエールの弾圧的で血なまぐさい恐怖政治を見れば、権限委譲のプロセスには落とし穴があることも明らかだ。それでも結局、ロベスピエールとジャコバン派幹部は排除された。フランス革命が残した最も重要な遺産はギロチンではなく、革命によってフランスやヨーロッパ各地で成し遂げられた大幅な改革だったのである。

そうした権限委譲の歴史的過程と、一九七〇年代以降、ブラジルに起こったことのあいだには多くの共通点がある。労働者党のルーツの一つは労働組合運動だったが、その最初期から、ルーラのような指導者たちは、党に協力する多数の知識人と野党の政治家とともに幅広い連合をつくることを目指した。そうした動きが、党による地方政府支配の広がりとともに、全国各地の社会運動と融合しはじめ、市民の参加を促し、全土に及ぶ一種の統治革命のきっかけとなった。ブラジルでは、一七世紀のイングランドと一八世紀初頭のフランスとは対照的に、政治制度を一挙に変える導火線となるような急進革命は起こらなかった。それにもかかわらず、サンベルナルドの工場で始まった権限委譲のプロセスが有効だったのは、一つには、軍政から民主主義体制への移行のように国政レベルで根本的に政治を変える動きとなったからだ。より重要なのは、ブラジルでは草の根レベルの権限委譲が、民主主義への移行と包括的政治制度への動きの同時進行を可能にし、公共サービス、教育の拡大、真に平等な機会の提供に取り組む政府を誕生させる最大の要因となったことだ。これまで見てきたように、民主主義は多元主義の誕生を保証するわけではない。それに関しては、ブラジルの多元的制度の発展と、ベネズエラの経験の対比が多くを物語る。ベネズエラも一九五八年から民主主義体制へ移行したものの、草の根レベルの権限の委譲を伴わず、政治権力の多元的な配分も生み出さなかった。その代わり、腐敗政治、利益供与のネットワーク、対立がはびこり、そのせいもあって、選挙の際、有権者はウゴ・チャベスのように独裁者になりそうな候補者でも喜んで支持した。おそらく、ベネズエラで地位を確立しているエリートたちに立ち向かえるのは彼だけだと考えたからだろう。その結果、この国はいまだに収奪的制度を脱することができず、一方でブラジルは旧弊を打破できたのだ。

どうすれば権限委譲のプロセスを進めたり、せめて進めやすくしたりして、包括的政治制度の発展を促せるだろうか？　もちろん、率直な答えは、そういう制度を必ず構築できる処方はないというものだ。当然ながら、権限委譲のプロセスの実現を容易にするであろう明らかな要因はいくつかある。たとえば、ある程度集権化された秩序が存在していて、既存の体制に挑む社会運動がすぐに無法状態に陥らないこと。ボツワナの伝統的政治制度のように多元主義をわずかでも取り入れた政治制度があらかじめ整っており、幅広い連合が形成され維持されること。そして、人々の要求を調整できるような市民社会制度が存在し、反政府運動が現在のエリートにたやすく押しつぶされたり、別の集団が既存の収奪的制度を乗っ取るのにまんまと利用されたりしないことだ。だが、そうした要因の多くは歴史的に既定されていて、緩やかに変化するだけだ。ブラジルの例は、市民社会制度および連帯する党組織を一から組み立てるにはどうすればいいかを示しているものの、このプロセスは緩やかだし、さまざまな状況下でどのくらい成功できるかは、よくわかっていない。

もう一つ、権限委譲のプロセスにおいて変化をもたらす役割を果たしうる主体、あるいは主体の集合がある。メディアだ。権力者が政治と経済を乱用しているかどうかについて情報が行き渡らないと、社会全体の権限委譲を調整し、維持するのは難しい。第一一章で、合衆国のメディアが一般市民に情報を提供したり、包括的制度をむしばむ力に反対する市民の要求を調整したりする役割を果たしていることを見た。社会の広い階層への権限委譲をより長続きする政治改革へと導く際にもメディアが主要な役割を果たしうることが、やはり第一章の内容から、ことにイギリスの民主化のくだりから読み取れる。

人々に情報と行動のきっかけを与えたパンフレットや書物は、イングランドの名誉革命、フランス革命、一九世紀のイギリスの民主化への歩みにおいて重要な役割を果たした。同じように、情報・通信技術の進歩に基づく新たな伝達手段であるウェブ上のブログ、匿名のチャット、フェイスブック、ツイッターをはじめとするメディアが、二〇〇九年のイランのアフマディネジャドの不正選挙とそれに続く弾圧への反対運動で中心的役割を果たした。また、本稿を仕上げている最中にも繰り広げられている「アラブの春」の抗議運動でも同様に、そうしたメディアが中心的役割を果たしているようだ。

独裁政権はたいがい、自由なメディアの重要性を認識し、メディアとの闘いに全力を挙げる。それを物語る極端な例がペルーのアルベルト・フジモリ政権だ。フジモリはもともと民主的選挙で選ばれたが、ほどなく、大統領在任中の一九九二年にクーデターを起こしてペルーに独裁体制を敷いた。それ以後、選挙は続けられたものの、フジモリは腐敗体制を打ち立て、弾圧と賄賂を通じて国を治めた。そうした統治のためにフジモリが大きく依存したのが、右腕であり、ペルーで強権を振るった国家情報局の最高責任者だったブラディミロ・モンテシノスだ。モンテシノスは抜け目ない人物で、政権が買収によってさまざまな個人の忠誠を得るのにいくら支払ったかを詳細に記録し、多くの贈収賄の現場をビデオ撮影さえしていた。

それは理にかなったやり方だった。たんに記録を保持するだけでなく、共犯者を記録することによって、フジモリとモンテシノス同様に彼らも有罪だという証拠を確保できたからだ。政権崩壊後、そうした記録はジャーナリストと当局の手に渡った。賄賂の金額を見ると、独裁政権にとってのメディアの価値があからさまにわかる。最高裁判事の値打ちは月額五〇〇〇ドルから一万ドル、政治家には同じ党でもほかの党でも、同等の額が渡された。だが、新聞とテレビ局にいたっては、金額は一〇〇万ドル単位に跳ね上がる。フジモリとモンテシノスは、あるときは九〇〇万ドル、あるときは一〇〇〇万ドル以上を渡してテレビ局を支配下に置いた。主力紙にはトップ記事一本につき一〇〇万ドル以上を、ほかの新聞にも三〇〇〇ドルから八〇〇〇ドルを渡していた。フジモリとモンテシノスは、メディアを支配することは政治家と裁判官を支配することよりもよほど重要だと考えていたのだ。モンテシノスの取り巻きの一人だったベジョ空軍司令官は、あるビデオのなかでこう要約している。「テレビを支配しなければ、何もできない」

現在の中国の収奪的構造も中国当局のメディア支配に決定的に依存しており、その手法は前述したように、恐ろしいまでに精緻になっている。ある中国通はこうまとめている。「政治改革において党の指導権を維持するためには、三つの原則が守られなくてはいけない。党による軍部の支配、党による幹部の支配、党によるニュースの支配だ」

だが、もちろん、自由なメディアと新たな通信技術が力を貸せるのは、情報の提供、より包括的な構造に向けて闘う人々の要求と行動の調整といった周辺部分だけだ。メディアの貢献が有意義な変革に結びつくのは、社会の幅広い階層が政治を変えるために行動を起こして協調するときだけであり、党派的理由や収奪的構造の支配のためではなく、収奪的構造をより包括的構造へ変えようとするときだけである。そうしたプロセスが進んで権限委譲への門戸が開放され、最終的に持続的な政治改革に至るかどうかは、これまで多種多様な例で見てきたとおり、政治・経済制度の歴史と、関わりのある多数の小さな相違と、偶然に大きく左右される歴史の成り行き次第なのである。

謝　辞

本書は一五年間の共同研究の集大成であり、私たちはその間、実務と学問の両面で多大な恩義を受けてきた。最も大きな恩義を感じている相手は、長年の共同研究者、サイモン・ジョンソンだ。彼と共同執筆してきた多くの重要な論文によって、私たちは経済発展の比較についての理解を形づくってきた。

私たちが見識を深められたのは、関連する研究プロジェクトで力を合わせてきた共同執筆者たちが重要な役割を果たしてくれたおかげだ。なかでも以下の方々にとくに感謝を捧げたい。フィリップ・アギオン、ジャン＝マリ・バラン、マリア・アンヘリカ・バウティスタ、ダヴィデ・カントニ、イサイアス・チャヴェス、ジョナサン・コニング、メリッサ・デル、ジョージー・エゴーロフ、レオポルド・ファーガソン、カミーロ・ガルシア＝ヒメノ、タレク・ハッサン、セバスチアン・マズーカ、ジェフリー・ヌージェント、ニール・パーソンズ、スティーヴ・ピンカス、パブロ・ケルビン、ラファエル・サントス、コンスタンティン・ソニン、ダヴィデ・ティッチ、ラグナー・トーヴィク、ホアン・フェルナンド・バルガス、ティエリー・ヴェルディィエ、アンドレア・ヴィンディグニ、アレックス・ウォリツキー、ピエール・ヤレド、ファブリツィオ・ジリボティ。

研究期間を通じてそのほか大勢の方々から受けた激励、刺激、批評が大きな役割を果たしてきた。以下の方々にとくに感謝の意を表したい。リー・アルストン、アビジット・バナジー、ロバート・ベイツ、ティモシー・ベスリー、ジョン・コーツワース、ジャレド・ダイアモンド、リチャード・イースタリン、スタンリー・エンガマン、ピーター・エヴァンズ、ジェフ・フリーデン、ピーター・ゴルヴィッチ、スティーヴン・ヘイバー、マーク・ハリソン、エルハナン・ヘルプマン、ピーター・リンダート、カール・オヴェ・モーエン、ダニ・ロドリック、バリー・ワインゲスト。

私たちの見解を形づくり、研究を進めるうえでとりわけ重要な役割を果たしたジョエル・モキールとケン・ソコロフのお二人に、この場を借りて、学術面で受けた恩義に対して心からの感謝の意を表したい。ケンは残念なことに、この本が書かれるまえに世を去った。私たちはいずれもケンの逝去を深く悼んでいる。

二〇一〇年二月にハーバード大学数量的社会科学研究所（Institute for Quantitative Social Science／IQSS）で、私たちが本書の草稿を基に主催した学会に出席した研究者諸氏にも、深く感謝している。共同主催者のジム・アルトとケン・シェプスリをはじめ、討論に参加してくれた以下の方々にとくに謝意を表したい。ロバート・アレン、アビジット・バナジー、ロバート・ベイツ、スタンリー・エンガマン、クローディア・ゴールディン、エルハナン・ヘルプマン、ジョエル・モキール、イアン・モリス、シェヴケト・パムク、スティーヴ・ピンカス、ピーター・テミン。学会の席上ばかりでなくほかの多くの機会にも広範なコメントをくださった以下の方々にも、感謝している。メリッサ・デル、ヘスス・フェルナンデス・ヴィラヴェルデ、シャーンドル・ラースロー、スレシュ・ナイドゥ、ロジャー・オーウェン、ダン・トレフラー、マイケル・ウォルトン、ノーム・ヤットマン。チャールズ・マン、レアンドロ・プラードス・デ・ラ・エスコスラ、デーヴィッド・ウェブスターにも、専門家としての助言に感謝の意を表したい。

研究の過程と本書の執筆期間の大半において、私たち二人はカナダ先端研究機関（Canadian Institute for Advanced Research／CIFAR）の「制度、組織、成長」プログラムに参加していた。CIFARの会合でたびたび本書に関連する研究を発表し、このすばらしい研究機関の支援とそこに集う学者たちから多大な恩恵を受けた。

また、本書で掘り下げた題材についてのさまざまなセミナーと学会で、文字どおり何百人もの方々からコメントを頂戴した。そうした発表や討論から示唆、アイデア、洞察を提供していただきながら、そのご恩に報いていないことに、お詫びしたい。

マリア・アンヘリカ・バウティスタ、メリッサ・デル、レアンダー・ヘルドリングがこのプロジェクトに研究面で卓越した支援をしてくれたことにも、とても感謝している。

最後になってしまったが、魅力と洞察に富み、抜群に頼りになる編集者、ジョン・マハニーが担当してくれて、私たちはとても幸運だった。ジョンのコメントと提案のおかげでずっと質の高い本になったし、彼がこのプロジェクトに寄せてくれた支援と熱意のおかげで、最後の一年半が予期していたよりもかなり楽しくなり、負担が軽くなった。

解　説

なぜ「制度」は成長にとって重要なのか

明治学院大学社会学部教授
稲葉振一郎

本書はDaron Acemoglu and James A. Robinson, *Why Nations Fail: The Origins of Power, Prosperity, and Poverty* (Crown Business, 2012) の全訳である。

ダロン・アセモグルDaron Acemogluはトルコ出身、英国ヨーク大学卒業後、ロンドン・スクール・オブ・エコノミクス（ＬＳＥ）で一九九二年に博士学位を取得した。九二年から九三年までＬＳＥで経済学講師、九三年以降はマサチューセッツ工科大学（ＭＩＴ）に経済学助教授として移り、九七年准教授、二〇〇〇年より教授（二〇〇四―一〇年はチャールズ・Ｐ・キンドルバーガー記念応用経済学教授、二〇一〇年以降はエリザベス＆ジェイムズ・キリアン記念経済学教授）を務めている。この間アメリカ経済学会のジョン・ベイツ・クラーク・メダル他、世界各国の様々な学術賞や名誉学位を授与されており、二〇〇六年以降はアメリカ芸術科学アカデミー会員である。

主たる研究分野は政治経済学、経済発展、経済成長、経済理論、技術、所得と賃金の不平等、人的資本と訓練、労働経済学、ネットワーク経済学。その関心は見られる通り経済成長を主軸として極めて広く、純粋理論の論文のみならず、計量分析の専門家との共著で多数の実証的論文を超人的なペースで量産している。

著書としては、本書に総括された「成長の政治経済学」プロジェクトの一環をなすロビンソンとの共著『独裁と民主政の経済的起源』*Economic Origins of Dictatorship and Democracy* (Cambridge University Press, 2006) の他、長期マクロ動学の包括的な大学院レベル教科書『近代経済成長論入門』*Introduction to Modern Economic Growth* (Princeton University Press, 2009) がある（いずれも未邦訳）。

ジェイムズ・A・ロビンソン James A. Robinson は英国生まれ、LSE卒業後にウォーリック大学で修士、イェール大学で九三年に博士学位を取得している。九二年よりメルボルン大学経済学講師、九五年より南カリフォルニア大学経済学助教授。九九年からはカリフォルニア大学バークレー校で政治学（political science）助教授、二〇〇一年からは政治学・経済学准教授。二〇〇四年からはハーバード大学政治学（government）教授、二〇一五年よりシカゴ大学公共政策大学院ハリススクール教授を務めている。上述のアセモグルとの共著でアメリカ政治学会ウッドロー・ウィルソン基金賞他多数の賞を獲得している。主たる研究分野は政治経済学と比較政治学、経済発展と政治発展。

経済理論の知識をベースとしつつ、近年は計量政治学者として活躍している。ラテンアメリカ、サハラ以南のアフリカの現場を踏まえた実証分析を重ね、スペイン語の論文もある他、スウェーデン外務相の諮問委員も経験している。

本書はアセモグルとロビンソン、そして謝辞に名前が挙げられているサイモン・ジョンソン Simon Johnson（ＭＩＴスローン経営大学院ロナルド・Ａ・カーツ記念教授、金融経済学の専門家で、学術論文以外にも財政金融危機をめぐる多数の著作・記事を発表している）を中心に十数年来進められてきた研究プロジェクトの、一般読者向け集大成である。本書中に数式や統計分析は表立っては一切登場しないが、その背後にはもちろん、文献表に列挙されていないものまで含めて膨大な理論的・実証的論文が存在している。そのいくつかはＭＩＴのアセモグルのサイト http://economics.mit.edu/faculty/acemoglu などで無料で読めるので、意欲がおありの方は挑戦されたい。

本書で著者たちはまず、長期的な経済発展の成否を左右する最も重要な要因は、地理的・生態学的環境条件の違いでも、社会学的要因、文化の違いでも、いわんや人々の間の生物学的・遺伝的差異でもなく、政治経済制度の違いである、と主張し、それを歴史的な比較分析でもって論証していく。

それでは、その制度的な違いとはどのようなものか？　本書の第二の主張は、包括的

inclusive な政治制度――その極限が自由民主政――と、包括的な経済制度――自由な（開放的で公平な）市場経済との相互依存（好循環）、それと裏腹の収奪的 extractive な政治制度――権威主義的独裁等――と、収奪的な経済制度――奴隷制、農奴制、中央指令型計画経済等――との相互依存（悪循環）というメカニズムが存在する、というものである。ある社会を支配している制度的枠組みが収奪的であるのか、それとも包括的であるのか、の違いが、その社会において持続的な経済成長が可能となるかどうかを左右しているのだ、と著者たちは主張する。

この「解説」では前段の「なぜ地理説や文化説よりも制度説なのか」という問いにではなく、後段の「なぜ制度は成長にとってかくも重要なのか」という問いの方にあえて焦点を絞り、関連著作をも参照しながらその意義を検討していく。

第二次大戦後のソ連の高度成長や、「改革・開放」以降の中国、あるいは一時期のいわゆる開発独裁（一九八〇年代頃の開発経済学でいわれた「韓国モデル」）など、収奪的政治制度の下でも一定の経済成長は見られた。しかも計画経済のソ連とは違い、「韓国モデル」や「改革・開放」は、国家主導の開発戦略（輸入代替工業化による自力更生を志向した、社会主義的色彩の濃厚ないわゆる「インドモデル」）の失敗を踏まえた、輸出主導の「独裁政治による自由な市場経済の強制」であった。以上の事実からは、一定の条件下では収奪的経済制度の下でも経済成長は可能であると思われるし、百歩譲ってそれが長期的に持続可能ではないとしても、収奪的政治制度＝独裁と、包括的経済制度＝自由な市場経済の組み合わせならば、十分に可能ではないのか？　と思われる。実際今日の左翼の多くは「新自由主義Neo Liberalism」のことをそのようなセットだとして批判する。

しかし著者たちによれば、そうした成長は――収奪的経済制度のみならず、収奪的政治制度と包括的経済制度の組み合わせによるものでさえ――持続可能ではない。それはあくまで、後発性の利益（将来有望な産業があらかじめわかっており、かつ先進国の優れた技術が簡単に移転できて利用できるような状況）などの一時的な好条件に支えられた過渡的なものである。たとえば七〇年代までのソ連の高度成長は重化学工業中心で、しかも採算を度外視した軍需や宇宙関係に引っ張られたものであって、民需主導の情報技術革新に対応できなかった。

更に重要なことには、収奪的政治制度の下では、仮に包括的経済制度が機能していたとしても、創造的破壊を伴う技術革新への許容度が極めて低い。創造的破壊による新技術、新製品、新産業の出現は、既存の産業構造を揺るがし、既得権益に対して破壊的にはたらく。政治体制を支配するエリートの社会経済的基盤が揺るがされることを、収奪的政治制度は許さない。それゆえ、収奪的政治制度の下では、政府による統制が緩められ、自由な市場競争がある程度進んだとしても、そうした規制緩和の限界はすぐに訪れる。つまり収奪的政治制度の下では、包括的、開放的な経済制度は持続可能ではなく、あるいは一定の限界内に押し込まれる。ソ連東欧社会主義体制下の「人間の顔をした社会主義」「経済改革」の試みが最終的には行き詰まったのもこのためである。このような理解に立ってアセモグルらは、現下の中国の経済発展も、現在の政治体制——共産党の一党独裁の下では長期的には限界に突き当たる、と予想している。

まとめるならば、継続的技術革新（創造的破壊）を伴う経済成長は、長期的には包括的経済制度＝自由な市場経済の下でしか持続可能ではない。しかしながら包括的な経済制度は、包括的な政治制度——つまり「法の支配」、そして究極的には自由な言論に支えられた民主政の下でしか持続可能ではない。収奪的な政治制度＝権威主義的独裁の下では包括的経済制度は長期にわたっては存続できず、早晩、収奪的な経済制度に移行してしまう——アセモグルらはこう主張している。

それでは、民主政のような包括的政治制度と、統制経済のような収奪的経済制度の組み合わせの方は、どうだろうか？　このテーマは本書では正面切って論じられてはいないが、アセモグルらはこの組み合わせの可能性にも否定的である。本書でもアルゼンチンの事例に即して軽く示唆されているが、『経済的起源』などではもう少し踏み込んだ議論が展開されている。それによると、収奪的制度セットの下では当然、支配エリートが経済的権益（価値ある資源や主導産業）を占有し、政治権力も握っている。そのような社会の経済構造が変わらないところで、いきなり政治権力だけが、形式的には民主的な制度的枠組みの下で、主要な経済的権益から排除されていた民衆の手に移動したとしよう。その場合でも民主化された国家権力は、そもそも包括的な経済制度が不在のところでは、それを苦労して構築して長期的に経済成長を実現することでよりも、どうしても近視眼的に、旧エリートの富を収奪することで短期的に民衆の利益を実現する誘惑に打ち勝ちがたい。つまり富裕者に重税を課したり、強引な農地改革を行なったり、といった急進的な再分配政策に走る可能性が高い。となれば旧エリートは反撃しようとするであろうが、その反撃は、もともと彼らの権力基盤は収奪的政治制度に立脚していた上に、民主的政治制度の下では支持を得がたいであろうから、暴力的なものになるし、その結果も収奪的政治制度への回帰になってしまうだろう。独立以降のラテンアメリカの、クーデターが反復される不安定な政治情勢は、このような観点から理解されうる。

更に、もしここで民衆による権力奪取が、包括的政治制度を確立する民主化としてではなく、収奪的政治制度の枠組みの中で、新たな権力者に自分たちの代表を立てる、というだけのものとして行なわれてしまえば、旧エリートによるクーデターがなくとも、その新たな権力者がいつしか民衆と無関係のエリート、新支配階級になるだけのことである。それはたとえ民衆を基盤としていたところで、収奪的政治の中での権力の単なる簒奪であって、民主化ではない。サハラ以南の多くの国々の事例に、これは当てはまるだろう。

そもそも「収奪的政治制度」とは何なのだろうか？　アセモグルらによれば収奪的政治制度とは、帝政期のローマや中華帝国、あるいは一党独裁型社会主義国家のようなあからさまに集権的なものだけではなく、そもそも明確な統一政権が不在のソマリアのような破綻国家までをも含む。

他方「包括的政治制度」とは、実は集権的な政治体制の特別なタイプに他ならない。自由民主政を極とする「包括的政治制度」とは、高度に集権的な政治権力機構であり、かつ、そこにおける権力がある特定の個人や具体的な社会集団の財産になっていないような仕組みである。そこにおける権力者はあくまでも権力機構の「機関」――その機能を果たすための役割の担い手――であって、その地位を離れればもはや権力者ではないが、それでも単なる普通の人間＝市民ではある。(「人」ならぬ)「法の支配」という言葉がその特徴を集約している。

それに対して「収奪的政治制度」とは、集権的な帝国であれ、無政府状態に割拠する軍閥・徒党であれ、こうした権力機構と権力者の区別を知らず、権力機構が丸ごと権力者の財産、その身体の延長なのである。それゆえ権力者は権力を奪われれば零落して何者でも――場合によっては人でさえなくなり、命さえ奪われる。

そして人類史の全体としては、収奪的制度セットの方がデフォルトの常態なのである。それに対して包括的制度セットは、いったん成立すればそれもまた収奪的制度セット同様に、好循環によって安定的に存続するかもしれないが、そもそもその発生自体がおよそありそうもない僥倖なのだ。

ではそのような僥倖は具体的にはどのようにして起きるのか？『経済的起源』『入門』

や他の論文をも踏まえ、かつ解説者の解釈も交えて簡単にイメージしてみよう。――まず、ある社会の収奪的政治制度の下で、強力な集権化が進行する。その下で権力者が、ライバルや民衆によって追い落とされる危険がない限りにおいて、自分の直接支配下にある産業のみならず、ライバルや民衆の財産を含めた、社会全体の経済成長を促進する動機を持ったとする。

権力者がこう考えるのはいかにも当然、と思われるかもしれないが、実際には違う。アセモグルらによれば、支配エリートの収入はおおざっぱに、自分たち自身の財産からの収益と、ライバルや民衆から徴収する税、貢納からなる。しかし税の機能はただ単に支配層の収入の確保だけではない。重い税を課せばそれだけライバルや民衆は貧困となるわけだし、更に課税によって市場の価格構造は歪み、課税されない権力者たちが生産する財に比べて、課税されたライバル、民衆の生産する財の価格は、本来そうであるよりも割高となり、競争上不利になってしまう。つまり課税には純然たる支配層の収入確保という機能以外に、ライバル、民衆に対する単なるいやがらせ、その弱体化という機能があるのだ。アセモグルらによれば、長期的な成長阻害効果という点では後者の方がよりたちが悪い。

しかしここでエリートにおいてライバルの弱体化への関心が弱まり、税率を下げても税収が総体として増えるなら、ライバルや民衆が少しくらい豊かになってもいい、と思うようになったとしよう。そうなれば収奪的制度の下でも、少しずつ経済活動に対する収奪性が薄れ、包括的経済制度の原型――というより、政治制度による保護を求める新たな社会経済的「現状 status quo」が徐々に形成されていく。具体的には、多様な産業セクターと、そのもとで多様な経済的利害にコミットする、多種多様な集団が成長しはじめる。

単なる権力奪取、すなわち、力をつけたある特定の集団の反乱による支配エリートの追放と、その集団の新エリート化、とははっきりと異なる民主化＝収奪的政治制度の解体と包括的政治制度の確立は、むろん並大抵のことではない。民主化の成功のためには第一に、多様な社会集団が、その多様性を維持したままで、現支配者を打倒するための「連合」を首尾よく組むことが必要である。そのうえで（a）この連合による革命的体制転覆の脅しに対して支配層が譲歩して民衆の参政権を認め、かつそれを一時的な事実上 de facto のものにとどめず、恒久的な権利上 de jure のものとして制度化するか、あるいは（b）妥協を拒む支配層を連合が実力で打倒するか、という形で民主化は進行する。だがいずれにせよ、ノンエリート中間層・民衆の多元的な提携、連帯の形成こそが、民主化の必要条件である。

他の著作では（おそらく数理モデル化がまだ難しいからではないかと推測するが）、著者たちは本書におけるほどはノンエリート民衆の連合の多元性の意義を強調していない。しかし解説者の考えでは、仮に少数者による電撃的な革命的体制転覆が可能であったとしても、特定の個人や同質的な集団が権力奪取の主体となるのでは、相変わらずの権力私物化に立脚した収奪的政治の再生産となる危険が高い。私物化されない公共体としての権力機構の確立のチャンスは、異質な者同士の連合を通じての方が大きいのである。ゆえに、著者たちが「多元性」を強調することの意義は小さくない。連合した多元的な民衆は、その多元性を解消して同質的な新支配階級になってはならないのである。

最後に、本書を中心としたアセモグル、ロビンソンらの議論の大枠をまとめてみよう。長期的な経済発展の成否を左右する最も重要なファクターは、地理的・生態学的環境要因でも、社会学的文化要因でも、いわんや人々の間の生物学的・遺伝的差異でもなく、政治経済制度――最近の言葉でいえばガバナンス governance の違いである。自由な言論に支えられた民主政治と、自由で開放的な市場経済という制度セットこそが、創造的破壊を伴う経済成長の安定した継続を可能とする。こうした政治経済制度の整備なくしては、物的・人的資源の投入も、知識や技術の導入もむなしい――さて、このような議論の含意はどのようなものか？　まずは理論的なレベルで考えてみよう。

「経済が発展し人々が豊かになれば、自然に政治的民主主義が成熟する」という一昔前の近代化論の楽観主義は本書中で批判されているので、少し視点を変えよう。ラディカルな左翼は、民主政治と資本主義の間の緊張、対立関係を強調してきた。すなわち、資本主義は人々の間の不平等を拡大することが多いので、政治的権利の平等を前提とする民主政治に対して、敵対的に作用するおそれもある、と。その延長線上に先にも触れた、「新自由主義」を開発独裁の変型――「自由な市場経済を強制する権威主義的独裁」とし、中国までをもその一種とする立場がある。更に歴史を遡れば、包括的経済制度の最初の偉大な理論家というべきアダム・スミスも、決して民主主義者ではなかった。彼は「法の支配」論者ではあったが、それを実現する主権者が人民である必要は認めていなかった。つまり、自由な経済活動の場としての市場制度は、公平な「法の支配」を行なう政治権力を必要とするが、それは必ずしも民主的である必要はなく、極端に言えば「賢明な独裁」でもよい——という議論は、相応の説得力を発揮してきたのである。

それに対してアセモグル、ロビンソンらは「長期的には」という条件付きではあるが、あくまでも自由民主政治と資本主義の不可分性を主張する。彼らは資本主義が格差を生み出すことを否定するものではないが、それ以上に資本主義——というより自由な市場経済が誘発する創造的破壊、それによる経済的強者の交替可能性の方を重視するのである。それはまた民主政治においても、単なる政治的権利の平等にとどまらず、政治的リーダーシップの高い交替可能性を重視する立場ともつながっている。これは伝統的な「民主主義」「自由主義」概念の再考を促す、すぐれてユニークな問題提起であり、実証的社会科学者のみならず哲学者をも巻き込む、広範な論争を引き起こすと期待される。

実践的な政策提言として見たときには、彼らの主張は楽観主義と、悲観主義の両義性を持つ。「ここでいう『制度』とは人間にはどうにもならない運命、宿命ではなく、努力と工夫で人為的に変えることができる何事かである」という意味においては、それは楽観的だ。しかし「制度セットは並大抵のことでは変わらない」という意味においては、それは悲観的な議論である。既に見た通り、市場化プラス民主化という包括的制度セットの確立は、異質な利害を持った人々の間の、異質性を維持したままでの奇跡的な連携である。我々が知る歴史上の革命の多くはそうした「奇跡」が、しかもしばしば膨大な時間をかけて達成されたものである。それを意図的に、いわば「工学」的、「政策」的に実現することは、いかにして可能なのだろうか？　そもそもそれはあくまでも当事者を主役としてしかなしえないものなのだから、先進国・国際社会の援助主体が、収奪的制度セットの罠にはまった最貧国に対してなしうることは、極めて限られているのではないか？

更にここで中国と、サハラ以南のアフリカをめぐる現下の状況について、改めて考えてみよう。少なくとも短期的には——しかしその「短期」は既に二〇年以上にわたっているが——中国の未曾有の成長は継続しており、しかもその高度成長が、長らく停滞していたアフリカに対して、資源需要の爆発という形でこれまた未曾有の成長刺激を与えている。しかし現下のアフリカの高度成長は、本書の議論に照らせば中国のそれ以上に歪んだものである。アフリカでは政治の未成熟に加えて、中国とは異なり、活況を呈する鉱業など一部資源産業を除いた商工業全般、そして農業においては、いまだに本格的な生産性向上の兆しが見られない（この辺については平野克己『経済大陸アフリカ』中公新書、二〇一三年を参照）。

著者たちの枠組みからは、現下のアフリカの活況もまた、中国と同様、いやそれ以上に危うく、持続可能性がない、という予測が出てくる。彼らが正しければこの成長は長続きせず、かつての石油危機以降の資源ナショナリズムの挫折と同様の結末を迎えるであろう。しかしその結論が出るのは当分先のことである。

また「アフリカの経済停滞のネックはガバナンスの悪さにある」という議論は、二〇世紀末以来の定番であり、それゆえに政治経済制度の改善を国際社会は長らく求めてきた。しかしそれは功を奏することなく、そして今ろくなガバナンス改善もないまま、資源需要主導でアフリカは高度成長に突入している。もちろん、アフリカにおける従来のガバナンス改革の失敗も、著者たちの議論への反証にはならない。外側から指示や示唆を与えるだけのトップダウン型改革の虚しさ、草の根の連帯の重要性こそが、彼らの主張の眼目である。それでも彼らの議論もまた、広い意味でのガバナンス重視論には違いなく、現下の成長の「身も蓋もなさ」は旧タイプのトップダウン型改革論もろとも、彼らの議論までをも古臭く見せてしまう可能性がある。中国とアフリカの向こう数十年は、彼らの議論にとってはまさに試金石とならずにはいまい。

原著は発売以来好評をもって迎えられており、論敵たち——アフリカにおける民主政治の有効性に悲観的なポール・コリアーや、旧植民地諸国の低成長の原因としては、制度的要因よりも人的資源の違いの方が大きい、という論文を最近ものしたウィリアム・イースタリーなど——からも称賛されている。顕著な例外は本書を「単純な制度決定論」と批判したジェフリー・サックスだが、これには著者たちも辛辣な反批判を浴びせている。この辺については原著の販売促進（?）ブログ https://web.archive.org/web/20221008202122/http://whynationsfail.com/ を読まれたい。

本書を含め、アセモグル、ロビンソンらの「成長の政治経済学」に関する日本語文献は若干の書評や紹介があるのみだ。その中で浜中新吾「比較政治体制理論と中東地域研究の調和と相克―エジプト・トルコ・イスラエル―」『山形大学紀要（社会科学編）』第三九巻第二号（二〇〇九年）は、彼らの理論を踏まえて独自の実証分析を行なった学術論文として注目に値する。

他方アセモグルの労働経済学方面での貢献は、大部の展望論文「人的資本政策と所得分布」（原著二〇〇一年）（http://ja.daronacemoglu.wikia.com）とエッセイ「技術と不平等」（原著二〇〇三年）（http://d.hatena.ne.jp/kuma_asset/20081216/1229440307）が有志によって邦訳されている。また、今井亮一・工藤教孝・佐々木勝・清水崇『サーチ理論』（東京大学出版会、二〇〇七年）では労働市場でのマッチングと訓練・投資の関係をめぐるアセモグルの理論が検討され、櫻井宏二郎『市場の力と日本の労働経済』（東京大学出版会、二〇一一年）はアセモグルの「方向づけられた技術変化」概念を踏まえて日本の労働市場の計量分析を行なっている。

（二〇一三年刊行の単行本収録の解説に加筆・修正し再録）

付　録　著者と解説者の質疑応答（翻訳・稲葉振一郎）

■二〇一三年四月一六日　稲葉振一郎：

ご存じの通り、ご高著 *Why Nations Fail* の日本語への翻訳作業が現在進行中です。さて、日本においては、翻訳書には原著と著者を紹介する解説文を掲載することが通例となっております。今回は私がその任に当たることとなりました。また覚えていらっしゃいますでしょうか、私は、二〇〇八―〇九年のアセモグル教授のインターネット上のいくつかの論文を日本語訳する非公式プロジェクトのメンバーでもありました。というわけで、今回の版元からの依頼につきまして、私は大変光栄に存じております。

さて、本書のテキスト自体は大変平易で読みやすいものでしたが、それでも、せっかくのこの機会に、何点か著者の皆様に質問させていただきたいことがございます。もし余裕がおありでしたら、ご意見をお聞かせ願いたいと存じます。質問は以下の三点です。

1．多元主義の強調

本書では、多様な非エリートの社会諸集団の間の、多元的で広範な連携の重要性が、以前の著作におけるよりも一層強く、強調されるようになっている、という印象を私は受けました。そうした多元的な連帯は、収奪的システムと対決するに際してのみならず、包括的政治制度を確立する際にもまた重要である、と私は本書の主張を解釈しましたが、これはあなた方のお仕事の中では、比較的新しい論点であるように感じました。これは、あなた方の思考の発展の結果なのでしょうか？　それとも、この論点自体は従来からお気づきのものであり、ただアカデミックな形式的・数理的モデルに落とし込むことの困難さから、これまで明示されてこなかった、ということなのでしょうか？

2. サハラ以南のアフリカにとっての含意

質問の第二は、あなた方の議論がサハラ以南のアフリカにとってどのような意味を持つのか、についてです。ご存じの通りこの地域は近年、高度成長を経験しております。しかしながらその成長は明らかに、大なり小なり、天然資源価格の高騰によって駆動されており、なおかつ相当程度まで中国における資源需要の増大によるものです。すなわち、それはこの地域における真正な制度変化を承けたものではありません。となれば、あなた方の目から見れば、この近年のアフリカの経験は（中国のそれと同様）、辛口の評価を受けることになる――いずれは終焉を迎えるであろう、持続不能の、過渡的なエピソードとして位置づけられることになるのでは、と想像します。この解釈は適切でしょうか？　それとも、あなた方はアフリカについて、何かそれ以上のお考えをお持ちでしょうか？

3．本書は「悲観的」か？

私の第三の質問はこの第二点とも関係しております。本書であなた方が持続可能な経済成長のために設けたハードルは、極めて高いもののように思われます。本書であなた方は基本的には経済発展の「ほとんど不可能なることquasi-impossibility」について論じているのであり、過去数百年の西洋経済の経験は、一度限りのフロック（まぐれあたり）である、と実質的にはおっしゃっている、としてもあながち誇張ではないように思われます。私には、あなた方の理論に従えば、非西洋世界の経済発展は、真正の意味での自発的現象ではなく、むしろそれは――たとえ「自発的」という形容をつけうるものだとしても――西洋の革命の反復、西洋の制度変化の模倣のプロセスとして解釈されるべきであることになるのではないか、と思われるのです。私の思うところでは、A・V・バナジー&E・デュフロ『貧乏人の経済学』（山形浩生訳、みすず書房、二〇一二年）における本書への批判もまた、同様の発想から来ているのではないでしょうか。このような要約は公正なものだと思われますか？　そうではないとしたら、どのように反論されますか？

■二〇一三年四月一八日　ダロン・アセモグル：

Eメールをありがとうございます。また、以前の翻訳につきましても、またもちろん、今

回の *Why Nations Fail* 解説につきましても、深甚な感謝を述べさせていただきます。

以下、簡単ではございますが、ご質問へのお答えを記させていただきます。

1

私が思いますに、あなたが示唆しておられる二つの説明を組み合わせれば、お答えになるかと存じます。この問題についての我々の思考は、進化を遂げてきました。私たちはもっと単純な経済学的アイデアに基づいて数理的・形式的モデルを組み、それを計量経済学的に検証することを試みることから始めました。しかしながら、いろいろな文献を読み、何もかもを統一的な枠組みに取り込もうと試みる中で、私たちは、以前はおぼろげにしかわかっていなかったいくつかのことについても、理解できるようになりました。広範な連携の重要性という論点は、その一つです。私たちはいまでは、そのような連携は、包括的な制度の生成にとって決定的に重要である、と思っております。そのような理解に到達したのは、大体においては、歴史を研究した結果です。主たる挑戦は、この、広範な連携、とでもいうべきもののインパクトを、経験的に分離し、識別することとです。これは困難な仕事です――そもそも、収奪的制度と対決する連携がどの程度に広範であるのか、を計測することとそれ自体が難題でありますし、また、そうした連携の広さに影響を与えるであろう、歴史的な偶然その他の外生的な要因を識別するという作業も、大変に困難でしょう。しかしながら、私どもはこの問題について、今後とも取り組んでいきたいと希望しています。

2

天然資源ブームはアフリカの成長に大きく貢献しています。しかしながら、アフリカではそれ以上のことが起きています。まず第一に、エチオピアやルワンダのようないくつかの国々では、まさにご指摘の通り、中国風の収奪的成長を（おそらくは政治的集権化が依然として非常に限られているために、いくぶんかスローペースではあれ）我々は目の当たりにしております。当然のことながら、我々はこうした収奪的成長は持続可能ではない、と考えています。しかしながら、まさに七〇年代末から八〇年代初めの中国においてと同じように、こうした収奪的成長でさえ、サハラ以南のアフリカを大いに変えることができています。たとえそれが長期的には持続可能ではなく、一〇年か二〇年程度しか続かなかったとしても、それは何百万もの人々を貧困からすくいあげることができます。第二に、サハラ以南のアフリカのいくつもの国々で、政治権力はより制度化され、政治システムはより安定化されてきています。ガーナはその一例です。ケニアでさえ、今回の選挙ではいろいろとごたごたがありましたが、それでも以前よりはずっと平和的でしたので、その例に漏れないといえます。南アフリカはより包括的な政治的制度の創出に向けた苦痛に満ちた道程の途上にあり、結局のところそれがどこに行き着くのかはまだ定かではありません。しかしながら、制度的発展については少しだけ楽観的になれるような事例がいくつもあります。しかしここで重要なのは、あなたも強調された通り、サハラ以南のアフリカは依然として深い制度的問題のぬかるみに足をとられており、持続的経済成長のためには、より根本的な制度的変容が必要とされる、ということです。

3

私たちがそれほどまでに悲観的だとは思いません。あるレベルでは、制度の強調はむしろ楽観的なものです——それは、我々の選択が我々の経済的な運命を形作る、という議論ですから。しかしながら重要なことには、こうした選択は歴史によって強く影響されており、この歴史の鉄鎖を砕くことは容易なことではありません。

もっと具体的に言いますと、私たちは、中国におけるような収奪的成長は、非常に大きな変化をもたらす可能性がある、と考えています。それが長く続きうるものではない、とは改めて強調しておきます。しかしながらそれによって、中国のように、ほんの三〇年のうちに世界の最貧国から中所得国への上昇が可能となるのであれば、これは大いなる変化です。本書で我々は、中国の成長もまた、部分的には、鄧小平による政治的冒険と経済改革による制度変化のたまものである、と強調しようとしてきました。

しかしながら、より重要であるのは、我々は既に政治的かつ経済的な変容のいくつかの事例を有している、ということです。韓国と台湾は明らかな例です。我々は日本については明るくありませんが、日本もまたその例に漏れない、というべきでしょう。そうした変化は容易なものではありませんでしたし、日本はいまだに大きな政治的・経済的問題を抱えて苦闘中です。それでももちろん、その道は曲がりくねって遠回りなものでしたが、一九世紀半ば以降の日本の経験は、一国がどれほどその政治と経済を変容させうるか、についての格好の例となっています。

＊解説については梶谷懐氏（神戸大学）、久松佳彰氏（東洋大学）、山形浩生氏（野村総合研究所）より御意見を頂いた。著者への質問作成に際しては山形浩生氏に御協力頂いた。記して感謝する。

（二〇一三年刊行の単行本収録の付録に加筆・修正し再録）

索　引

※「-」は必ずしも語句としては登場しない場合もあるが、該当項目の話題が続いていることを示す。
※ イタリック体は地図のページを示す。
（編集部）

■い

■う

■そ

■た

■ち

■ぬ

■ね

■の

■は

参考文献

Abraham, Arthur, and Habib Sesay (1993). "Regional Politics and Social Service Provision Since Independence." In C. Magbaily Fyle, ed. *The State and the Provision of Social Services in Sierra Leone Since Independence, 1961-1991*. Oxford, U.K.: Codesaria.

Acemoglu, Daron (2005). "Politics and Economics in Weak and Strong States." *Journal of Monetary Economics* 52: 1199-226.

—— **(2008).** "Oligarchic Versus Democratic Societies." *Journal of European Economic Association* 6: 1-44.

Acemoglu, Daron, Davide Cantoni, Simon Johnson, and James A. Robinson (2010). "From Ancien Régime to Capitalism: The Spread of the French Revolution as a Natural Experiment." In Jared Diamond and James A. Robinson, eds. *Natural Experiments in History*. Cambridge, Mass.: Harvard University Press.

—— **(2011).** "Consequences of Radical Reform: The French Revolution." *American Economic Review*, 近刊。

Acemoglu, Daron, Simon Johnson, and James A. Robinson (2001). "The Colonial Origins of Comparative Development: An Empirical Investigation." *American Economic Review* 91: 1369-1401.

—— **(2002).** "Reversal of Fortune: Geography and Institutions in the Making of the Modern World Income Distribution." *Quarterly Journal of Economics* 118: 1231-94.

—— **(2003).** "An African Success Story: Botswana." In Dani Rodrik, ed. *In Search of Prosperity: Analytic Narratives on Economic Growth*. Princeton, N.J.: Princeton University Press.

—— **(2005a)**. "Rise of Europe: Atlantic Trade, Institutional Change and Economic Growth." *American Economic Review* 95: 546-79.

—— **(2005b)**. "Institutions as the Fundamental Cause of Long-Run Growth." In Philippe Aghion and Steven Durlauf, eds. *Handbook of Economic Growth*. Amsterdam: North-Holland.

Acemoglu, Daron, Simon Johnson, James A. Robinson, and Pablo Querubín (2008). "When Does Policy Reform Work? The Case of Central Bank Independence." *Brookings Papers in Economic Activity*, 351-418.

Acemoglu, Daron, Simon Johnson, James A. Robinson, and Pierre Yared (2008). "Income and Democracy." *American Economic Review* 98: 808-42.

—— **(2009)**. "Reevaluating the Modernization Hypothesis." *Journal of Monetary Economics* 56: 1043-58.

Acemoglu, Daron, and James A. Robinson (2000a). "Why Did the West Extend the Franchise? Growth, Inequality and Democracy in Historical Perspective." *Quarterly Journal of Economics* 115: 1167-99.

—— **(2000b)**. "Political Losers as Barriers to Economic Development." *American Economic Review* 90: 126-30.

—— **(2001)**. "A Theory of Political Transitions." *American Economic Review* 91: 938-63.

—— **(2006a)**. *Economic Origins of Dictatorship and Democracy*. New York: Cambridge University Press.

—— **(2006b)**. "Economic Backwardness in Political Perspective." *American Political Science Review* 100: 115-31.

—— **(2008a)**. "Persistence of Power, Elites and Institutions." *American*

Economic Review 98: 267-93.

—— (2008b). "The Persistence and Change of Institutions in the Americas." *Southern Economic Journal* 75: 282-99.

Acemoglu, Daron, James A. Robinson, and Rafael Santos (2010). "The Monopoly of Violence: Evidence from Colombia." 未刊。

Acemoglu, Daron, and Alex Wolitzky (2010). "The Economics of Labor Coercion." *Econometrica*, 79: 555-600.

Aghion, Philippe, and Peter Howitt (2009). *The Economics of Growth*. Cambridge, Mass.: MIT Press.

Alexander, Jocelyn (2006). *The Unsettled Land: State-making and the Politics of Land in Zimbabwe, 1893-2003*. Oxford, U.K.: James Currey.

Allen, Robert C. (2003). *Farm to Factory: A Reinterpretation of the Soviet Industrial Revolution*. Princeton, N.J.: Princeton University Press.

—— (2009a). *The British Industrial Revolution in Global Perspective*. New York: Cambridge University Press.

—— (2009b). "How Prosperous Were the Romans? Evidence from Diocletian's Price Edict (301 AD)." In Alan Bowman and Andrew Wilson, eds. *Quantifying the Roman Economy: Methods and Problems*. Oxford, U.K.: Oxford University Press.

Alston, Lee J., and Joseph P. Ferrie (1999). *Southern Paternalism and the Rise of the American Welfare State: Economics, Politics, and Institutions in the South*. New York: Cambridge University Press.

Amsden, Alice H. (1992). *Asia's Next Giant*, New York: Oxford University Press.

Austen Ralph A., and Daniel Headrick (1983). "The Role of Technology in the African Past." *African Studies Review* 26: 163-84.

Austin, Gareth (2005). *Labour, Land and Capital in Ghana: From Slavery to Free Labour in Asante, 1807-1956.* Rochester, N.Y.: University of Rochester Press.

Bakewell, Peter J. (1984). *Miners of the Red Mountain: Indian Labor in Potosí, 1545-1650.* Albuquerque: University of New Mexico Press.

—— (2009). *A History of Latin America to 1825.* Hoboken, N.J.: Wiley-Blackwell.

Banerjee, Abhijit V., and Esther Duflo (2011). *Poor Economics: A Radical Rethinking of the Way to Fight Global Poverty.* New York: Public Affairs.（『貧乏人の経済学：もういちど貧困問題を根っこから考える』アビジット・V・バナジー、エスター・デュフロ著、山形浩生訳、みすず書房、2012年）

Banerjee, Abhijit V., Esther Duflo, and Rachel Glennerster (2008). "Putting a Band-Aid on a Corpse: Incentives for Nurses in the Indian Public Health Care System." *Journal of the European Economic Association* 7: 487-500.

Banfield, Edward C. (1958). *The Moral Basis of a Backward Society.* Glencoe, N.Y.: Free Press.

Bang, Peter (2008). *The Roman Bazaar.* New York: Cambridge University Press.

Barker, Graeme (2006). *The Agricultural Revolution in Prehistory: Why Did Foragers Become Farmers?* New York: Oxford University Press.

Bar-Yosef, Ofer, and Avner Belfer-Cohen (1992). "From Foraging to Farming in the Mediterranean Levant." In A. B. Gabauer and T. D. Price, eds. *Transitions to Agriculture in Prehistory.* Madison, Wisc.: Prehistory Press.

Bateman, Fred, and Thomas Weiss (1981). *A Deplorable Scarcity: The Failure of Industrialization in the Slave Economy.* Chapel Hill: University of North Carolina Press.

Bates, Robert H. (1981). *Markets and States in Tropical Africa. Berkeley:* University of California Press.

—— (1983). *Essays in the Political Economy of Rural Africa.* New York: Cambridge University Press.

—— (1989). *Beyond the Miracle of the Market.* New York: Cambridge University Press.

—— (2001). *Prosperity and Violence: The Political Economy of Development.* New York: W.W. Norton.

Benedictow, Ole J. (2004). *The Black Death, 1346-1353: The Complete History.* Rochester, N.Y.: Boydell Press.

Berliner, Joseph S. (1976). *The Innovation Decision in Soviet Industry.* Cambridge, Mass.: Harvard University Press.

Besley, Timothy, and Stephen Coate (1998). "Sources of Inefficiency in a Representative Democracy: A Dynamic Analysis." *American Economic Review* 88: 139-56.

Besley, Timothy, and Torsten Persson (2011). *Pillars of Prosperity: The Political Economics of Development Clusters.* Princeton, N.J.: Princeton University Press.

Bloch, Marc L. B. (1961). *Feudal Society.* 2 vols. Chicago: University of Chicago Press.（『封建社会』マルク・ブロック著、堀米庸三監訳、岩波書店、1995年／『封建社会（1・2）』新村猛、大高順雄、森岡敬一郎、神沢栄三訳、みすず書房、1973-77年）

Blum, Jerome (1943). "Transportation and Industry in Austria, 1815-1848." *The Journal of Modern History* 15: 24-38.

Bogart, Dan, and Gary Richardson (2009). "Making Property Productive: Reorganizing Rights to Real and Equitable Estates in Britain, 1660 to 1830." *European Review of Economic History* 13: 3-30.

—— **(2011).** "Did the Glorious Revolution Contribute to the Transport Revolution? Evidence from Investment in Roads and Rivers." *Economic History Review.* 近刊。

Bourguignon, François, and Thierry Verdier (1990). "Oligarchy, Democracy, Inequality and Growth." *Journal of Development Economics* 62: 285-313.

Brenner, Robert (1976). "Agrarian Class Structure and Economic Development in Preindustrial Europe." *Past and Present* 70: 30-75.

—— **(1993).** *Merchants and Revolution.* Princeton, N.J.: Princeton University Press.

Brenner, Robert, and Christopher Isett (2002). "England's Divergence from China's Yangzi Delta: Property Relations, Microeconomics, and Patterns of Development." *Journal of Asian Studies* 61: 609-62.

Brewer, John (1988). *The Sinews of Power: War, Money and the English State, 1688-1783.* Cambridge, Mass.: Harvard University Press.（『財政＝軍事国家の衝撃：戦争・カネ・イギリス国家 1688-1783』ジョン・ブリュア著、大久保桂子訳、名古屋大学出版会、2003 年）

Briggs, Asa (1959). *Chartist Studies.* London: Macmillan.

Brunton, D., and D.H. Pennignton (1954). *Members of the Long Parliament.* London: George Allen and Unwin.

Bundy, Colin (1979). *The Rise and Fall of the South African Peasantry.* Berkeley: University of California Press.

Burke, Edmund (1790/1969). *Reflections of the Revolution in France.* Baltimore, Md.: Penguin Books.（『フランス革命についての省察』エドマンド・バーク著、中野好之訳、岩波書店、2000年／『〈新訳〉フランス革命の省察：「保守主義の父」かく語りき』佐藤健志編訳、PHP研究所、2011年）

Cartwright, John R. (1970). *Politics in Sierra Leone 1947-67.* Toronto: University of Toronto Press.

Casaús Arzú, Marta (2007). *Guatemala: Linaje y Racismo.* 3rd ed., rev. y ampliada. Guatemala City: F&G Editores.

Chaves, Isaías, and James A. Robinson (2010). "Political Consequences of Civil Wars." 未刊。

Cleary, A.S. Esmonde (1989). *The Ending of Roman Britain.* London: B.T. Batsford Ltd.

Clower, Robert W., George H. Dalton, Mitchell Harwitz, and Alan Walters (1966). *Growth Without Development; an Economic Survey of Liberia.* Evanston: Northwestern University Press.

Coatsworth, John H. (1974). "Railroads, Landholding and Agrarian Protest in the Early Porfiriato." *Hispanic American Historical Review* 54: 48-71.

—— (1978). "Obstacles to Economic Growth in Nineteenth-Century Mexico." *American Historical Review* 83: 80-100.

—— (2008). "Inequality, Institutions and Economic Growth in Latin America." *Journal of Latin American Studies* 40: 545-69.

Cole, G.D.H., and A.W. Filson, eds. (1951). *British Working Class Movements: Select Documents 1789-1875.* London: Macmillan.

Conning, Jonathan (2010). "On the Causes of Slavery or Serfdom and the Roads to Agrarian Capitalism: Domar's Hypothesis Revisited." 未刊、Department of Economics, Hunter College, CUNY.

Corti, Egon Caeser (1928). *The Reign of the House of Rothschild.* New York: Cosmopolitan Book Corporation.

Crouzet, François (1985). *The First Industrialists: The Problem of Origins.* New York: Cambridge University Press.

Crummey, Donald E. (2000). *Land and Society in the Christian Kingdom of Ethiopia: From the Thirteenth to the Twentieth Century.* Urbana: University of Illinois Press.

Dalton, George H. (1965). "History, Politics and Economic Development in Liberia." *Journal of Economic History* 25: 569-91.

Dark, K.R. (1994). *Civitas to Kingdom: British Political Continuity 300-800.* Leicester, U.K.: Leicester University Press.

Daunton, Martin J. (1995). *Progress and Poverty: An Economic and Social History of Britain, 1700-1850.* Oxford, U.K.: Oxford University Press.

Davies, Robert W. (1998). *Soviet Economic Development from Lenin to Khrushchev.* New York: Cambridge University Press.

Davies, Robert W., and Stephen G. Wheatcroft (2004). *The Years of Hunger: Soviet Agriculture, 1931-33.* New York: Palgrave Macmillan.

Davies, Victor A.B. (2007). "Sierra Leone's Economic Growth Performance, 1961-2000." In Benno J. Ndulu et al., eds. *The Political Economy of Growth in Africa, 1960-2000.* Vol. 2. New York: Cambridge University Press.

Dawit Wolde Giorgis (1989). *Red Teas: War, Famine and Revolution in*

Ethiopia. Trenton, N.J.: Red Sea Press.

De Callataÿ, François (2005). "The Graeco-Roman Economy in the Super Long-run: Lead, Copper, and Shipwrecks." *Journal of Roman Archaeology* 18: 361-72.

de las Casas, Bartolomé (1992). *A Short Account of the Destruction of the Indies.* New York: Penguin Books.（『インディアスの破壊についての簡潔な報告』ラス・カサス著、染田秀藤訳、岩波書店、1976年／『インディアス破壊を弾劾する簡略なる陳述』バルトロメー・デ・ラス・カサス著、石原保徳訳、現代企画室、1987年）

Dell, Melissa (2010). "The Persistent Effects of Peru's Mining *Mita.*" *Econometrica* 78: 1863-903.

Denny, Harold (1937). "Stalin Wins Poll by a Vote of 1005." *New York Times,* December 14, 1937, p. 11.

de Sahagún, Bernardino (1975). *Florentine Codex: General History of the Things of New Spain. Book 12: The Conquest of Mexico.* Santa Fe. N.M.: School of American Research.（『神々とのたたかいⅠ』ベルナルディーノ・デ サアグン著、篠原愛人、染田秀藤訳、岩波書店、1992年）

Diamond, Jared (1997). *Guns, Germs and Steel.* New York: W.W. Norton and Co.（『銃・病原菌・鉄：一万三〇〇〇年にわたる人類史の謎』ジャレド・ダイアモンド著、倉骨彰訳、草思社、2012年）

Dobb, Maurice (1963). *Studies in the Development of Capitalism. Rev.* ed. New York: International Publishers.（『資本主義發展の研究』M・ドッブ著、京大近代史研究會訳、岩波書店、1954年）（原書は改訂版。邦訳書は初版の翻訳）

Dosal, Paul J. (1995). *Power in Transition: The Rise of Guatemala's Industrial Oligarchy, 1871-1994.* Westport, Conn.: Praeger.

Douglas, Mary (1962). "Lele Economy Compared to the Bushong." In Paul Bohannan and George Dalton, eds. *Markets in Africa*. Evanston, Ill.: Northwestern University Press.

—— **(1963).** *The Lele of the Kasai*. London: Oxford University Press.

Doyle, William (2001). *An American Insurrection: The Battle of Oxford Mississippi*. New York: Doubleday.

—— **(2002).** *The Oxford History of the French Revolution*. 2nd ed. New York: Oxford University Press.

Dreyer, Edward L. (2007). *Zheng He: China and the Oceans in the Early Ming Dynasty, 1405-1433*. New York: Pearson Longman.

DuBois, W.E.B. (1903). *The Souls of Black Folk*. New York: A.C. McClurg & Company.（『黒人のたましい』W・E・B・デュボイス著、黄寅秀、木島始、鮫島重俊訳、岩波書店、1992 年）

Dunn, Richard S. (1969). "The Barbados Census of 1680: Profile of the Richest Colony in English America." *William and Mary Quarterly* 26: 3-30.

DuPlessis, Robert S. (1997). *Transitions to Capitalism in Early Modern Europe*. New York: Cambridge University Press.

Easterly, William (2006). *The White Man's Burden: Why the West's Efforts to Aid the Rest Have Done So Much Ill and So Little Good*. New York: Oxford University Press.（『傲慢な援助』ウィリアム・イースタリー著、小浜裕久、織井啓介、冨田陽子訳、東洋経済新報社、2009 年）

Elton, Geoffrey R. (1953). *The Tudor Revolution in Government*. New York: Cambridge University Press.

Engerman, Stanley L. (2007). *Slavery, Emancipation & Freedom: Comparative Perspectives*. Baton Rouge: University of Louisiana Press.

Engerman, Stanley L., and Kenneth L. Sokoloff (1997). "Factor Endowments, Institutions, and Differential Paths of Growth Among New World Economies." In Stephen H. Haber, ed. *How Latin America Fell Behind.* Stanford, Calif.: Stanford University Press.

—— **(2005).** "The Evolution of Suffrage Institutions in the New World." *Journal of Economic History* 65: 891-921.

Evans, Eric J. (1996). *The Forging of the Modern State: Early Industrial Britain, 1783-1870.* 2nd ed. New York: Longman.

Evans, Peter B. (1995). *Embedded Autonomy: States and Industrial Transformation,* Princeton, N.J.: Princeton University Press.

Ewald, Janet (1988). "Speaking, Writing and Authority: Explorations in and from the Kingdom of Taqali." *Comparative Studies in History and Society* 30: 199-224.

Fagan, Brian (2003). *The Long Summer: How Climate Changed Civilization.* New York: Basic Books.（『古代文明と気候大変動：人類の運命を変えた二万年史』ブライアン・フェイガン著、東郷えりか訳、河出書房新社、2008 年）

Faulkner, Neil (2000). *The Decline and Fall of Roman Britain.* Stroud, U.K.: Tempus Publishers.

Feinstein, Charles H. (2005). *An Economic History of South Africa: Conquest, Discrimination and Development.* New York: Cambridge University Press.

Ferguson, Niall (1998). *The House of Rothschild: Vol. 1: Money's Prophets, 1798-1848.* New York: Viking.

Fergusson, Leopoldo (2010). "The Political Economy of Rural Property Rights and the Persistence of the Dual Economy." 未刊。http://economia.uniandes.edu.co.

Finley, Moses (1965). "Technical Innovation and Economic Progress in the Ancient World." *Economic History Review* 18: 29-4.

—— **(1999).** *The Ancient Economy.* Berkeley: University of California Press.

Fischer, David H. (1989). *Albion's Seed: Four British Folkways in America.* New York: Oxford University Press.

Fogel, Robert W., and Stanley L. Engerman (1974). *Time on the Cross: The Economics of American Negro Slavery.* Boston: Little, Brown.（『苦難のとき：アメリカ・ニグロ奴隷制の経済学』R・W・フォーゲル、S・L・エンガマン著、田口芳弘、榊原胖夫、渋谷昭彦訳、創文社、1981 年）

Foley, James A. (2003). *Korea's Divided Families: Fifty Years of Separation.* New York: Routledge.

Freudenberger, Herman (1967). "The State as an Obstacle to Economic Growth in the Hapsburg Monarchy." *Journal of Economic History* 27: 493-509.

Galenson, David W. (1996). "The Settlement and Growth of the Colonies: Population, Labor and Economic Development." In Stanley L. Engerman and Robert E. Gallman, eds. *The Cambridge Economic History of the United States, Volume I: The Colonial Era.* New York: Cambridge University Press.

Ganson, Barbara (2003). *The Guaraní Under Spanish Rule in the Río de la Plata.* Palo Alto, Calif.: Stanford University Press.

García-Jimeno, Camilo, and James A. Robinson (2011). "The Myth of the Frontier." In Dora L. Costa and Naomi R. Lamoreaux, eds. *Understanding Long-Run Economic Growth.* Chicago: University of Chicago Press.

Gerschenkron, Alexander (1970). *Europe in the Russian Mirror.* New York: Cambridge University Press.

Ghani, Ashraf, and Clare Lockhart (2008). *Fixing Failed States: A Framework for Rebuilding a Fractured World.* New York: Oxford University Press.

Gibson, Charles (1963). *The Aztecs Under Spanish Rule.* New York: Cambridge University Press.

Goldstein, Marcus, and Christopher Udry (2008). "The Profits of Power: Land Rights and Agricultural Investment in Ghana." *Journal of Political Economy* 116: 981-1022.

Goldsworthy Adrian K. (2009). *How Rome Fell: Death of a Superpower.* New Haven, Conn.: Yale University Press.

Goody, Jack (1971). *Technology, Tradition and the State in Africa.* New York: Cambridge University Pres.

Gregory, Paul R., and Mark Harrison (2005). "Allocation Under Dictatorship: Research in Stalin's Archives." *Journal of Economic Literature* 43: 721-61.

Grieb, Kenneth J. (1979). *Guatemalan Caudillo:* The Regime of Jorge Ubico, 1931-1944. Athens: Ohio University Press.

Gross, Nachum T. (1973). "The Habsburg Monarchy, 1750-1914." In Carlo M. Cipolla, ed. *The Fontana Economic History of Europe.* Glasgow, U.K.: William Collins Sons and Co.

Guiso, Luigi, Paola Sapienza, and Luigi Zingales (2006). "Does Culture Affect Economic Outcomes?" *Journal of Economic Perspectives* 20: 23-48.

Haber, Stephen H. (2010). "Politics, Banking, and Economic Development: Evidence from New World Economies." In Jared Diamond and James A. Robinson, eds. *Natural Experiments of History.* Cambridge, Mass.: Belknap Press of Harvard University Press.

Haber, Stephen H., Herbert S. Klein, Noel Maurer, and Kevin J. Middlebrook (2008). *Mexico Since 1980.* New York: Cambridge University Press.

Haber, Stephen H., Noel Maurer, and Armando Razo (2003). *The Politics of Property Rights: Political Instability, Credible Commitments, and Economic Growth in Mexico, 1876-1929.* New York: Cambridge University Press.

Haggard, Stephan (1990). *Pathways from the Periphery: The Politics of Growth in the Newly Industrializing Countries.* Ithaca, N.Y.: Cornell University Press.

Halliday, Fred, and Maxine Molyneux (1981). *The Ethiopian Revolution.* London: Verso.

Hanna, Willard (1978). *Indonesian Banda: Colonialism and Its Aftermath in the Nutmeg Islands.* Philadelphia: Institute for the Study of Human Issues.

Harding, Harry (1987). *China's Second Revolution: Reform After Mao.* Washington, D.C.: Brookings Institution Press.

Harrison, Lawrence E., and Samuel P. Huntington, eds. (2000). *Culture Matters: How Values Shape Human Progress.* New York: Basic Books.

Hassig, Ralph C., and Kongdan Oh (2009). *The Hidden People of North Korea: Everyday Life in the Hermit Kingdom.* Lanham, Md.: Rowman and Littlefield Publishers.

Hatcher, John (2008). *The Black Death: A Personal History.* Philadelphia: Da Capo Press.

Heath, Dwight (1972). "New Patrons for Old: Changing Patron-Client Relations in the Bolivian Yungas." In Arnold Strickton and Sidney Greenfield, eds. *Structure and Process in Latin America.* Albuquerque: University of New Mexico Press.

Heinicke, Craig (1994). "African-American Migration and Mechanized Cotton Harvesting, 1950-1960." *Explorations in Economic History* 31: 501-20.

Helmke, Gretchen (2004). *Courts Under Constraints; Judges, Generals, and Presidents in Argentina.* New York: Cambridge University Press.

Hemming, John (1983). *The Conquest of the Incas.* New York: Penguin Books.

Herbst, Jeffrey I. (2000). *States and Power in Africa.* Princeton, N.J.: Princeton University Press.

Hill, Christopher (1961). *The Century of Revolution, 1603-1714.* New York: W.W. Norton and Co.

—— **(1980).** "A Bourgeois Revolution?" In Lawrence Stone, ed. *The British Revolutions: 1641, 1688, 1776.* Princeton, N.J.: Princeton University Press.

Hilton, Anne (1985). *The Kingdom of Kongo.* New York: Oxford University Press.

Hilton, Rodney (2003). *Bond Men Made Free: Medieval Peasant Movements and the English Rising of 1381.* 2nd ed. New York: Routledge.

Hirst, John B. (1983). *Convict Society and Its Enemies: A History of Early New South Wales.* Boston: Allen and Unwin.

—— **(1988).** *The Strange Birth of Colonial Democracy: New South Wales, 1848-1884.* Boston: Allen and Unwin.

—— **(2003).** *Australia's Democracy: A Short History.* London: Allen and Unwin.

Hopkins, Anthony G. (1973). *An Economic History of West Africa.* New York: Addison Wesley Longman.

Hopkins, Keith (1980). "Taxes and Trade in the Roman Empire, 200 BC-400 AD." *Journal of Roman Studies* LXX: 101-25.

Horrox, Rosemary, ed. (1994). *The Black Death.* New York: St. Martin's Press.

House of Commons (1904). "Papers Relating to the Construction of Railways in Sierra Leone, Lagos and the Gold Coast."

Hu-DeHart, Evelyn (1984). *Yaqui Resistance and Survival: The Struggle for Land and Autonomy, 1821-1910.* Madison: University of Wisconsin Press.

Iaryczower, Matías, Pablo Spiller, and Mariano Tommasi (2002). "Judicial Independence in Unstable Environments: Argentina 1935-1998." *American Journal of Political Science* 46: 699-716.

Inikori, Joseph (1977). "The Import of Firearms into West Africa, 1751-1807." *Journal of African History* 18: 339-68.

International Crisis Group (2005). "Uzbekistan: The Andijon Uprising," Asia Briefing No. 38, www.crisisgroup.org/en/regions/asia/central-asia/uzbekistan/B038-uzbekistan-the-andijon-uprising.aspx.

Israel, Paul (2000). *Edison: A Life of Invention.* Hoboken, N.J.: John Wiley and Sons.

Iwata, Masakazu (1964). *Ōkubo Toshimichi: The Bismarck of Japan.* Berkeley: University of California Press.

Jackson, Michael (2004). *In Sierra Leone.* Durham, N.C.: Duke University Press.

Jansen, Marius B. (2000). *The Making of Modern Japan.* Cambridge, Mass.: Harvard University Press.

Jászi, Oscar (1929). *The Dissolution of the Habsburg Monarchy.* Chicago: University of Chicago Press.

Johnson, Chalmers A. (1982). *MITI and the Japanese Miracle: The Growth of Industrial Policy, 1925-1975.* Palo Alto, Calif.: Stanford University Press.（『通産省と日本の奇跡』チャーマーズ・ジョンソン著、矢野俊比古監訳、ティビーエス・ブリタニカ、1982年）

Jones, A.M.H. (1964). *The Later Roman Empire.* Volume 2. Oxford, U.K.: Basil Blackwell.

Jones, Eric L. (2003). *The European Miracle: Environments, Economies and Geopolitics in the History of Europe and Asia.* 3rd ed. New York: Cambridge University Press.（『ヨーロッパの奇跡：環境・経済・地政の比較史』E・L・ジョーンズ著、安元稔、脇村孝平訳、名古屋大学出版会、2000年）（原著第二版の邦訳）

Jongman, Willem M. (2007). "Gibbon Was Right: The Decline and Fall of the Roman Economy." In O. Hekster et al., eds. *Crises and the Roman Empire.* Leiden, the Netherlands: BRILL.

Josephson, Matthew (1934). *The Robber Barons.* Orlando, Fla.: Harcourt.

Kandiyoti, Deniz (2008). "Invisible to the World? The Dynamics of Forced Child Labour in the Cotton Sector of Uzbekistan." 未刊。School of Oriental and Africa Studies.

Kapuścinski, Ryszard (1983). *The Emperor: Downfall of an Autocrat.* San Diego: Harcourt Brace Jovanovich.（『皇帝ハイレ・セラシエ：エチオピア帝国最後の日々』リシャルト・カプチンスキー著、山田一廣訳、筑摩書房、1986年）

Keck, Margaret E. (1992). *The Workers' Party and Democratization in Brazil.* New Haven, Conn.: Yale University Press.

Keen, David (2005). *Conflict and Collusion in Sierra Leone.* New York: Palgrave Macmillan.

Kelley, Jonathan, and Herbert S. Klein (1980). *Revolution and the Rebirth of Inequality: A Theory of Inequality and Inherited Privilege Applied to the Bolivian National Revolution.* Berkeley: University of California Press.

Keyssar, Alexander (2009). *The Right to Vote: The Contested History of Democracy in the United States.* Revised Edition. New York: Basic Books.

Killick, Tony (1978). *Development Economics in Action.* London: Heinemann.

Knight, Alan (2011). *Mexico: The Nineteenth and Twentieth Centuries.* New York: Cambridge University Press.

Knights, Mark (2010). "Participation and Representation Before Democracy: Petitions and Addresses in Premodern Britain." In Ian Shapiro, Susan C. Stokes, Elisabeth Jean Wood, and Alexander S. Kirshner, eds. *Political Representation.* New York: Cambridge University Press.

Kropotkin, Peter (2009). *Memoirs of a Revolutionary.* New York: Cosimo.（『ある革命家の手記』ピョートル・クロポトキン著、高杉一郎訳、岩波書店、1979 年／『ある革命家の思い出』高杉一郎訳、平凡社、2011 年）

Kupperman, Karen O. (2007). *The Jamestown Project.* Cambridge, Mass.: Belknap Press of Harvard University Press.

Landes, David S. (1999). *The Wealth and Poverty of Nations: Why Some Are So Rich and Some So Poor.* New York: W.W. Norton and Co.（『「強国」論：富と覇権の世界史』D・S・ランデス著、竹中平蔵訳、三笠書房、2000 年）

Lane, Frederick C. (1973). *Venice: A Maritime Republic.* Baltimore, Md.: Johns Hopkins University Press.

La Porta, Rafael, Florencio Lopez-de-Silanes, and Andrei Shleifer (2008). "The Economic Consequences of Legal Origins." *Journal of Economic Literature* 46: 285-332.

Law, Robin C. (1977). *The Ọyọ Empire, c.1600-c.1836: West African Imperialism in the Era of the Atlantic Slave Trade.* Oxford, UK: The Clarendon Press.

—— (1980). "Wheeled Transportation in Pre-Colonial West Africa." *Africa* 50: 249-62.

——, ed. (1995). *From Slave Trade to "Legitimate" Commerce: The Commercial Transition in Nineteenth-century West Africa.* New York: Cambridge University Press.

Leith, Clark J. (2005). *Why Botswana Prospered.* Montreal: McGill University Press.

Lenger, Friedrich (2004). "Economy and Society." In Jonathan Sperber, ed. *The Shorter Oxford History of Germany: Germany 1800-1870.* New York: Oxford University Press.

León, Juanita (2009). *Country of Bullets: Chronicles of War.* Albuquerque: University of New Mexico Press.

Lerner, Abba P. (1972). "The Economics and Politics of Consumer Sovereignty." *American Economic Review* 62: 258-66.

Levy, David M., and Sandra J. Peart (2009). "Soviet Growth and American Textbooks." 未刊。

Lewis, I.M. (1961). *A Pastoral Democracy.* Oxford, U.K.: Oxford University Press.

—— (2002). *A Modern History of the Somali.* 4th ed. Oxford, U.K.: James

Currey.

Lewis, W. Arthur (1954). "Economic Development with Unlimited Supplies of Labour." *Manchester School of Economic and Social Studies* 22: 139-91.

Lindert, Peter H. (2004). *Growing Public. Volume 1: Social Spending and Economic Growth Since the Eighteenth Century.* New York: Cambridge University Press.

—— (2009). *Growing Public. Volume 2: Further Evidence: Social Spending and Economic Growth Since the Eighteenth Century.* New York: Cambridge University Press.

Lipset, Seymour Martin (1959). "Some Social Requisites of Democracy: Economic Development and Political Legitimacy." *American Political Science Review* 53: 69-105.

Lipset, Seymour Martin, and Stein Rokkan, eds. (1967). *Party Systems and Voter Alignments.* New York: Free Press.

López, Claudia, ed. (2010). *Y Refundaron la Patria...de cómo mafiosos y políticos reconfiguraron el Estado Colombiano.* Bogotá: Corporación Nuevo Arco Iris: Intermedio.

Lovejoy, Paul E. (2000). *Transformations in Slavery: A History of Slavery in Africa.* 2nd ed. New York: Cambridge University Press.

MacFarquhar, Roderick and Michael Schoenhals (2008). *Mao's Last Revolution.* Cambridge, Mass.: Harvard University Press.（『毛沢東最後の革命』ロデリック・マクファーカー、マイケル・シェーンハルス著、朝倉和子訳、青灯社、2010年）

Mann, Michael (1986). *The Sources of Social Power. Volume 1: A History of Power from the Beginning to A.D. 1760.* New York: Cambridge University Press.（『ソーシャルパワー：社会的な「力」の世界歴史〈1〉先史からヨー

ロッパ文明の形成へ』マイケル・マン著、森本醇、君塚直隆訳、NTT 出版、2002 年）

—— (1993). *The Sources of Social Power. Volume 2: The Rise of Classes and Nation-states, 1760-1914.* New York: Cambridge University Press.（『ソーシャルパワー：社会的な「力」の世界歴史〈2〉階級と国民国家の「長い 19 世紀」』マイケル・マン著、森本醇、君塚直隆訳、NTT 出版、2005 年）

Manning, Patrick (1990). *Slavery and African Life: Occidental, Oriental, and African Slave Trades.* New York: Cambridge University Press.

Mantoux, Paul (1961). *The Industrial Revolution in the Eighteenth Century.* Rev. ed. New York: Harper and Row.（『産業革命』ポール・マントゥ著、徳増栄太郎、井上幸治、遠藤輝明訳、東洋経済新報社、1964 年）

Martin Simon, and Nikolai Grube (2000). *Chronicle of the Maya Kings and Queens: Deciphering the Dynasties of the Ancient Maya.* New York: Thames and Hudson.（『古代マヤ王歴代誌』サイモン・マーティン、ニコライ・グルーべ著、中村誠一監修、長谷川悦夫、徳江佐和子、野口雅樹訳、創元社、2002 年）

Martinez, José (2002). *Carlos Slim: Retrato Inédito.* Mexico City: Editorial Oceano.

Masire, Quett K.J. (2006). *Very Brave or Very Foolish? Memoirs of an African Democrat.* Gaborone, Botswana: Macmillan.

McCreery, David J. (1994). *Rural Guatemala, 1760-1940.* Palo Alto, Calif.: Stanford University Press.

McGregor, Richard (2010). *The Party: The Secret World of China's Communist Rulers.* New York: Harper.（『中国共産党：支配者たちの秘密の世界』リチャード・マグレガー著、小谷まさ代訳、草思社、2011 年）

McMillan, John, and Pablo Zoido (2004). "How to Subvert Democracy:

Montesinos in Peru." *Journal of Economic Perspectives* 18: 69-92.

Melbourne, Alexander C.V. (1963). *Early Constitutional Development in Australia: New South Wales 1788-1856; Queensland 1859-1922.* With notes to 1963 by the editor. [編者による 1963 年の注釈つき。] Edited and introduced by R. B. Joyce. [R.B. Joyce 編・解説。] 2nd ed. St. Lucia: University of Queensland Press.

Meredith, Martin (2007). *Mugabe: Power, Plunder, and the Struggle for Zimbabwe's Future.* New York: Public Affairs Press.

Michels, Robert (1962). *Political Parties: A Sociological Study of the Oligarchical Tendencies of Modern Democracy.* New York: Free Press.（『現代民主主義における政党の社会学：集団活動の寡頭制的傾向についての研究』ロベルト・ミヘルス著、森博、樋口晟子訳、木鐸社、1990 年／1973-74 年）

Mickey, Robert W. (2008). *Paths out of Dixie: The Democratization of Authoritarian Enclaves in America's Deep South, 1944-1972.* 未刊書籍原稿。

Migdal, Joel S. (1988). *Strong Societies and Weak States: State-Society Relations and State Capabilities in the Third World.* Princeton, N.J.: Princeton University Press.

Mithen, Stephen (2006). *After the Ice: A Global Human History 20,000-5000 BC.* Cambridge, Mass.: Harvard University Press.

Mokyr, Joel (1990). *The Lever of Riches: Technological Creativity and Economic Progress.* New York: Oxford University Press.

—— (2009). *The Enlightened Economy.* New York: Penguin.

Moore, Andrew M.T., G.C. Hillman, and A.J. Legge (2000). *Village on the Euphrates: From Foraging to Farming at Abu Hureyra.* New York: Oxford University Press.

Morgan, Edmund S. (1975). *American Slavery, American Freedom: The Ordeal of Colonial Virginia.* New York: W.W. Norton and Co.

Munro-Hay, Stuart C. (1991). *Aksum: An African Civilisation of Late Antiquity.* Edinburgh: Edinburgh University Press.

Myers, Ramon H., and Yeh-Chien Wang (2002). “Economic Developments, 1644-1800.” In Willard J. Peterson, ed. *The Cambridge History of China. Volume 9, Part 1: The Ch'ing Empire to 1800.* New York: Cambridge University Press.

Naidu, Suresh (2009). “Suffrage, Schooling, and Sorting in the Post-Bellum South.” 未刊。Department of Economics, Columbia University. 以下で閲覧可能。tuvalu.santafe.edu/~snaidu/papers/suffrage_sept_16_2010_combined.pdf.

Narayan, Deepa, ed. (2002). *Empowerment and Poverty Reduction: A Sourcebook.* Washington, D.C.: The World Bank.

Neal, David (1991). *The Rule of Law in a Penal Colony.* New York: Cambridge University Press.

Neale, J.E. (1971). *Elizabeth I and Her Parliaments, 1559-1581.* London: Cape.

Nogal, C. Álvarez, and Leandro Prados de la Escosura (2007). “The Decline of Spain (1500-1850): Conjectural Estimates.” *European Review of Economic History* 11: 319-66.

North, Douglass C. (1982). *Structure and Change in Economic History.* New York: W.W. Norton and Co.（『文明史の経済学：財産権・国家・イデオロギー』ダグラス・C・ノース著、中島正人訳、春秋社、1989年／『経済史の構造と変化』大野一訳、日経BP社、2013年）

North, Douglass C., and Robert P. Thomas (1973). *The Rise of the Western*

World: A New Economic History. New York: Cambridge University Press.（『西欧世界の勃興：新しい経済史の試み』D・C・ノース、R・P・トマス著、速水融、穐本洋哉訳、ミネルヴァ書房、1994 年）

North, Douglass C., John J. Wallis, and Barry R. Weingast (1989). *Violence and Social Orders: A Conceptual Framework for Interpreting Recorded Human History.* Princeton, N.J.: Princeton University Press.

North, Douglass C., and Barry R. Weingast (1989). "Constitutions and Commitment: Evolution of Institutions Governing Public Choice in 17th Century England." *Journal of Economic History* 49: 803-32.

Nove, Alec (1992). *An Economic History of the USSR 1917-1991.* 3rd ed. New York: Penguin Books.（『ソ連経済史』アレク・ノーヴ著、石井規衛、奥田央、村上範明訳、岩波書店、1982 年）

Nugent, Jeffrey B., and James A. Robinson (2010). "Are Endowments Fate? On the Political Economy of Comparative Institutional Development." *Revista de Historia Económica (Journal of Iberian and Latin American Economic History)* 28: 45-82.

Nunn, Nathan (2008). "The Long-Term Effects of Africa's Slave Trades." *Quarterly Journal of Economics* 123: 139-76.

Nunn, Nathan, and Leonard Wantchekon (2011). "The Slave Trade and the Origins of Mistrust in Africa," *American Economic Review* に掲載予定。

O'Brien, Patrick K., Trevor Griffiths, and Philip Hunt (1991). "Political Components of the Industrial Revolution: Parliament and the English Cotton Textile Industry, 1660-1774." *Economic History Review,* New Series 44: 395-423.

Ogilvie, Sheilagh (2011). *Institutions and European Trade: Merchant Guilds 1000-1500.* New York: Cambridge University Press.

Olson, Mancur C. (1984). *The Rise and Decline of Nations: Economic Growth, Stagflation, and Social Rigidities.* New Haven, Conn.: Yale University Press.（『国家興亡論：「集合行為論」からみた盛衰の科学』M・オルソン著、加藤寛監訳、川野辺裕幸ほか訳、PHP研究所、1991年）

O'Rourke, Kevin H., and Jeffrey G. Williamson (2002). "After Columbus: Explaining the Global Trade Boom 1500-1800." *Journal of Economic History* 62: 417-56.

Owen, E. Roger (1981). *The Middle East in the World Economy, 1800-1914.* London: Methuen and Co.

Owen, E. Roger, and Şevket Pamuk (1999). *A History of Middle East Economies in the Twentieth Century.* Cambridge, Mass.: Harvard University Press.

Owen, Thomas C. (1991). *The Corporation Under Russian Law, 1800-1917.* New York: Cambridge University Press.

Palmer, Robin H. (1977). *Land and Racial Domination in Rhodesia.* Berkeley: University of California Press.

Palmer, Robin H., and Q. Neil Parsons, eds. (1977). *The Roots of Rural Poverty in Central and Southern Africa.* London: Heinemann Educational.

Pamuk, Şevket (2006). "Estimating Economic Growth in the Middle East Since 1820." *Journal of Economic History* 66: 809-28.

Pan, Philip P. (2008). *Out of Mao's Shadow: The Struggle for the Soul of a New China.* New York: Simon & Schuster.（『毛沢東は生きている：中国共産党の暴虐と闘う人々のドラマ』フィリップ・P・パン著、烏賀陽正弘訳、PHP研究所、2009年）

Pankhurst, Richard (1961). *An Introduction to the Economic History of Ethiopia, from Early Times to 1800.* London: Lalibela House.

Parsons, Q. Neil (1998). *King Khama, Emperor Joe and the Great White Queen.* Chicago: University of Chicago Press.

Parsons, Q. Neil, Willie Henderson, and Thomas Tlou (1995). *Serestse Khama, 1921-1980.* Bloemfontein, South Africa: Macmillan.

Perkins, Dwight H., Steven Radelet, and David L. Lindauer (2006). *Development Economics.* 6th ed. New York: W.W. Norton and Co.

Pettigrew, William (2007). "Free to Enslave: Politics and the Escalation of Britain's Transatlantic Slave Trade, 1688-1714." *William and Mary Quarterly,* 3rd ser., LXIV: 3-37.

—— (2009). "Some Underappreciated Connections Between Constitutional Change and National Economic Growth in England, 1660-1720." 未発表論文。Department of History, University of Kent, Canterbury.

Phillipson, David W. (1998). *Ancient Ethiopia: Aksum, Its Antecedents and Successors.* London: British Museum Press.

Pincus, Steven C.A. (2009). *1688: The First Modern Revolution.* New Haven, Conn.: Yale University Press.

Pincus, Steven C.A., and James A. Robinson (2010). "What Really Happened During the Glorious Revolution?" 未刊。http://scholar.harvard.edu/jrobinson.

Pintner, Walter M. (1967). *Russian Economic Policy Under Nicholas I.* Ithaca, N.Y.: Cornell University Press.

Post, Jerrold M. (2004). *Leaders and Their Followers in a Dangerous World: The Psychology of Political Behavior.* Ithaca, N.Y.: Cornell University Press.

Price, David A. (2003). *Love and Hate in Jamestown: John Smith, Pocahontas,*

and the Heart of a New Nation. New York: Knopf.

Puga, Diego, and Daniel Trefler (2010). "International Trade and Domestic Institutions: The Medieval Response to Globalization." 未刊。Department of Economics, University of Toronto.

Putnam,Robert D., Robert Leonardi, and Raffaella Y. Nanetti (1994). *Making Democracy Work: Civic Traditions in Modern Italy.* Princeton, N.J.: Princeton University Press.（『哲学する民主主義：伝統と改革の市民的構造』ロバート・D・パットナム著、河田潤一訳、NTT 出版、2001 年）

Ransom, Roger L., and Richard Sutch (2001). *One Kind of Freedom: The Economic Consequences of Emancipation.* 2nd ed. New York: Cambridge University Press.

Reid, Anthony (1993). *Southeast Asia in the Age of Commerce, 1450-1680. Volume 2: Expansion and Crisis.* New Haven, Conn.: Yale University Press.（『大航海時代の東南アジア〈2〉：拡張と危機』アンソニー・リード著、平野秀秋、田中優子訳、法政大学出版局、2002 年）

Reinikka, Ritva, and Jacob Svensson (2004). "Local Capture: Evidence from a Central Government Transfer Program in Uganda." *Quarterly Journal of Economics,* 119: 679-705.

Relea, Francesco (2007). "Carlos Slim, Liderazgo sin Competencia." In Jorge Zepeda Patterson, ed. *Los amos de México: los juegos de poder a los que sólo unos pocos son invitados.* Mexico City : Planeta Mexicana.

Reno, William (1995). *Corruption and State Politics in Sierra Leone.* New York: Cambridge University Press.

—— (2003). "Political Networks in a Failing State: The Roots and Future of Violent Conflict in Sierra Leone," IPG 2: 44-66.

Richards, Paul (1996). *Fighting for the Rainforest: War, Youth and Resources in*

Sierra Leone. Oxford, U.K.: James Currey.

Robbins, Lionel (1935). *An Essay on the Nature and Significance of Economic Science.* 2nd ed. London: Macmillan.（『経済学の本質と意義』ライオネル・ロビンズ著、中山伊知郎監修、辻六兵衛訳、東洋経済新報社、1957 年）

Robinson, Eric (1964). "Matthew Boulton and the Art of Parliamentary Lobbying." *The Historical Journal* 7: 209-29.

Robinson, James A. (1998). "Theories of Bad Policy." *Journal of Policy Reform* 1, 1-46.

Robinson, James A., and Q. Neil Parsons (2006). "State Formation and Governance in Botswana." *Journal of African Economies* 15, AERC Supplement (2006): 100-140.

Rock, David (1992). *Argentina 1516-1982: From Spanish Colonization to the Falklands War.* Berkeley: University of California Press.

Romero, Mauricio (2003). *Paramilitares y autodefensas, 1982-2003.* Bogotá: Editorial Planeta Colombiana.

——, ed. (2007). *Para Política: La Ruta de la Expansión Paramilitar y los Acuerdos Políticos,* Bogotá: Corporación Nuevo Arco Iris: Intermedio.

Sachs, Jeffery B. (2006). *The End of Poverty: Economic Possibilities for Our Time.* New York: Penguin.（『貧困の終焉：2025 年までに世界を変える』ジェフリー・サックス著、鈴木主税、野中邦子訳、早川書房、2006 年）

Sahlins, Marshall (1972). *Stone Age Economics.* Chicago: Aldine.（『石器時代の経済学』マーシャル・サーリンズ著、山内昶訳、法政大学出版局、2012 年）

Saunders, David (1992). *Russia in the Age of Reaction and Reform, 1801-1881.* New York: Longman.

Savage-Smith, Emily (2003). "Islam." In Roy Porter, ed. *The Cambridge History of Science. Volume 4: Eighteenth-Century Science.* New York: Cambridge University Press.

Sawers, Larry (1996). *The Other Argentina: The Interior and National Development.* Boulder: Westview Press.

Schapera, Isaac (1940). "The Political Organization of the Ngwato of Bechuanaland Protectorate." In E.E. Evans-Pritchard and Meyer Fortes, eds. *African Political Systems.* Oxford, U.K.: Oxford University Press.（『アフリカの伝統的政治体系』フォーテス、エヴァンス＝プリッチャード編、大森元吉ほか訳、みすず書房、1972年）

—— (1952). *The Ethnic Composition of the Tswana Tribes.* London: London School of Economics and Political Science.

—— (1970). *Tribal Innovators: Tswana Chiefs and Social Change 1795-1940.* London: The Athlone Press.

Schoenhals, Michael, ed. (1996). *China's Cultural Revolution, 1966-1969.* Armonk, N.Y.: M.E. Sharpe.

Sfakianakis, John (2004). "The Whales of the Nile: Networks, Businessman and Bureaucrats During the Era of Privatization in Egypt." In Steven Heydemann, ed. *Networks of Privilege in the Middle East.* New York: Palgrave Macmillan.

Sharp, Kevin (1992). *The Personal Rule of Charles I.* New Haven, Conn.: Yale University Press.

Sheridan, Richard B. (1973). *Sugar and Slavery: An Economic History of the British West Indies 1623-1775.* Baltimore, Md.: Johns Hopkins University Press.

Sidrys, Raymond, and Rainer Berger (1979). "Lowland Maya Radiocarbon Dates and the Classic Maya Collapse." *Nature* 277: 269-77.

Smith, Bruce D. (1998). *Emergence of Agriculture.* New York: Scientific American Library.

Sokoloff, Kenneth L. (1988). "Inventive Activity in Early Industrial America: Evidence from Patent Records, 1790-1846." *Journal of Economic History* 48: 813-30.

Sokoloff, Kenneth L., and B. Zorina Khan (1990). "The Democratization of Invention During Early Industrialization: Evidence from the United States, 1790-1846." *Journal of Economic History* 50: 363-78.

Steffens, Lincoln (1931). *The Autobiography of Lincoln Steffens.* New York: Harcourt, Brace and Company.

Stevens, Donald F. (1991). *Origins of Instability in Early Republican Mexico.* Durham, N.C.: Duke University Press.

Stone, Lawrence (2001). *The Causes of the English Revolution, 1529-1642.* New York: Routledge.（『イギリス革命の原因：1529-1642』L・ストーン著、紀藤信義訳、未来社、1978 年）

Tabellini, Guido (2010). "Culture and Institutions: Economic Development in the Regions of Europe." *Journal of the European Economic Association* 8, 677-716.

Tarbell, Ida M. (1904). *The History of the Standard Oil Company.* New York: McClure, Phillips.

Tawney, R.H. (1941). "The Rise of the Gentry." *Economic History Review* 11: 1-38.（『ジェントリの勃興』トーニー著、浜林正夫訳、未来社、1957 年）

Temin, Peter, and Hans-Joachim Voth (2008). "Private Borrowing During

the Financial Revolution: Hoare's Bank and Its Customers, 1702-24." *Economic History Review* 61: 541-64.

Thompson, E.P. (1975). *Whigs and Hunters: The Origin of the Black Act.* New York: Pantheon Books.

Thompson, I.A.A. (1994a). "Castile: Polity, Fiscality and Fiscal Crisis." In Philip T. Hoffman and Kathryn Norberg, eds. *Fiscal Crisis, Liberty, and Representative Government 1450-1789.* Palo Alto, Calif.: Stanford University Press.

—— (1994b). "Castile: Absolutism, Constitutionalism and Liberty." In Philip T. Hoffman and Kathryn Norberg, eds. *Fiscal Crisis, Liberty, and Representative Government 1450-1789.* Palo Alto, Calif.: Stanford University Press.

Thornton, John (1983). *The Kingdom of Kongo: Civil War and Transition, 1641-1718.* Madison: University of Wisconsin Press.

Todkill, Anas (1885). *My Lady Pocahontas: A True Relation of Virginia. Writ by Anas Todkill, Puritan and Pilgrim.* Boston: Houghton, Mifflin and Company.

Truth and Reconciliation Commission (2004). *Final Report of the Truth and Reconciliation Commission of Sierra Leone.* Freetown.

Vansina, Jan (1978). *The Children of Woot: A History of the Kuba People.* Madison: University of Wisconsin Press.

Wade, Robert H. (1990). *Governing the Market: Economic Theory and the Role of Government in East Asian Industrialization.* Princeton, N.J.: Princeton University Press.（『東アジア資本主義の政治経済学：輸出立国と市場勧誘政策』ロバート・ウェード著、長尾伸一ほか訳、同文舘出版、2000 年）

Wallerstein, Immanuel (1974-2011). *The Modern World System.* 4 Vol. New

York: Academic Press.（『近代世界システム：農業資本主義と「ヨーロッパ世界経済」の成立』I・ウォーラーステイン著、川北稔訳、岩波書店、2006年／『近代世界システム 1600～1750：重商主義と「ヨーロッパ世界経済」の凝集』『近代世界システム 1730～1840s：大西洋革命の時代』川北稔訳、名古屋大学出版会、1993-97年）

Ward-Perkins, Bryan (2006). *The Fall of Rome and the End of Civilization.* New York: Oxford University Press.

Weber, Max (2002). *The Protestant Ethic and the Spirit of Capitalism.* New York: Penguin.（『プロテスタンティズムの倫理と資本主義の精神』マックス・ウェーバー著、中山元訳、日経BP社、2010年ほか）

Webster, David L. (2002). *The Fall of Ancient Maya.* New York: Thames and Hudson.

Webster, David L., Ann Corinne Freter, and Nancy Gonlin (2000). *Copan: The Rise and Fall of an Ancient Maya Kingdom.* Fort Worth, Tex.: Harcourt College Publishers.

Wheatcroft, Stephen G., and Robert W. Davies (1994a). "The Crooked Mirror of Soviet Economic Statistics." In Robert W. Davies, Mark Harrison, and Stephen G. Wheatcroft, eds. *The Economic Transformation of the Soviet Union, 1913-1945.* New York: Cambridge University Press.

—— (1994b). "Population." In Robert W. Davies, Mark Harrison, and Stephen G. Wheatcroft, eds. *The Economic Transformation of the Soviet Union, 1913-1945.* New York: Cambridge University Press.

Wiener, Jonathan M. (1978). *Social Origins of the New South: Alabama, 1860-1885.* Baton Rouge: Louisiana State University Press.

Williamson, John (1990). *Latin American Adjustment: How Much Has Happened?* Washington, D.C.: Institute of International Economics.

Wilson, Francis (1972). *Labour in the South African Gold Mines, 1911-1969.* New York: Cambridge University Press.

Wilson, Woodrow (1913). *The New Freedom: A Call for the Emancipation of the Generous Energies of a People.* New York: Doubleday.（『新自由主義』ウィルソン著、關和知訳、勸學社、1914年）

Woodward, C. Vann (1955). *The Strange Career of Jim Crow.* New York: Oxford University Press.（『アメリカ人種差別の歴史』C・V・ウッドワード著、清水博、長田豊臣、有賀貞訳、福村出版、1998年）

Woodward, Ralph L. (1966). *Class Privilege and Economic Development: The Consulado de Comercio of Guatemala, 1793-1871.* Chapel Hill: University of North Carolina Press.

Wright, Gavin (1978). *The Political Economy of the Cotton South: Households, Markets, and Wealth in the Nineteenth Century.* New York: Norton.

—— **(1986).** *Old South, New South: Revolutions in the Southern Economy Since the Civil War.* New York: Basic Books.

—— **(1999).** "The Civil Rights Movement as Economic History." *Journal of Economic History* 59:267-89.

Zahedieh, Nuala (2010). *The Capital and the Colonies: London and the Atlantic Economy, 1660-1700.* New York: Cambridge University Press.

Zewde, Bahru (2002). *History of Modern Ethiopia, 1855-1991.* Athens: Ohio University Press.

Zohary, Daniel, and Maria Hopf (2001). *Domestication of Plants in the Old World: The Origin and Spread of Cultivated Plants in West Asia, Europe, and the Nile Valley.* Third Edition, New York: Oxford University Press.

文献の解説と出典

第九章　後退する発展

オランダ東インド会社によるアンボンとバンダの奪取と南東アジア発展における同社の否定的影響についての考察は、Hanna（1978）および Reid（1993）第5章をとくに参照している。トメ・ピレスの引用は Reid の p. 271による。マギンダナオにおけるオランダの要素については同じく p. 299、マギンダナオのスルタンについては同じく pp. 299-300 による。スパイス価格へのオランダ東インド会社の影響についてのデータは、O'Rourke、Williamson（2002）による。

アフリカ社会における奴隷制と奴隷貿易の影響についてのすぐれた概観は Lovejoy（2000）による。Lovejoy、p. 47、表31は奴隷貿易の広がりについて、それほど大きな意見の隔たりがない推定を提示している。Nunn（2008）は、アフリカの経済制度、経済発展への奴隷貿易の影響に関する初めての数値的推定を示している。銃器と火薬輸入のデータは Inikori（1977）による。フランシス・ムーアの証言は Lovejoy（2000）、pp. 89-90 からの引用。Law（1977）はオヨ国の拡大についてのすぐれた研究だ。アフリカの人口に対する奴隷貿易の影響の推定は、Manning（1990）から取った。Lovejoy（2000）第8章、Law（1995）の小論、Austin（2005）の著書は、「合法的な通商」期についてのわれわれの考察の基礎になっている。奴隷であったアフリカ人の数は、Lovejoy（2000）、p. 192、表9-2 などによる。

リベリアの労働力についてのデータは Clower、Dalton、Harwitz、Walters（1966）を参照している。

Lewis（1954）は二重経済の考え方を発展させた。Fergusson（2010）は二重経済の数学モデルを発展させている。二重経済は植民地主義の創造物という考えは、Palmer と Parsons（1977）編集の独創的な小論集で最初に提唱された。南アフリカについてのわれわれの評価は、Bundy（1979）および Feinstein（2005）による。

モラビア人伝道師の話は Bundy（1979）、p. 46 に、ジョン・ヘミングは Bundy、p. 72 に引用されている。グリカランドイーストの土地所有の拡大は Bundy、p. 89 から、スティーヴン・ソンジカの偉業は Bundy、p. 94、マシュー・ブライスの引用は p. 97、1884年のフィンゴランドのあるヨーロッ

パ人による観察はBundy、pp. 100-101による。ジョージ・アルブはFeinstein（2005）、p. 63から、先住民問題担当官の言葉はFeinstein、p. 45、フルウールトは同じくp. 159に引用されている。アフリカ人金鉱山労働者の実賃金のデータはWillson（1972）、p. 66による。G. フィンドレーはBundy（1979）、p. 242に引用されている。

西側の富裕国家の発展はそれ以外の世界の低開発の鏡像であるという考えは、もともとWallertsein（1974-2011）によって研究されたが、彼の強調するメカニズムは、われわれのものとは非常に異なる。

第一〇章 繁栄の広がり

第10章はサイモン・ジョンソン、ダヴィデ・カントニとの過去の共同調査に主として基づいている。たとえば、Acemoglu、Johnson、Robinson（2002）およびAcemoglu、Cantoni、Johnson、Robinson（2010、2011）などだ。

初期オーストラリアの諸制度についてのわれわれの考察は、Hirst（1983、1988、2003）の独創的研究およびNeal（1991）を参照している。コリンズ判事に送達された訴状の原本は、（オーストラリア、マクォーリー大学法科大学院の好意により）〈www.law.mq.edu.au/scnsw/html/Cable%20v%20Sinclair,%201788.htm〉で閲覧できる。

ウェントワース支持者についてのマッカーサーの特徴づけはMelbourne（1963）、pp. 131-32からの引用。

ロートシルトの出自についての考察はFerguson（1998）を参照している。マイヤー・ロートシルトの息子への言葉はFerguson、p. 76から取った。

ヨーロッパの諸制度へのフランスの影響についての考察は、Acemoglu、Cantoni、Johnson、Robinson（2010、2011）とそのなかの参考文献による。フランス革命の標準的概観についてはDoyle（2002）を参照。ナッサウ＝ウージンゲン侯国の封建的貢租の情報はLenger（2004）、p. 96を参照した。Ogilivie（2011）は、ヨーロッパの発展に対するギルドの歴史的影響を概観している。

大久保利通の生涯については、Iwata（1964）による。坂本龍馬の政策綱領八項目はJansen（2000）、p. 310から引用した。

第一一章 好循環

ブラック法についての考察はThompson（1975）を参照している。バプティスト・ナンの6月27日の報告はThompson（1975）、pp. 65-66による。その他引用はThompsonの「法の支配」の節、p. 258-69による。これは全体として読むに値する。

イングランドの民主化についての考え方は、Acemoglu、Robinson（2000a、2001、2006a）に基づいている。グレイ伯爵の演説はEvans（1996）、p. 223からの引用。民主主義についてのスティーヴンズのコメントはBriggs（1959）、p. 34に引用されている。トムスンの引用はThompson（1975）、p. 269から。

人民憲章の全文はCole、Filson（1951）および〈web.bham.ac.uk/1848/document/peoplech.htm〉で読むことができる。

バークの言葉はBurke（1790/1969）、p. 152からの引用。

Lindert（2004、2009）は、これまでの200年にわたる民主主義と公共政策の共進化を独創的に論じている。

Keyssar（2009）は合衆国における政治的権利の進化についてのすぐれた入門書だ。ヴァンダービルトはJosephson（1934）、p. 15に引用されている。ローズヴェルト演説は〈www.theodore-roosevelt.com./sotu1.html〉で読むことができる。

ウッドロー・ウィルソンの引用はWilson（1913）、p. 286にある。

ローズヴェルト大統領の炉辺談話は〈millercenter.org./scripps/archive/speeches/detail/3309〉にある。

アルゼンチンと合衆国の最高裁判所判事の相対的在職期間のデータは、Iaryczower、Spiller、Tommasi（2002）に示されている。

Helmke（2004）は、アルゼンチンでの裁判所乗っ取りの歴史とカルロス・ファイト判事の言葉を考察している。

第一二章　悪循環

この章は制度的持続性についてのわれわれの理論的、実証的調査、とくにAcemoglu、Johnson、Robinson（2005b）およびAcemoglu、Robinson（2008a）に大きく依拠している。Heath（1972）とKelley、Klein（1980）は、1952年のボリビア革命へ寡頭制の鉄則を独創的に適用した。

イギリス議会文書の引用は、House of Commons（1904）、p. 15にある。独立後のシエラレオネの初期政治史はCartwright（1970）にうまく語られている。シアカ・スティーヴンズが鉄道を差し止めた理由の解釈はさまざま

だが、メンデランドを孤立させるために行なったという解釈が重要だ。この章では、われわれはAbraham、Sesay（1993）、p.120、Richards（1996）、pp. 42-43を参照している。Davies（2007）、pp. 684-85およびReno（1995、2003）はスティーヴンズ政権を非常に巧みに論じている。農産物販売委員会についてのデータはDavies（2007）による。窓から放り出されて殺されたサム・バングラについてはReno（1995）、pp. 137-41を参照。Jackson（2004）、p. 63、Keen（2005）、p. 17はISUとSSDを論じている。

Bates（1981）は、販売委員会が独立後アフリカの農業生産性をどのように破壊したかについての独創的分析だ。首長たちとの政治的結びつきが、どのようにガーナでの土地所有権を決めたかについてはGoldstein、Udry（2009）を参照。

1993年における政治家とコンキスタドールの関係は、Dosal（1995）第1章およびCasaús Arzú（2007）を参照。「商業局」の政策についてのわれわれの論議はWoodward（1996）を参照している。バリオス大統領演説の引用はMcCreery（1994）、pp. 187-88から。ホルヘ・ウビコ政権についての考察はGrieb（1979）を参照している。

合衆国南部の低開発についての考察はAcemoglu、Robinson（2008b）に従っている。南北戦争前の奴隷経済の発展についてはWright（1978）を参照。また産業不足についてはBateman、Weiss（1981）を参照。Fogel、Engerman（1974）は別の論議を呼ぶ解釈を提示している。Wright（1986）およびRansom、Sutch（2001）は、1865年以降の南部経済の実際の変化の程度について概観している。ジョージ・ワシントン・ジュリアンはWiener（1978）、p. 6に引用されている。この著作は、南北戦争後の南部土地保有エリート層の存続についての分析も含んでいる。Naidu（2009）は1890年代の南部諸州における人頭税と識字テスト導入の影響を検証している。W・E・B・デュボイスからの引用は、本人の著書Du Bois（1903）、p. 88による。アラバマ憲法256条は〈www.legislature.state.al.us/CodeOfAlabama/Constitution/1901/CA-245806.htm〉で読むことができる。

Alston、Ferrie（1999）は、南部政治家が南部経済を阻害すると考えた連邦法を、どのように阻止したかを論じている。Woodward（1955）はジム・クロウ法の制定を独創的に概観している。

エチオピア革命の概観はHalliday、Molyneux（1981）で得られる。皇帝のクッションについてはKapuściński（1983）を参照。ダウィット・ウォルデ・ギオルギスの引用は、それぞれDawit Wolde Giorgis（1989）、pp. 49および48から。

第一三章　こんにち国家はなぜ衰退するのか

ジンバブエ政府の公式声明を含む、ムガベ大統領の宝くじ当選に関するBBCの報道については、〈news.bbc.co.uk/2/hi/africa/621895.stm〉を参照。

ローデシアの白人支配の確立については、われわれはPalmer（1977）、Alexander（2006）を参照して論じている。Meredith（2007）は最近のジンバブエ政治についてすぐれた概説を提供している。

シエラレオネ内戦の評価についてはRichards（1996）、「真実和解委員会（Truth and Reconciliation Commission）報告（2004）」、Keen（2005）を参照している。1995年に首都フリータウンの新聞に発表された分析は、Keen（2005）、p. 34からの引用。シエラレオネ革命統一戦線（RUF）の「民主化への道」は、〈www.sierra-leone.org./AFRC-RUF/footpaths.html〉で読むことができる。

ジオマのティーンエイジャーの証言はKeen（2005）、p.42による。

コロンビア議会の考察はAcemoglu、Robinson、Santos（2010）およびChaves、Robinson（2010）を参照している。これらの著作は同じように、コロンビアの研究者たち、とくに、Romero（2003）、Romero（2007）収録の小論文およびLópez（2010）を参照している。León（2009）は現在のコロンビアにおける紛争の本質についての手に入れやすく、偏りのない説明だ。週刊誌『セマナ』が運営するウェブサイト〈www.verdadabierta.com/〉も基本的な情報源だ。引用はすべてAcemoglu、Robinson、Santos（2010）による。マルティン・リャノスとカサナーレ県の市長たちの協定は〈www.verdadabierta.com/victimarios/los-jefes/714-perfil-hector-german-buitrago-alias-martin-llanos〉で、スペイン語で読むことができる。

エル・コラリート（預金封鎖）の発端と結果は『エコノミスト』誌の連載記事にうまく述べられていて、〈www.economist.com/search/apachesolr_search/corralito〉で読むことができる。

アルゼンチンの発展における内陸部の役割についてはSawers（1996）を参照。

Hassig、Oh（2009）は北朝鮮の生活について、きわめて価値が高くすぐれた報告を提供している。その第2章は、指導者たちの豪奢な生活を扱い、第3、4章では多くの国民が直面している経済の現実を語る。通貨改革に関するBBCの報道は〈news.bbc.co.uk/2/hi/8500017.stm〉で読むことができる。

離宮やブランデー消費についてはPost（2004）、第12章を参照。

児童労働とウズベキスタンでの子供を使った綿摘みについてはKandiyoti（2008）を参考にしていて、〈www.soas.ac.uk/cccac/events/cotton-sector-in-central-asia-2005/file49842.pdf〉で読むことができる。Gulnazからの引用はKandiyotiのp. 20にある。アンディジャンの暴動については、International Crisis Group（2005）を参照。ソヴィエト連邦のヨシフ・スターリンの選挙についての記述は、Denny（1937）からの再録。

エジプトでの「縁故資本主義」についてのわれわれの分析はSfakianakis（2004）を参照している。

第一四章　旧弊を打破する

われわれはボツワナを、Acemoglu、Johnson、Robinson（2003）、Robinson、Parsons（2006）、Leith（2005）をもとに論じている。Schapera（1970）、Parsons、Henderson、Tlou（1995）は基本的研究だ。高等弁務官レイの言葉は、Acemoglu、Johnson、Robinson（2003）、p. 96による。三人の首長のイングランド訪問の考察はParsons（1998）を参照しており、これに関連した引用はすべてそこから取られている。つまり、チェンバレンは、pp. 206-7、フェアフィールドは、p. 209、ローズは、p. 223にある。シャペラはSchapera（1940）、p. 72から引用されている。クエット・マシーレについてはMasire（2006）、p. 43からの引用。ツワナ族の民族的構成についてはSchapera（1952）を参照。

合衆国南部の変化についての考察は、Acemoglu、Robinson（2008b）をもとにしている。合衆国南部からの人口移動についてはWright（1999）、綿花摘みの機械化についてはHeinicke（1994）を参照。「FRDUM FOOF SPETGH」はMickey（2008）、p. 50からの引用。サーモンドの1948年の演説は〈www.slate.com/id/2075151/〉で読むことができるとともに、音声でも聴くことができる。ジェームズ・メレディスとミシシッピ州オックスフォードについてはDoyle（2001）を参照。南部での黒人投票権に対する公民権法の影響はWright（1999）を参照。

中国政治の性格と政策の毛沢東後の変化については、Harding（1987）およびMacFarquhar、Schoenhals（2008）を参照。ネコについての鄧小平の言葉はHarding、p. 58による。文化大革命の第1要点はSchoenhals（1996）、p. 33を参照している。ヒトラーについての毛沢東の発言はMacFarquhar、Schoenhalsのp. 102による。華国鋒の「二つのすべて」についての発言は

Harding、p. 56 による。

第一五章　繁栄と貧困を理解する

戴国芳の話は McGregor（2010）、pp. 219-26 を参照。赤い電話の話も同じく McGregor、第 1 章。メディアに対する共産党のコントロールについては、Pan（2008）第 9 章、McGregor（2010）、pp. 64-69 および 235-62 を参照。起業家に対する共産党の態度についての引用は、McGregor（2010）、pp. 200-201 および 223 による。中国における政治改革についての温家宝のコメントは〈www.guardian.co.uk/world/2010/aug/29/wen-jiabao-china-reform〉を参照。

近代化論は Lipset（1959）に明確に述べられている。近代化論に対する反証は、Acemoglu、Johnson、Robinson、Yared（2008、2009）で論じられている。George H. W. Bush の引用は〈news.bbc.co.uk/2/hi/business/752224.stm〉から。

2001 年 12 月以降のアフガニスタンでの NGO 活動や対外援助についての考察は、Ghani、Lockhart（2008）を参照している。対外援助の問題については Reinikka、Svensson（2004）および Easterly（2006）も参照のこと。

ジンバブエでのマクロ経済改革とインフレーションの問題についての議論は、Acemoglu、Johnson、Robinson、Querubín（2008）をもとにしている。セヴァ・マンディールの考察は、Banerjee、Duflo、Glennerster（2008）からの引用。

ブラジルにおける労働者党結成は Keck（1992）が扱っている。スカニア社のストライキについては Keck（1992）第 4 章参照。カルドーゾの言葉は Keck、pp. 44-45 からの引用、ルーラの言葉は同じく Keck の p. 65 にある。

フジモリとモンテシノスのメディア・コントロール活動についての考察は McMillan、Zoido（2004）を参照しており、中国共産党のコントロールについての引用は McGregor（2010）、p. 69 から。

地図の出典

地図 14　Anthony Reid（1988）*Southeast Asia in the Age of Commerce, 1450-1680: Volume 1, The Land Below the Winds*（New Haven: Yale University Press）地図 2, p. 9 から作成。

地図 15　Nathan Nunn（2008）“The Long Term Effects of Africa’s Slave Trades”（*Quarterly Journal of Economics* 123, no.1, 139-76）のデータから作成。

地図 16　下記の地図を参照している。
南アフリカ：A. J. Christopher（2001）*The Atlas of Changing South Africa*（London: Routledge）図 1.19, p. 31
ジンバブエ：Robin Palmer（1977）*Land and Racial Domination in Rhodesia*（Berkeley: University of California Press）地図 5, p. 245

地図 17　Alexander Grab（2003）*Napoleon and the Transformation of Europe*（London: Palgrave Macmillan）地図 1, p. 17; 地図 2, p. 91 から作成。

地図 18　“1840 U. S. Census” のデータを使って作成。〈The National Historical Geographic Information System: http://www.nhgis.org/〉からダウンロード可能。

地図 19　“1880 U. S. Census” のデータを使って作成。〈The National Historical Geographic Information System: http://www.nhgis.org/〉からダウンロード可能。

地図 20　Daron Acemoglu, James A. Robinson and Rafael J. Santos（2010）“The Monopoly of Violence: Evidence from Colombia” による。〈http://scholar.harvard.edu/jrobinson/files/jr_formationofstate.pdf〉で読むことができる。

本書は二〇一三年六月に早川書房より単行本として刊行された作品を文庫化したものです。

ずる
——嘘とごまかしの行動経済学

The (Honest) Truth About Dishonesty

ダン・アリエリー
櫻井祐子訳

ハヤカワ文庫ＮＦ

正直者の小さな「ずる」が大きな不正に？
不正と意思決定の秘密を解き明かす！

子どもがよその子の鉛筆をとったら怒るのに会社から赤ペンを失敬したり、ゴルフボールを手で動かすのはアンフェアでもクラブで動かすのは許せたり。そんな心理の謎を読み解き不正を減らすには？　ビジネスにごまかしを持ちこませないためのヒントも満載の一冊

100年予測

The Next 100 Years

ジョージ・フリードマン

櫻井祐子訳

ハヤカワ文庫ＮＦ

各国政府や一流企業に助言する
政治アナリストによる衝撃の未来予想

「影のＣＩＡ」の異名をもつ情報機関が21世紀を大胆予測。ローソン社長・玉塚元一氏、ＪＳＲ社長・小柴満信氏推薦！　21世紀半ば、日本は米国に対抗する国家となりやがて世界戦争へ？　地政学的視点から世界勢力の変貌を徹底予測する。解説／奥山真司

ピクサー
――早すぎた天才たちの大逆転劇

The Pixar Touch

デイヴィッド・A・プライス

櫻井祐子訳

ハヤカワ文庫NF

お荷物部門はいかにして
世界一のCGアニメスタジオに成長したか

『トイ・ストーリー』をはじめとする驚異のCGアニメーションで映画業界の寵児となったピクサーは、いかに苦難の日々を抜けて卓越した創造の場となったのか。アップルを追われたジョブズ、ディズニーをクビになったラセターなど異才・天才たちが織りなす物語

訳者略歴　1963年生　成城大学経済学部経営学科卒，埼玉大学大学院文化科学研究科修士課程修了　翻訳家　訳書『これからの「正義」の話をしよう』『それをお金で買いますか』サンデル（以上早川書房刊），『ルシファー・エフェクト』ジンバルドー（共訳）他多数

HM=Hayakawa Mystery
SF=Science Fiction
JA=Japanese Author
NV=Novel
NF=Nonfiction
FT=Fantasy

国家《こっか》はなぜ衰退《すいたい》するのか
〔下〕
権力・繁栄・貧困の起源

〈NF465〉

二〇一六年　五　月二十五日　発行
二〇二四年十二月二十五日　九刷

（定価はカバーに表示してあります）

著　者　ダロン・アセモグル　ジェイムズ・A・ロビンソン
訳　者　鬼《おに》澤《ざわ》　忍《しのぶ》
発行者　早川　浩
発行所　株式会社　早川書房
郵便番号　一〇一 - 〇〇四六
東京都千代田区神田多町二ノ二
電話　〇三 - 三二五二 - 三一一一
振替　〇〇一六〇 - 三 - 四七七九九
https://www.hayakawa-online.co.jp

乱丁・落丁本は小社制作部宛お送り下さい。
送料小社負担にてお取りかえいたします。

印刷・三松堂株式会社　製本・株式会社明光社
Printed and bound in Japan
ISBN978-4-15-050465-6 C0120

本書は活字が大きく読みやすい〈トールサイズ〉です。